本书得到以下项目资助：

◆国家哲学社会科学规划重点项目"国家复杂产品能力比较研究"
（15AZD057）

◆浙江省一流学科A类——浙江工商大学工商管理学

◆浙江工商大学校级重点学科和校级重点研究基地——技术经济及
管理

服务供应与采购

复杂产品和大型建造项目管理新趋势

[英] 奈杰尔·考德威尔（Nigel Caldwell）

主编

[英] 米基·霍华德（Mickey Howard）

林　莉◎译　李靖华◎审

ZHEJIANG UNIVERSITY PRESS

浙江大学出版社

丛书序

近年来,我国制造业发展遇到了重大瓶颈:世界经济形势持续低迷,国内成本居高、产能过剩,东南亚等地制造工厂迅速崛起,西方国家"再制造"风潮方兴未艾,产业发展的环境极不平稳。我国制造业发展面临深层次的双重挑战:一方面,我国的自主研发能力和技术水平与发达国家相比仍有差距,很多时候还未能掌握产品的核心技术;另一方面,我国 GDP 中服务业增加值已经超过一半,很多人主张不再优先发展制造业。事实上,我国经济发展历程不同于西方,虽然处于工业化发展的中后期阶段,但制造业质量不高,仍需继续发展,其比重将不会快速下降。制造业高端化和服务化趋势并存。制造服务化是中国产业结构升级的内在要求。

装备制造业是制造业的核心组成部分,是国民经济发展特别是工业发展的基础,可谓"立国之本、国之重器"。2007—2009 年世界金融危机后中国提出的《装备制造业调整和振兴规划》表明:"围绕产业转型升级,支持装备制造骨干企业在工程承包、系统集成、设备租赁、提供解决方案、再制造等方面开展增值服务,逐步实现由生产型制造向服务型制造的转变。"2015 年 5 月 8 日国务院印发的《中国制造 2025》也明确指出,要"坚持把结构调整作为建设制造强国的关键环节,大力发展先进制造业,改造提升传统产业,推动生产型制造向服务型制造转变。"《发展服务型制造专项行动指南》也已发布。

"互联网+"时代下信息技术革命对全社会思维方式、生产方式及生活方式都产生了深远的影响,如产业边界日趋模糊、竞争对手不断跨界,线上线下逐渐打通、物联网和大数据改变竞争规则等。特别是信息技术和互联网将很多产品装备连接在一起,这在为客户带来便利的同时,也提高了产品的重要性和复杂度。装备制造企业通过提供产品及整个复杂系统(包括硬件、软件和网络)的管理和支持服务,可以很好地化解这一问题。因此,制造企业应积极管理资源和能力向服务化延伸拓展,实现向装备生产者和服务提供者复合角色的转型。

表面上看,制造业服务化的难度要远远低于制造业高端化,这往往成为我国制造企业服务化的动因之一。但是,随着制造企业服务化程度的加深,往往会出现所谓的"服务化困境",企业绩效不升反降。特别是基于我国制造业和服务业的实际发展情况,制造企业转型面临的是"制造能力与服务环境双弱"的情境。一方面,我国制造企业自主研发能力和技术水平与发达国家相比仍有差距,未能掌握产品的核心技术,多数制造企业停留在制造生产环节;另一方面,我国服务业的发展水平也不强,无法有效地支撑制造企业的服务活动。这样的情境,决定了我国制造企业服务化转型仍然处于长期的探索过渡阶段。

事实上,我国制造企业已经大量开展制造服务化业务。以我们跟踪研究的杭州企业为例,杭州制氧机集团有限公司(以下简称杭氧)提出了"成为世界一流的空气分离设备和气体运营专家"的企业愿景,以及"向气体提供商转型"的企业战略。杭氧依托原有的技术优势和创新模式,实现了向产业链后端的延伸。杭氧成立于 2002 年,于 2010 年在深圳证券交易所上市,注册资本为 83177.6 万元,是国内最大的空气分离制造企业,属于国内空气分离行业一线品牌,并且正在向国外市场发展。杭氧的主要经营业务有空分设备制造业务、工业气体销售业务、石化设备产品制造业务。其第一家气体公司成立于 2003 年,目前已经设立了 26 家气体子公司,总投资额达到 62.5 亿元,合同总制氧能力达到 95 万立方米/时,工业气体业务规模快速提升。由于气体业务的提供商必须具备设备制造能力、运营维护能力以及客户关系资源等条件,杭氧为此培养了一批专业的气体业务管理人员。目前,公司设有气体投资部、气体工程部、气体运行管理部等业务管理部门,已经成为国内工业气体市场的主要竞争者之一。

与发展中国家一样,发达国家制造企业的服务化也同样是一个新鲜事物,它们逐渐遇到新兴国家制造企业的挑战,后者正在技术上努力追赶,因此制造服务化也已经成为国际制造企业获取竞争优势的一个途径。

国外研究表明,实现产品重大创新的企业,客户市场具有寡占特点的企业,以及在产品应用推广方面有更多丰富知识的企业,更容易朝服务业务方向改造自己的商业模式。虽然我国企业的制造服务化环境与国外有一定区别,如制造业和服务业的成熟程度不够高,将制造服务化作为实现产业结构升级的重要途径等,但上述国外企业的实践同样对我们具有一定的借鉴意义。这也正是"世界制造服务化译丛"设计的初衷。

具体地说,本丛书的构想源起于近年来浙江工商大学创新管理研究团队对制造服务化的研究。按照我们的研究传统,研究过程中发现并有效使用的英文专著,总是会争取学科、基地经费的支持在国内翻译出版,以期为相关实业界和学术界的读者提供帮助。翻译的过程虽然辛苦,但也是个深入的学习过程,乐在其中。2010年以来,团队已经在知识产权出版社和浙江大学出版社翻译出版了《服务创新:对技术机会和市场需求的组织响应》《日本零售业的创新和动态:从技术到业态,再到系统》《金融新服务开发:荷兰银行和保险公司实证研究》《利益相关者理论:现状与展望》共四部译著,在国内获得了一定反响。

"世界制造服务化译丛"选取了在国际上具有较大影响的三部著作,分别是德国甘特·莱主编的 *Servitization in Industry*(Springer,2014)、英国考德威尔和霍华德主编的 *Procuring Complex Performance*(Routledge,2011),以及英国贝恩斯和莱特福德所著的 *Made to Serve*(Wiley,2013)。我们分别将这些书名翻译为《制造服务化手册》《服务供应与采购:复杂产品和大型建造项目管理新趋势》《为服务而制造:高级服务的兴起》。译丛旨在为实业界和学术界提供一个全方位和通俗易懂的世界制造服务化实践和研究的图景。

《制造服务化手册》是2014年以德国系统和创新研究所为主撰写出版的一本主题文集。除去第1章和第20章,全书共分两篇。第一篇从产业现状层面提供了对欧洲制造部门实施服务化的选项和障碍的详尽分析,涉及复印机、飞机、汽车、空分、机床、医疗设备、设备工程、化学品、纸浆和造纸等诸多产品和行业,全面覆盖了装配制造业和流程制造业。产业层面的分析有利于读者对制造商与客户关系获得深入的理解。第二篇从企业运作层面分析了制造商所采取的主要和支持性的服务化活动,涉及客户导向、市场分析、采购和供应商关系、流程和界面、管理会计、产品调适、人力资源等各个方面,这些活动符合重塑服务化商业模式的需要,也丰富了制造服务化的方法。这部分研究涉及战略管理、创新管理、市场营销、财务会计等学科。

《服务供应与采购》展示了大型项目管理中的复杂绩效管理,即在新的动态环境(客户需求快速变化)下,需要长达几十年的保养、升级等服务的组合,无论对供方还是需方来说,这都是一个全新的话题,需要关系治理与契约治理的协调,这就是该书主要关注的内容。该书共分为三部分13章:基础篇(5章)、案例篇(5章)、总结篇(3章)。其中案例篇涉及航空、高速公路、海军国防、医院和机场,都是世界级的企业的案例,代表了国际企业实践的最前沿。

《为服务而制造》对制造服务化的理念和发展趋势——特别是对其中的高级服务——进行了综合性和实践性的介绍。全书共分4部分:商业环境、借助服务业务提升竞争力、服务传递系统、制造服务化的准备。其中第三部分是重点,共7章。该书的主要特点是:展示如何挖掘公司的制造能力从而构建很强的服务化能力;提供了很多制造服务化的企业案例,特别对劳斯莱斯①、卡特彼勒、阿尔斯通、德国曼集团、施乐公司提供了深入的案例材料,有助于制造企业走上服务化之路。

从上面的介绍可以看出,三本书的定位各不相同:《制造服务化手册》为中阶读物,重在介绍国际上特别是欧洲多个行业制造服务化的现状,有助于身处这些行业的我国制造企业开阔视野;《复杂绩效采购》为高阶读物,重在介绍全生命周期的服务合同中关系治理与契约治理的协调之道,

---

① 英国 Rolls-Royce 公司成立于 1906 年,于 20 世纪 70 年代拆分为汽车和航空发动机两家公司。国内在翻译时大多将汽车公司称为劳斯莱斯,将航空发动机公司称为罗尔斯-罗伊斯。本丛书中统称为劳斯莱斯公司。——译者注

对服务提供方和服务采购方实施制造服务化都有实践性的帮助;《为服务而制造》为初阶读物,重点介绍制造服务化特别是高级服务的基本理念和发展趋势,有助于制造企业管理人员实现对制造服务化的初步了解。整套三本书在 2016 年年底到 2017 年陆续推出。

丛书的出版所费资金较多,我们有幸得到浙江省一流学科 A 类——浙江工商大学工商管理学、浙江工商大学校级重点学科和校级重点研究基地——技术经济及管理的资助,相关制造服务化课题研究也得到国家哲学社会科学规划重点项目"国家复杂产品生产能力比较研究"(15AZD057)、浙江省哲学社会科学重点研究基地——浙江工商大学浙商研究中心课题"浙商制造服务化的商业模式研究"(15JDZS01YB)、浙江省自然科学基金项目"装备制造业服务化的转型机理:对浙江企业的案例研究"(Y17G020011)以及教育部省属高校哲学社会科学重点研究基地——浙江工商大学商贸研究中心重点项目"供应商关系、价值网络与制造服务化"(15SMGK06D)等的资助,在此一并表示感谢!

丛书的出版得到浙江大学出版社的大力支持,特别是朱玲编辑和杨茜编辑,在此深表感谢!

李靖华

于浙江工商大学技术与服务管理研究中心

2017 年 11 月 1 日

英文版前言

    大量有关采购与供应链的早期研究与文献多关注相对简单的情境，即一个又大又强的客户向一个相对又小又弱的供应商采购一项明确的产品或服务。虽然这仅是一种简化了的情况，但它却有助于人们展开相关概念。在本书中，考德威尔与霍华德两位颇有建树的学者，集结了一批精英作者，向我们展现了供应背景下更为实际的复杂性问题。他们迎难而上，分析了这一学术界常常避而不谈的问题，为此，我们应向他们致敬。两位主编不仅在概念层面和结构层面探索了复杂绩效采购的情境，向大家展示了如合同、商业模式及学习等令人棘手的相关问题，还从几个关键行业中选取了一些重要而有趣的案例；尤其重要的是，这些案例通过丰富的国际视野，展示了公共与私营领域的真实情况。

    我们相信，阅读本书的每一位读者都将从中获益，无论他们就职于开发知识与促进人们理解知识的学术岗位，还是奋战在创造和实现商业变革的实践前线。在本书中，实践与理论自如交织、互为补充，达到了美妙的平衡，阅读的过程，实在是一种享受。同时，每章末尾还为我们提供了丰富的参考文献资源。放眼未来，复杂绩效采购又会走向怎样的未来呢？从定义上看，复杂性本身就是永无止境的。那么，本书以其自身的卓越意义，可能成为一个里程碑，它代表了各领域知识向全新视角的融合。仅凭这一点，我们就应向本书主编们致以热烈的祝贺。

理查德·拉姆 教授

艾克赛特大学商学院

中文版前言

工业化背景下的"新"中国,凭借其在劳动力成本上的比较优势,成就了劳动密集型产业的繁荣兴旺,由此带来的是一系列改变。而转型的"新"中国在经济发展政策导向上,侧重提升重要产业在价值链上的位置,以此创造能够产生更高附加值的服务业和制造业。在向更为复杂的经济活动转型的过程中,西方世界发现那些将"管理产品"与"管理服务"区别对待的传统做法已不再行之有效。西方学者们认为,绩效管理与创新管理能够更好地促进和预测经济上的成功,因此,本书将就这一领域展开探讨。

在此,我们很高兴地向中国读者推出《服务供应与采购》(*Procuring Complex Performance*)一书的中文版。本书的内容基于 2007 年在英国进行的一系列研究,原著于 2011 年一经出版,就很快在整个欧洲范围内得到了广泛关注。书中所述 PCP 这一新兴领域,也取得了一系列令人瞩目的发展,引起世界范围内学术界及产业界的强烈兴趣。本书出版后相关学术期刊已推出两期特刊,来介绍与 PCP 密切相关的议题,这两期特刊也许能为读者们的后续阅读提供有益素材:第一期特刊刊登在《国际运营与生产管理学报》(*International Journal of Operations & Production Management*)(2014①),第二期特刊刊登在《产业营销管理学报》

---

① 当期论文包括:《间接能力与复杂绩效:对采购和运营战略的启示》《复杂绩效采购:公共基础设施的转型过程》《B2B 服务和采供互动的变化:以清洁服务为例》《复杂绩效采购:对交易治理复杂性的启示》《制造服务化与运作管理:一个服务主导逻辑的方法》《只有少数买家和卖家市场的复杂绩效合约:以军事采购为例》。——译者注

(*Industrial Marketing Management*)(2016①)。

根据我们的理解,PCP解析了在基础设施要求与绩效要求相对复杂的环境下,进行运营管理所遇到的种种挑战。PCP寻求将复杂性、采购与供应、市场及创新管理等各领域的理论整合在一起。我们认为,以传统的结合等级制度、线性项目管理与高度契约监控为特征的采购方式,在适应21世纪客户突发需求所产生的动态性问题时,将遭遇重重困难,尤其是在建筑、医疗及国防等资本密集型产业方面。复杂绩效意味着要将产品、基础设施与长期的(往往是数十年的)服务保障捆绑在一起,这一结合将产生一系列运营与供应方面的重大决策。在增添了这一采购新视角后,我们更要强调在采购中应用更为协调及前瞻的方式,而这些方式是无法通过顺序的、按部就班的交易来实现的。在过去,人们会在采购协议中详细说明跨越组织边界的各项投入,而随着管理复杂绩效过程中单项交易重要性的降低及供应关系中嵌入性知识的增长,如今,人们需要更具结果导向的采购商—供应商协议。因此,复杂绩效的采购或委托意味着超越采购商—供应商界面的管理,这需要人们从以产品为中心的采购方式向长期性、保障性的服务协调理念的转变。

无论您是学生、学者或产业界人士,我们都真心期望这一新版的《复杂绩效采购》能给您带来阅读的享受。我们诚挚希望本书能够在向大家展现前沿研究领域的同时,也能为业界精英带来新观点与新视野。

米基·霍华德

艾克赛特大学,英国

奈杰尔·考德威尔

赫瑞瓦特大学,英国

2016年10月

---

① 当期论文包括《企业市场中基于绩效的合约》《外包服务提供中培育创新的绩效采购合约》《绩效合约的产出特性:买家企业的角色和活动》《基于价值的解决方案销售中的绩效和功能合约》《长期供应关系中的绩效合约》《国防工业中的绩效合约:政府、OEM和供应商间的三方关系动态机制》。——译者注

CONTENTS
目录

第二篇　案例篇

图目录

表目录

第一篇

基础篇

1 绪 论

米基·霍华德(Mickey Howard),奈杰尔·考德威尔(Nigel Caldwell)

本章首先介绍一些现实问题,并由此引出复杂绩效采购①(procuring complex performance,PCP)的相关问题。具体而言,我们建立了一个框架,这一框架由4个部分组成:现有采购领域的缺陷、创新管理的必要性、如何管理业已建立的被锁定的市场以及"复杂性"这一永恒的主题。我们也正是基于"复杂性"这一框架,来进行复杂绩效长期管理问题的研究,这一研究被我们称为时间动态(temporal dynamics)研究。我们希望通过这一研究,以建立问题空间(problem space)的形式来探讨各类问题的定义,并最终达成有关 PCP 的定义。

就全书而言,接下来各章节的作者将同时从学术思考和产业案例的视角,来解答问题空间中的相关问题,并通过多方面的解读,来回应我们最初提出的 PCP 框架。为了从整体上引导读者的阅读,我们将本书分为以下3个部分:概念基础、应用与案例、经验教训与启示。本书最后一章将汇总各章节作者就 PCP 问题及我们在此提出的方法和定义的解读,通过回顾各章所展示的内容与见解,来重新定义与确定我们所应用的理论框架。最后,我们还将简要地预测 PCP 研究的未来。

---

① 本书对 PCP 采用了两种译法,正文中一般译作"复杂绩效采购"或直接以 PCP 表示;在书名中,为求通俗易懂,则译为"服务供应与采购"。——译者注

1.1 为什么要采购复杂绩效?

为什么我们要编写一本复杂绩效采购领域的论著呢？而且,为什么要现在来编写呢?[①] 我们所处的企业间(business-to-business)环境反映了产品或服务承包的复杂性,这一复杂性体现在支持各种承包业务的企业间关系的复杂性。这种关系复杂性的产生是由于公共机构往往通过制定各类规则而成为 PCP 项目的委托方,或是通过接受服务而深入参与到 PCP 项目的过程中。与过去研究不同的一点可能表现为本书对复杂绩效交付过程中各类关系的强调,而以往的研究——以 CoPS 研究(complex products and systems, 见 Davies & Brady, 1998; Davies & Hobday, 2005)为例——往往聚焦于某一特定项目的复杂性和规模。虽然这些研究为我们提供了启示,但是,它们并不能直接解决多企业联盟的管理问题,这类联盟的建立创造了复杂性,这种复杂性本身就是一种战略杠杆。作为本书的起点,图 1.1 给出了采购和供应领域中与 PCP 相关的问题空间的定义,也展现了运营管理的相关元素。

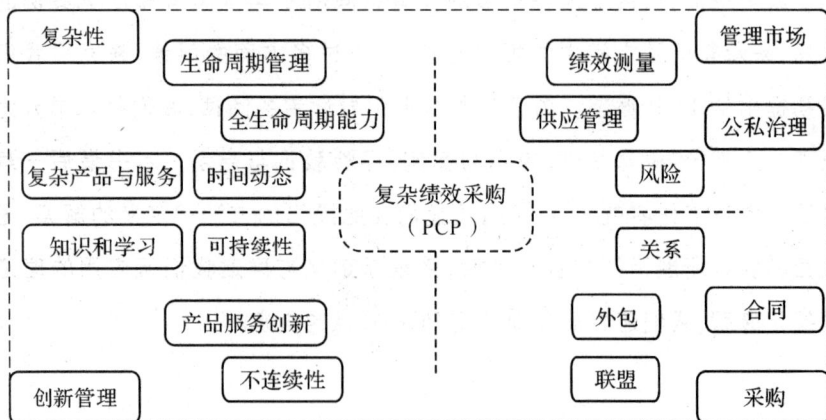

图 1.1 复杂绩效采购:初始的问题空间

---

① 本书英文版于 2010 年 2 月定稿,2011 年正式出版。

对关系复杂性的管理意味着要在大型项目的进展过程中达到风险与成本之间的最优平衡。对于这类规模巨大的项目来说，其项目产出是一个混合体，其中包括了如希斯罗机场 T5 航站楼建设项目一般的传统"产品"，也包括了如优化某一设备的全生命周期运行能力等方面的支持性服务，还包含了对于项目末期报废清算成本的理解等。有关治理的文献已经在一定程度上达成了一种共识：单一的一份合同，即使它是最简单形式的契约安排，也不能包含所有可能发生的事情或情况（Dyer & Singh，1998；Poppo & Zenger，2002）。因此，本书希望通过对关系机制的分析，为近年来涌现的有关风险与成本管理的争论，做出一些实质和及时的贡献。我们知道，关系机制需要和传统的契约机制一起发挥作用，因此，我们不能完全忽视传统的契约机制（虽然本书中的一个案例对这一观点提出了挑战）。

看来，PCP 涉及复杂的长期关系，在分析这类长期的采购方、供应商与用户之间的交互关系时，有关"如何管理创新"的问题则应运而生。由于复杂项目（如医院、国防装备与高速公路等）的设计、建造和使用阶段总体时间跨度长达几十年，因此，这些项目往往会在应对新兴技术与实践时遇到困难。一些组织可能制定了相关战略，比如对开拓创新机遇的创造，以及对创新思路创造和执行的强调，但是它们都需要来自动态能力的支持。这类技术和创造力代表了一种企业所固有的能力，为应对随着时间推进而不断变化的外部刺激的改变，企业需要不断调整其产品与服务的运营方式：这就是我们将在下文描述的另一个关键维度——时间动态。

时间动态定义了与关系和契约相关的关键事件和相应决策在长期时间内的动态模式。在复杂产品—服务（complex product-service，CPS）领域，所有事件与决策都是在历时数十年的时间背景下发生的，在这一背景下，存在着社会需求与技术不连续性之间的矛盾。因此，项目团队不但需要按时完成项目成果，还要监控整个项目的时间进度。在长期规划中，为了规避风险，人们往往会选择那些具有良好历史记录或财务状况的供应商或承包商，与他们达成合作，而不考虑像中小企业这样的更具创新力的市场新军。这就会带来一些关键问题,譬如如何对供应商选择过程进行管理,尤其是在长期项目的进行过程中计算出一个可承受的风险水平。许多项目的结果发现,最初的风险规避往往需要经历数十年的时间才能看到结果,而这些未来结果又很难被证实,这就导致了一些项目在交付的第一天就注定了未来将被淘汰的结局。

不确定性与风险构成了全生命周期管理(through life management,TLM)等方法的关键因素,因为随着一个产品或装置生命周期的延长,人们越来越难以预测这一产品将会被如何使用,或者很难确定产品本身的性能表现。总体来说,全生命周期管理出自产品生命周期的相关文献,它仍然属于一个新兴的主题,人们将这种方法应用于跨越项目的整体系统和生命周期的整个过程,这一过程包括了项目的获取、规划和成本计算等活动。这一方法特别是常被应用于国防领域,它意味着产品—服务生命周期各阶段之间联系的增强,其中包括了从概念生成到设计、制造和在役服务支持等阶段。对于复杂产品—服务而言,其全生命周期管理也许需要应用新的方法来管理组织间关系与企业行为,而在过去,产业合同的主要重心更聚焦于设计与建造等上游活动。与复杂产品—服务相关的生产行为具有时间动态的本质,这意味着人们将很难预测产品用途的未来需求,因此,有关产品—设施更新或升级的决策还与其用途的改变与所处环境的变化有关。PCP 的这一不可预测性导致了在管理延伸的产品—服务生命周期时所需面对的特殊动态因素,在项目的任何阶段,关系、技术和过程都可能处于一种不稳定的状态。

自 20 世纪末以来,西方国家正在越来越频繁地经历以上所说的"不连续性",其表现之一是人们又一次从聚焦制造产品转向对客户服务的重视。这种产品与服务交付模式的重新定位与消费者的选择不谋而合,许多因素共同作用助推了这一趋势的形成,例如需求的增加、获取信息的便利性以及个性化定制技术的普及。一系列新的行业术语正在兴起,比如服务创新(service innovation)、服务科学(service science)甚至服务化(servitization),这些术语的应用跨越了工程、运营与市场营销等各领域

(Vandermerwe & Rada, 1988; Potts, 1988; Olivia & Kallenberg, 2003)。尽管人们对服务主导逻辑(service-dominant logic)所带来的政策与实践启示表现出高涨的研究热情(Quinn et al.,1990;Vargo & Lusch, 2004),但事实上,服务主导逻辑还提出了一些有关 PCP 的具体问题。自有史料记载以来,人们一直认为服务可能是与产品共同存在的事物,但服务相对于产品的重要性却在最近才真正引起人们的关注。近 30 年来,采购领域一直面临着面向后工业社会知识经济的稳步转型,而上述人们对服务的关注对采购领域产生了重要影响。如今,经济合作与发展组织(Organization for Economic Corporation and Development, OECD)国家中有约 75%(或以上)的劳动力在服务部门就业。这同时也意味着,采购不再是与规模经济相关联的传统上游产业中制造导向的活动,它正转型为"针对独特市场"(market-of-one)的项目,在这些项目中,那些影响客户服务选择的决策还将关注数十年后的未来,并且这些决策过程将由少数几个联盟伙伴来管理。对服务和支持的日益强调也表明,人们需要更多关注企业所需的将能力转变为服务收益的过程、技术与知识,同时还需摒弃那些关于服务无形性和转让便利性的传统观点,即认为物理活动与产品生产比服务更能创造价值的观念。

在欧洲许多地区,一种新型经济正在兴起,它实现了传统高精度工程元素、定制客户服务及关系管理新视角的结合。其中一个重要的例子是英国所具备的世界级专业引擎的开发能力,这一能力不仅被应用于 F1 方程式赛车比赛,还被应用于飞机与轮船的推进力系统。引擎制造商劳斯莱斯公司将最初用于竞赛跑道的远程诊断概念扩展到自己的领域,如今,它可以在全世界范围内对几千英里之外的轮船和飞机的引擎性能进行常规监控,并将故障排除与维修预报等信息反馈到位于英国的总部。此类实时引擎管理服务将重心重新聚焦在超越产品质量理念的"增值"概念上,实现了面向产品与服务整合体的转型,这一精挑细选的整合体构成了客户与供应商之间全生命周期合同的组成部分。这标志着一种从两两之间购买关系向基于产品与服务共享的更为复杂的伙伴关系的根本性转型。

　　本书主编在此希望强调一个问题:PCP 属于新鲜事物吗? 有关如何管理大型或巨型项目的知识,事实上,至少在埃及法老与金字塔建造时期就已经存在了。然而,那些大规模、高预算项目的失败,尤其是涉及 IT 的项目的失败,在不断提醒着我们,要想在采购领域成功应用新方法,需要引入新思路。例如,2000 年由美国汽车三巨头公司联合组建的科维森特(Covisint)在线零部件采购中心,曾尝试利用三巨头的联合购买力来取得成功,然而,即使投资额高达 1 亿美元,并且更换了好几任 CEO,这一采购中心的运营最终还是由于垄断力量对供应商非商品类产品的价格打压,以及对其信誉的摧毁,以失败告终。类似地,Crest 系统建立于 1989 年,它是伦敦证券交易所尝试建立的第一套电子交易系统,但是,直至 1996年由一支新的项目团队对系统进行了重新设计并将其更名为 Taurus 后,这一电子交易系统才得以最终投入使用。新采购方法的采用使项目达成了影响其进度及最终结果的项目关键指标。对于 Crest/Taurus 项目来说,其所应用的新采购方法在于:针对项目未来(而非目前)对过程的需求,界定其初始甄选规范,并将其作为初始投资战略的一部分。

　　作为本书的主编,我们认为,PCP 理念的不同之处在于,采购过程对复杂绩效的结果(好或坏)具有全方位的影响,PCP 不是仅将这些运营方面的因素视为项目管理的一部分,而是将重心放在离散和具有边界的独立项目上。复杂采购强调项目概念形成所发挥的作用,这不同于复杂项目管理领域中对连续性及运营协调的强调。以国防产业为例,其强调的是跨越项目而延伸的生命周期内的绩效表现,从本章的"时间动态"主题表明:从长期来看,人们面临着比购买或采购更为重大的问题。对此我们建议,需要将项目管理方法与仍在不断演进的购买与采购实践方式相融合,以创造一种新的方法来整合超越单一项目管理或采购领域等传统方式的多种复杂变量。表 1.1 将时间动态视角应用于从项目初始投标到报废清算的各个阶段,来展示在扩展的生命周期内所进行的各类典型活动。

表 1.1　扩展的生命周期内的各类典型活动

项目	投标	设计	建造	服务	报废
采购	通过定位投标与投标商来管理风险;选择核心供应商	识别并量化连接设计、建造、服务与报废各阶段的环节	实现建造阶段与在役服务或运营阶段利益的统一	将关键服务指标与 KPI 作为合同后管理的衡量手段	确保在成本与环保因素之间尽力权衡;品牌保护
创新管理	通过规避风险、不连续性及高成本来实现创新	给予设计阶段最高程度的控制,并避免高水平风险	保持成本、质量与服务交付之间的权衡	保持承包商对服务升级及其他创新的兴趣	开发不同选项;从规划中创造新概念
管理独特市场	创造市场;激励供应商	从设计阶段开始管理长期创新	评估与公开包括全面服务交接在内的团队目标	确保承包商具备交付可持续性绩效的积极性	扫描新的市场机遇
复杂性	简化合同;保护初始投资	嵌入升级功能或识别今后需投资的关键升级路径	鼓励更为标准化的大型项目采购流程	超越 SLAs 的工作,并注重需求与需要(needs and requirements);鼓励学习	在例如物料标记及追踪等领域与监管者合作

1.2　采购:为什么不能用传统方法来采购复杂绩效?

采购是一个特别的领域,在这一领域中,卡拉杰克矩阵(Kraljic's matrix)等概念被学术界和业界广泛接受,然而这一流行的工具却是由一位咨询顾问创造的。卡拉杰克矩阵的精髓在于,一个组织所采购的物料或零部件可以通过一个 2×2 的矩阵来总结和分类,这一矩阵描绘了采购项目的利润影响与供应风险之间的权衡(Kraljic, 1983)。它作为一种强大的工具,被大多数采购商用来分析一个企业的采购组合,并就此分配采购资源。然而,正是因为这一矩阵方法将采购物资分为可应用财务杠杆取得的物资与需要利用战略关系取得的物资,采购与供应的核心概念已不能将那些有用的日常采购技术应用于复杂产品—服务的情境中。

此类产品导向方法的微观部件层面(即使这些微观部件在企业范围

内被整合)，并不能解释复杂产品—服务的政治维度，强大的利益集团或派别所关注的利益可能与商品模型所强调经济效率并不一致。即使通过最简单的复杂产品—服务案例，我们都可以清楚地看到，虽然对于一个主要承包商来说，其面对的供应市场可能是有限的，但是"采购"所带来的复杂性不仅涉及高水平的投资，也涉及多个利益相关者之间高水平的协调。这将导致碎片化的客户决策过程，并带来其他的一些问题(多见于公共部门客户)，譬如客户对项目的关注程度将随着外部环境(例如，媒体对其他产业的担忧，或者媒体对公共采购挥霍无度的担忧)及关键个体的职业生涯及任免情况的波动。

以上这些，将导致客户(购买方)对碎片化方法的采用，从而形成了基于产品或产品组合的采购模型，这些模型默认需求是不间断和相对统一的，然而，正如CoPS文献中描述的那样，复杂产品—服务的需求却是"波浪起伏的"(lumpy)。此外，在持续性的丰富环境中锻炼而成的技能与能力，却由于绩效知识的过于简化而无用武之地。例如，传统采购技能的知识基础可能会产生以下危险：一是对项目每一阶段过度分工(如Crest/Taurus项目)；二是项目层级的增加使项目丧失了由现场人员做出合理决策的机会；三是过度文档化的危险；四是使项目失去足够灵活性的危险。

复杂产品—服务合同具有定制、基于项目、独一无二甚至"孤注一掷"的特性，因此，它与简单的如卡拉杰克矩阵等基于部件的模式不同，其涉及的是一种完全不同的客户(采购商)与主要承包商之间的关系。这种寡头市场中的供应商与那些更基于产品组合模式下的具有高度可替代性的供应商截然不同。这种对关键供应商的依赖可以体现在合同的作用上，独立部件的采购模式并不适用于复杂产品—服务模式下合同条款的深度与所需的关系资本。传统的绩效衡量方法(如质量缺陷和服务次数的服务协议)在此已不再适用，人们需要建立一个动态的、重复性的新型绩效衡量体系。与传统的仅限于提供服务承诺的模式不同，复杂产品—服务看似需要一种更为复杂且基于产出—需求(outputs-requirement)相匹配的服务提供方式。对于复杂绩效的采购而言，其重心在于如何在整个供应链或供应网络范围内分摊风险与共享收益。

那么,有关传统与"现代"采购模式的比较讨论究竟带来了怎样的新实践启示,以及,在复杂产品—服务的提供过程中,能力塑造的成败又是如何体现的?卡拉杰克矩阵是近30年前提出的模型,而今,随着东方国家的加入,整个全球宏观经济形势发生了变化,为今天的商业世界带来了许多转变。以印度与中国为代表的新兴经济体中各类市场管制规定正在逐渐撤销,日益扩张和富裕的中产阶级消费者正将国家推向超级大国地位,这些都向人们展示着重大的机遇。随着人们对产品、服务与效用的需求增加,人们对供应网络敏捷性的重视和对持续研发的支持也日益增长。因此,21世纪的全球采购实践也超越了单纯的组织承诺(compliance),而更加面向与战略伙伴共同实现的长期发展与创新。尽管产品—服务的复杂性仍然是PCP的重要基石,但它必须与扩展的生命周期及价值共创等特征相结合,并更加注重关系治理而非合同本身(见图1.2)。虽然那些较为常规的绩效采购确实包含了供应链中的创新元素,但是,却未能显示生命周期的重要意义及其对服务价值创造产生的影响。因此,图1.2中所示的10~50年(或更长)的生命周期不仅代表了传统采购模式与PCP之间的区别,也向我们展示了如希思罗机场T5航站楼项目与新伊丽莎白女王级(QE)航母等项目,在长期设施、平台支持与升级过程中日益涌现的问题。

之前,采购所扮演的多为反应性角色,而现在的采购越来越呈现出一种主动性及战略性的姿态,有关这一方面的争论一直在持续。例如制造规模化的优势等传统观念又一次让位于基于外部新机遇的观点,而这些新机遇是由定制化产品和服务的范围扩展与客户需求增加所带来的。虽然一直以来,服务的概念与产品密不可分,但是直到近20年,人们才真正开始认真看待服务相对于产品运营的导向与重要性。过去的企业倾向于强调产品与服务之间的区别,它们所采用的要么是制造的视角,要么是市场营销的视角。然而,鉴于西方世界向产品—服务包不可阻挡的转型以及作为新商业模式一部分的服务正在创造越来越大份额的收入这一事实

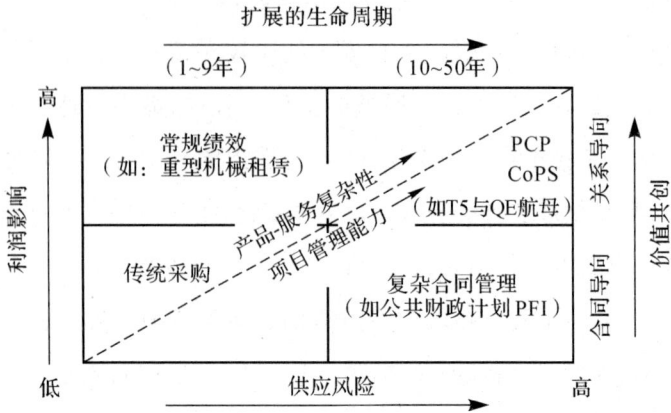

图 1.2　复杂绩效采购：超越采购

资料来源：改编自 Kraljic(1983)。

(Cusumano，2008)，以上将产品与服务区别对待的观点已显得站不住脚。无论是生产大型资本产品的大公司，还是生产清洁用具的小公司，都开始见证附加服务、从产品中创造增值包及向安装基础①用户提供服务等创造竞争优势的服务，它们可以使公司更加接近客户，并推迟产品固有的利润侵蚀特征所带来的危害。以上事实支持了"模糊看待产品—服务之间区别"的观点(Araujo & Spring，2006)，这些观点认为，竞争战略应基于持续不断的解决方案的提供，而这些解决方案中包含了维护与支持性服务。采购所面临的挑战在于，在考虑如卡拉杰克矩阵等原始模型静态性质的同时，还需实现对以上新动态的适应。

人们提出了一些区别新旧采购角色的观点，他们认为，现在的采购更加自由、所受限制更少、更加注重互动并更着眼于长远。然而，我们仍不清楚，这一新的采购角色应如何应对寡头市场中复杂、扩展的生命周期以及多个利益相关者之间价值共创等方面带来的挑战。采购专家们正肩负

---

① 安装基础(installed base)指网络效应产业中已有用户的数量，它会对潜在用户决定是否加入该网络(即购买该系统)产生影响，因为更大的安装基础往往意味着更便利的供应和服务、更多的辅助产品甚至更广泛的用户连接(如通信网络标准竞争)等。网络效应的竞争很多时候会出现"赢家通吃/马太效应"的结果。——译者注

着一系列新的挑战,他们需要与那些有能力的供应商建立和维护紧密的关系,因为这些供应商具备满足买方长期绩效所需要的创新能力与供应能力。

1.3 创新管理

设计与采购那些可以在长期内(往往是数十年内)实现高水平绩效的复杂产品与服务,不仅需要思想的不断演进,也需要在不连续变化发生时重塑思想的能力。现如今,即使是那些如"最先进水平"等的措辞都已"缩短了寿命",这都归因于技术进步在全球经济范围内的加速。然而,创新管理过程需要的不仅仅是应对金融不稳定、市场波动、技术轨迹增速等外部环境变化的能力,我们还需在复杂产品—服务开始时就思考一些战略问题,分析组织内部与联盟所具备的核心能力,这些核心能力可以使企业产品与服务整合所创造的价值最大化、抓住绿色供应与企业社会责任等方面的新法规带来的机遇,并通过从过程创新的改进中反馈学习,使供应网络成员受益。

CoPS 被视为大型项目管理的起点和核心参考对象。典型的 CoPS 项目包括了航空模拟器、航空电子系统、空中交通管控单元、电网系统、零售网络、生物信息学以及移动电话网络设备等。虽然所涉行业范围广泛,但有关复杂项目的启示却是通用的。CoPS 项目的永恒主题是项目各阶段中各角色之间的高度协调。CoPS 并不适用"标准的"创新生命周期模型,虽然它们也会趋于成熟,但却并不会达到市场营销生命周期模型所涉及的高产量阶段(例如,移动电话和个人电脑)。CoPS 项目更倾向于维持在概念产品创新的早期流动(fluid)阶段。Davies 与 Brady(1998)指出,标准的创新模型(生命周期模型)适用于批量生产的行业,而为了解释 CoPS 中的供应问题,则需要一个不同的框架。他们提出,供应 CoPS 的产业往往具有双向寡头性质,在每个国家,仅有很少的大型供应商为同样很少的客户服务——这与本章描述的 4 个框架非常吻合。

我们对于 PCP 中复杂产品—服务的定义,不同于 CoPS 中对复杂产品—服务的定义,主要有如下三方面区别:(1)我们对于采购与供应的不同关注点;(2)客户价值是通过整体产品—服务包(而非一个产品系统)的提供而实现的,其中,建筑、制造行业下游的服务支持性活动(service support activities)占据了产品—服务包的很大一部分;(3)合作伙伴之间的价值共创过程更加强调企业间关系治理与契约治理之间的相互作用。而 CoPS 可被视为"……关注复杂资本货物发展、制造与交付的一类项目分支"(Davies & Hobday, 2005),在 CoPS 中,复杂产品—服务回应的是各类有关复杂项目终生的问题,它不仅关注设计与建造等初始阶段,也关注长期内提供可持续服务支持与维护的能力。这意味着,创新不再仅仅被看作是传统背景下的新产品开发,在生命周期的每一阶段都需要鼓励创新,其中包括了平台升级及服务支持水平的不断改进等诸方面。

"如何将创新注入采购与供应领域"这一主题,在 CoPS 与复杂产品—服务之间产生了强烈共鸣。传统上,采购实践的基本出发点在于有关"自制或购买"(make or buy)的决策。如今,对于复杂产品—服务来说,采购是一种被赋予的权利,那么,这对该领域的未来发展又意味着什么呢?在这个由企业之间(B2B)数字联系(digital connectivity)所驱动的世界,我们必须认真思考,应设计并采用反映全部利益相关者需求的解决方案,这些利益相关者包括了客户与供应商,我们不应仅考虑采购商的利益(例如 Covisint 项目)。或许,未来的创新将不仅由平台、产品、设施的设计所决定,供应网络结构的配置、企业间关系的强度以及共享知识的深度等,也将决定未来的创新格局。

Hobday(1998)将项目管理与系统整合视为 CoPS 成功的核心能力,这里涉及包含了许多企业的临时性结构。负责交付 CoPS 项目的系统集成商(systems integrator)或主承包商(prime contractor)必须应对创新网络中多元化、分散和自我导向(self-directed)的组织,其中包括了元器件供应商、制造商、金融机构、政府机构及各类客户(Geyer & Davies, 2000)。这一灵活性使项目团队可以利用渐进式学习的体验,并拥有创造新技术的可能性。这些学者进一步指出,项目设计必须能够适应新需求和紧急事件,他们强调了动态学习过程的重要性。Davies 与 Brady(2000)指出,CoPS 企业可以在逐一进行招投标的过程中,实现"重复经济",即在标书准备与执行方面,通过建立惯例与学习过程来实现经济性。虽然,这一观点呼应了紧急事件发生时需要动态学习,但其中涉及的扩展的时间框架可能会限制与其他项目之间的知识交换,尤其是在服务支持阶段。

1.4 管理市场

本章的其他部分回顾了复杂采购管理的相关内容,而在这一部分,我们将探讨在长期内管理复杂采购项目时所遇到的问题。复杂产品—服务的主要特征之一就是其面对的是寡头市场,对于采购者(往往是政府)来说,首要责任就是去创造一个市场。具体到英国政府,通过各类外包和公私合同机制,英国政府必须为复杂采购项目创造新的市场,其中涉及的典型领域包括医疗、公共交通与国防等。然而,合同一经签订,从长期来看,采购商面对的仅为一个单一的供应商(即锁定效应),它必须基于该供应商的长期垄断地位对其进行绩效管理。在建筑行业,同甘共苦模式(pain/gain-sharing arrangement)、服务层面的协议,以及周期性标杆学习(periodic benchmarking)等技术不断涌现,用于管理此类长期的单一市场。在航空产业(包括民用与军用航空产业),"按小时提供动力"(power-by-the-hour, PbtH)服务已成为广为人知的概念。此类合同旨在帮助客户实现一定水平的绩效,例如:总运行时间或可获得小时数。基于传感数据收集技术提供的信息,这类合同将产生不良绩效的风险从客户转至供应商或承包商。如果此类数据可广泛获得并成为一种可靠的绩效衡量方式,这就意味着服务、维护、零部件供应及日常需求都可以被准确地预测出来。虽然英国与美国军方所使用的基于可获得性的合同确实预示着预测性维护(predictive maintenance)领域的曙光,但是,当绩效信息及与之相关的参数不能基于历史数据来获得时(如一架新战斗机的绩效),人们仍然非常缺乏有关如何采购的具体知识。

这类"初出茅庐"的情境对于复杂采购来说是司空见惯的,它反映了寡头市场中的管理风险问题。历史上,军事产业通过成本加成(cost-plus)合同规避了相关风险,若要在事先达成协议的设计方案基础上进行延伸,委托方组织需要支付大量资金。在军用与民用领域,复杂采购的出现似乎代表了客户对成本加成"额外偿还"(additional reimbursement)式合同(及可能涉及的支付能力)已经丧失了信心。

纵观建筑与军事产业,我们可以证实这些产业中所展现的常见对立关系。传统来看,军事与建筑承包商都是为客户效力的,而不是与客户一起工作的。人们常常谈及的一个有关产品—服务组合的方面,便是与客户一起创造价值的必要性。这一方式假设利益的共同性与机会主义的缺失,近期例如基于可获得性的承包合同等方面的进步,可能有助于形成一个足够聚焦的焦点来实现相关目标。然而,其他产业一直采取的是一种如价值共创等更可辨识的方式。例如,在英国的医疗与社会服务行业,政府机构将许多服务"委托"(commission)出去,这些服务包括了为老年人提供食宿的服务、为社区提供药品与普通医疗设施的服务以及儿童保育服务等。委托的概念反映了采购者与服务提供者之间的区别,至少对于英国的公共机构来说,委托方目前很少亲自经营或运营其委托出去的服务。支持委托的人们,将委托视为不同于采购的另一种实践,他们强调,需求的全面开发是委托的核心要素,并且只有在确立了需求后,人们才会考虑市场与供应商,而最终契约的达成还取决于与关键供应商之间在需求管理方面的合作。

委托关系中委托方与服务提供商之间的清晰界线与军队中后勤与战场之间的清晰界线很相似。在民用领域,希斯罗机场的 T5 航站楼项目最清楚地体现了以上所说的清晰界线。英国机场管理公司(British Airports Authority, BAA)并没有建造任何大楼,但其扮演了系统集成商的角色,承担了项目的全部风险(见本书第 9 章)。T5 航站楼项目及其委托过程中的价值共创看似是由客户引导的,而在较为传统的土木工程及军事行业,其价值共创的发展看似则更具响应性,而非主动性。从这一角度来看,这里的价值共创是由反映客户需求的各类机制所引导的,这些机制反映了客户对承包商提出的使用不同且更为合作性的方法需求。

鉴于上文所讨论的客户决策碎片化问题,在复杂产品—服务背景下增加可选方案的做法必须被视为创新过程的一部分。在这一过程中,早期的规划与开发需要超越单一固定的解决方案,而须面对基于当下社会政治或经济情况的一系列可能的产品—服务结果。以全生命周期管理中获得的启示为例,项目团队早期做出的选择必须超越产品使用等阶段,人们还应考虑如服务支持、维护、升级及报废等后续阶段中所涉的价值。虽然已经有一些成功的固定成本保养(fixed cost maintenance)项目[如劳斯莱斯的按小时提供动力服务项目与德国汉莎航空公司的总成本保养(total cost maintenance,TCM)项目],但仍有一些问题尚待解答。例如,当平台或设施的所有权已被出售给第三方,而不再属于原始采购商时,服务协议将起到怎样的作用?如 PbtH 与 TCM 之类的项目在航空产业被誉为最佳实践,但这些项目在 PCP 背景下是否仍可被视为成功呢?将研究的范围局限于很小数量的"成功"案例的做法,将会招来人们的批判,这一做法仅提出了公式化的刻板解答,并不能解释基于许多产业、涉及大量不同方面的复杂性问题,这些问题包括了治理问题、价值共创、产品—服务整合以及在限制性市场经营所涉及的风险等。

供应链中的组织间合作已非新思想,以往的范式认为:一个垂直整合组织在市场中的成败取决于它所具备的技能、知识与资源。而观念转型后,近期管理概念中涌现出的新观点则提出了有关复杂产品—服务(这是非垂直整合组织)的新范式,这一范式认为:对组织间关系的管理才能够决定成败。因此,复杂产品—服务方式更为强调在供应网络中选择合作者的行动以及在合作过程中对绩效的衡量。

"合作"的概念来自不同的理论视角,在运营领域,丰田公司提出的精益实践引领了"合作",而在组织行为学领域,协同优势的概念引领了"合作"的观点(Huxham & Vangen,2004)。这一观点认为,与关键合作伙伴之间的紧密合作不仅是高管们面对的"无法改变的事实"(fact of life)，它还能使人们更为主动地赢得最终的成功。简言之，人们可以通过恰当而巧妙的合作来提高总体绩效。同时，人们越来越趋向于关注核心竞争力(以战略类文献为典范)及将非核心活动外包的做法。例如，许多企业已经将其信息技术职能或人力资源管理职能外包出去，它们更乐于从外部组织购买这些活动。在英国的公共领域，共享服务(shared services)的理念正在普及，人们聚集并管理相关资源，在客户(或纳税人)与组织内经济体之间搭建接触界面。有关"应该外包哪些职能"以及"外包是否是一个长期可行的战略"的争论一直在继续。尽管如此，人们普遍接受了这样的事实：当主导企业不能自行实现某些关键职能时(至少是其核心业务之外的那些职能)，它需要依赖其他企业为其实现这些职能。此外，对大型项目的投入也变得越来越分散化，这是因为这些投入物来自越来越多的高度细分的供应商。因此，复杂产品—服务创造了自己的企业网络，从理论上说，这些网络是与项目的价值链相匹配的。在设计这些网络时，需要各种技能或能力，并且，选择在长期内最优的合作伙伴也需要企业具备一定的能力。在传统的交易性采购中，潜在的产品(或服务)提供商并没有被视为整个项目计划的一员，他们仅仅是某些项目投入物的提供者。因此，复杂项目的采购需要采购商具备一定的评估能力，他们不仅需要评估供应商是否能在长期内根据(在许多情况下)尚未明确的项目要求为项目做出贡献，同时还需要评估供应商是否能胜任网络参与者这一新角色，后者同样重要。这类采购决策在设计复杂产品—服务系统的供应基础设施方面，旨在实现网络内的创新、响应性、产品服务质量及沟通质量。

1.5　复杂性

对于终端客户来说，无论复杂性是否显而易见，它作为现代社会的特征之一，深植在与客户选择有关的多种多样的过程与结果中，并且在公共与私营领域都有所反映。客户对于医疗、交通与通信服务领域选择范围日益增加的期望,对采购实践形成了巨大挑战,由此也产生了PCP领域的显著复杂性。然而,一批高需求且(看似)成熟老练、信息充足的客户仅代表了其中一部分与采购密切相关的利益相关者,包括欧洲有关绿色问题的立法者及第三方IT系统供应商在内的其他利益相关者,也对供应商选择与外包的决策施加了重要影响。因此,投标的成功不仅取决于价格,还取决于企业是否取得安全组织的资格认定与成员资格以及企业是否符合监管者所制定的国际标准。此外,复杂产品—服务合作伙伴之间通过联网的信息技术进行沟通及取得信息的需求,也强调了人们在管理复杂采购过程中对创新方法的使用。

合作伙伴之间存在的长期时间动态(temporal dynamics)、在需求方面对全生命周期能力的潜在改变以及如何通过管理多个利益相关者而实现产品—服务生命周期的管理,这三个问题共同作用,导致了复杂产品—服务企业内在固有的复杂性。复杂采购中形成的产品与服务的结合或"混合",仅仅是此类新兴的复杂性中的一种表现形式,它需要人们建立一个购买/采购系统来采购两种或两种以上不同的活动。然而,问题最终都落在了时间动态上:从长远来看,如何使采购任务产生适应性是复杂绩效采购成败的决定性因素。在管理界,几乎所有人都明白,约80%的成本在项目最初的1/4阶段已经被设计与确定下来。最近一段时期,有关低碳环保项目管理方式的规定使项目的概念设计阶段变得至关重要,因为它将影响到项目后续的环保绩效。也许,对采购提出的聚焦"预先时间"(time up-front)的要求,是将复杂产品—服务与较为传统的采购区别开来的主要因素。在产品或服务已经投产进入运营阶段之后,再对全生命周期项目进行重新设计,本来就没有意义。这种对预先投资的需求对复杂采购构成了一项重大挑战,尤其是多数组织都是以某种形式的集中式成本结构(centralized cost structure)来运营的,所有工作都需要通过一个成本中心来进行核算。对于许多组织和管理者来说,与日常工作相比,他们很难为那些被视为与未来发展高度相关的工作进行辩护和提供保护,比如那些并不涉及实际采购活动对复杂跨界采购的探索工作。

与复杂产品—服务的复杂性程度及种类相比,CoPS 涉及的是大型和工程密集型的产品或系统,这些产品或系统往往是以单件或一小批次、按照每个客户的精确需求而定制供应的。本书作者们认识到,供应 CoPS 的产业多为那些各个国家内部的限制性市场,其中仅涉及很少量的供应商,面向很少数的客户——这一描述与第 7 章中对国防供应领域的分析非常吻合。然而,一项大型 CoPS 项目的创造往往涉及极高的产品与创新的复杂性,这不仅是因为这些项目涉及多种多样的元件、技能与知识投入,也因为为数众多的企业(或同一企业内部的不同组织单元)经常需要在其生产过程中进行合作(Davies & Hobday, 2005)。在这方面,复杂产品—服务可能有所不同,虽然在其项目的任何时间阶段中所涉及的创新强度都不会达到如 CoPS 项目的极高水平,但如果从更长远考虑,在延伸的生命周期中有关是否升级平台或设施的多次决策,则需要来自供应商与分包商持续不断的创新投入。虽然不同种类的 CoPS 有着显著区别,但用户在创新过程中的参与程度普遍都很高,同时供应商、监管者和专业机构往往会与用户形成合作,来探讨新产品设计、生产方式及项目交付后创新的相关事宜。本书全面分析了 CoPS 与复杂产品—服务在这些方面的不同,然而,复杂产品—服务之间的协作仍然是一个尚待证实与探索的有趣现象。

"巨型项目"(megaproject)作为另一个同样引发学者们兴趣的领域,也呼应了 PCP 复杂性的主题(Clegg et al., 2002;Maylor, 2003;Marrewijk et al.,2008)。巨型项目具有的特征包括不确定性、复杂性、政治敏感性及合作伙伴的众多性(Clegg et al.,2002)。鉴于此类项目的规模之大,项目周期中的设计与执行阶段比起其他项目要复杂许多。具体来说,正如 Maylor(2003)所描述的那样,一个项目的启动阶段,需要集合各类资源、召集各类项目团队来执行项目活动,对于项目管理者来说,这一阶段比起其他项目的启动阶段更难预测和组织。这不仅说明了此类项目的复杂本质,也表明了在项目过程中维持管理连贯性的困难程度,且在典型复杂产品—服务情境下扩展的生命周期中,这种困难显得尤为显著。

最后,复杂采购一般可能有三种途径。第一种途径涉及项目初期的大规模预先采购,在这种情况下,可能会出现客户与承包商商业采购团队之间的信息不对称。第二种途径通过跨越潜在组织间的各个节点,建立并协调一个具有一定规模的采购及协商虚拟团队,例如构建某种形式的在线合作力量。第三种途径涉及对初期资源的有意识控制,并在项目运营阶段依赖更多资源来管理已经投产的采购项目。最后一种途径最不可能用于应对复杂采购的动态性,因为这一动态性需要人们在项目早期就开始进行实质性的"灭火"行动。本书主编将预先采购投资视为成功复杂产品—服务的核心特征,希望这一点可以在接下来的各章中有所反映。

1.6　本章小结

本章介绍了与 PCP 有关的现象,并为这一领域的进一步思考定义了一个问题空间。虽然我们知道,在面对一群新读者讲述一系列老概念时需要格外谨慎,但还是要指出,PCP 区别于传统采购的不同点在于其对企业间关系的重视:这是在经营新型企业时所需的关键成功因素,因为这类新企业存在于限制性的市场中,面对着扩展的时间框架和多个利益相关者,并需要进行产品创新和服务创新的整合,这一切都造就了 PCP 项目相当高程度的复杂性。同时,我们也提出了一个分析单元:复杂产品—服务,虽然我们期待有新的案例出现,但就目前来看,其典型代表为新建筑设施的建造,基于海、陆、空的交通平台及大型信息技术设施的建设安装等。有关 CoPS 的文献为我们的研究打下了坚实基础,而 PCP 与 CoPS 的区别不仅表现在其对关系的强调上,也体现在其对交互性的关注方面。例如,合作伙伴之间存在的长期时间动态,在需求方面对全生命周期能力的潜在改变以及在整个产品—服务生命周期中对各阶段进行交互式和规划性的管理等。

因此,作为研究的开端,我们在此将复杂绩效采购定义为一种对协调性和关注关系的采购方式的需求,这一采购方式的存在是由于所涉及的任务由许多子元素组成,而仅凭与个体任务或交易相关的连续性、累积性工作是不能够完成这一任务的。我们认为,此类协调性机制对于管理 2010 年及以后的复杂项目是至关重要的,这些项目的典型性表现在:它们都处在封闭且高度集中的产业,产业中涉及各类寡头供应市场,为了确定基于供应结果(而非产品)的新商业模式,它们都具有清晰、明确的需求。随后的各章节将展开讨论本章所提出的各种实践挑战,同时,我们也很期待在本书的最后一章中重新回顾和延伸我们这里的初始框架及概念。

本章参考文献

Araujo, L. and Spring, M. (2006). Services, products, and the institutional structure of production. Industrial Marketing Management, 35(7): 797-805.

Clegg, S., Pitsis, T., Rura-Polley, T. and Maroosszeky, M. (2002). Governmentality matters: designing an alliance culture of interorganisational collaboration for managing projects. Organization Studies, 23(3): 317-338.

Cusumano, A. M. (2008, January). The changing software business: moving from products to services. IEEE Computer Society, Computer: 20-27.

Davies, A. and Brady, T. (1998). Policies for a complex product system: the case of mobile communications. Futures, 30: 293-304.

Davies, A. and Hobday, M. (2005). The business of projects: managing innovation in complex projects and systems. Cambridge University Press, Cambridge, UK.

Dyer,J. and Singh, H. (1998). The relational view: cooperative strategy and sources of interorganizational competitive advantage. Academy of Management Review, 23 (4): 660-679.

Geyer, A. and Davies, A. (2000). Managing project-system

interfaces: case studies of railway projects in restructured UK and German markets. Research Policy, 29: 991-1013.

Hobday, M. (1998). Product complexity, innovation and industrial organization. Research Policy, 26: 689-710.

Huxham, C. and Vangen, S. (2004). Doing things collaboratively: realizing the advantage or succumbing to inertia? Organizational Dynamics, 33(2): 190-201.

Kraljic, P. (1983, September/October). Purchasing must become Supply Management. Harvard Business Review, 61(5): 107-117.

Maylor, H. (2003). Project management. FT Prentice Hall, London, UK.

Oliva, R. and Kallenberg, R. (2003). Managing the transition from products to services. International Journal of Service Industry Management, 14(2): 160-172.

Poppo, L. and Zenger, T. (2002). Do formal contracts and relational governance function as substitutes or complements? Strategic Management Journal, 23(8): 707-725.

Potts, G. (1988). Exploit your products service life cycle. Harvard Business Review, September-October: 32-36.

Quinn, J., Doorley, T. and Paquette, P. (1990). Beyond products: service-based strategy. Harvard Business Review, March/April: 58-67.

Vandermerwe, S. and Rada, J. (1988). Servitization of business: adding value by adding services. European Management Journal, 6(4): 314-324.

van Marrewijk, A., Clegg, S. R., Pitsis, T. S. and Veenswijk, M. (2008). Managing public-private megaprojects. International Journal of Project Management, 26: 591-600.

Vargo, S. and Lusch, R. (2004). The four service marketing myths: remnants of a goods-based manufacturing model. Journal of Service Research, 6(4): 324-335.

2　合同、关系与整合：关于复杂绩效采购的模型

迈克尔·刘易斯(Michael Lewis)，延斯·洛尔利奇(Jens Roehrich)

　　虽然在复杂产品市场领域，基于服务导向的研究日益增多，但多数文献仍采用"制造商主导"的视角，即探讨在试图"销售"各类可提供新收入来源的产品或服务时，企业面临的诸多挑战(如：飞机与装备制造商及建筑商等)。关注企业由传统资产获取到"购买"(或采购)复杂绩效的转型过程中所面临的挑战则少有研究，这里的"复杂"包括了交易的复杂性与基础设施的复杂性。本章旨在探索这一问题的宏微观经济背景，并实现PCP过程的初步概念化。我们主要基于以下两类文献：一类文献聚焦企业在决定"自造或购买"各类活动时所考虑的边界条件(Fine & Whitney, 1999；Gilley & Rasheed, 2000；Williamson, 1985；Grover & Malhotra, 2003)；另一类文献关注公共采购(Thai & Piga, 2006；Knight et al., 2007)，特别是与其相关的公私伙伴关系(Broadbent & Laughlin, 2005；Froud, 2003)。本章提出了三类特有的管理挑战，分别来自合同、关系与整合方面。我们通过提出一系列研究命题来探索PCP概念模型的内涵，并为未来的研究打下基础。

2.1　引言

　　除了通过获取并使用资源来达到目标，人们还能选择直接购买资源所产生的绩效结果，这一现象已不足为奇，如顾客直接购买干洗店的"衣物清洁"服务，客户去汽车租赁公司通过签订合同购买"行驶里程"等。然

而,如今这一方式被逐渐应用于复杂绩效的采购:例如,多年来杜邦(Du
Pont)公司通过外包来完成非核心服务业务,并与肯沃基(Convergys)公
司签订外包协议,由肯沃基公司重新设计并交付人力资源管理项目,来管
理其 6 万余名分散在 70 多个国家的员工(Engardio et al.,2006)。又如,
在计算与通信行业,通过外包实现的研发业务(R & D)及制造服务业务
总额预计将于 2009 年增至近 3500 亿美元(Carbone,2005)①。同样的,如
印孚瑟斯(Infosys)一类的公司正在为众多国际金融机构开发和维护一系
列关键 IT 应用系统。政府采购领域也呈现出同样的趋势:例如,英国政
府很早就将特定的研究项目承包给高校及私营机构来完成,而目前,越来
越多的复杂研究绩效被外包及承包。比如:自 1995 年起,信佳集团
(Sirco)管理着一个享有国际盛誉的大规模国家级实验室,从事测量与材
料科学的研发。

有趣的是,虽然有关向更为复杂服务导向转型的各类研究日益增多
(Potts, 1988; Armistead & Clark, 1992; Mathe & Shapiro, 1993;
Miller et al. , 1995; Hobday, 1998; Gadiesh & Gilbert, 1998; Wise &
Baumgartner, 1999; Kumaraswamy & Zhang, 2001; Mathieu, 2001a,
2001b; Brady et al. , 2005; Davies et al. , 2007),但多数此类文献仍采用
"供应商主导"的视角,即探讨那些试图"销售"各类可提供新收入来源的
产品或服务时,企业面临的诸多挑战(如:飞机与装备制造商及建筑商
等)。对企业由传统资产获取到"购买"(或采购)复杂绩效的转型过程中
所面临的挑战则少有研究(Lindberg & Nordin, 2008; van der Valk,
2008)。这意味着极大的实证与理论研究机会,为了理解影响公共及私营
机构组织规模及业务范围的各类因素,有必要对 PCP 这一全球现象进行
分析。本章对 PCP 的探讨分为两部分:首先介绍研究内容及背景,提出绩
效复杂性模型;然后以一系列管理挑战来呈现加入 PCP 元素后的各类问
题,这些挑战包括合同、关系及整合等方面。我们通过探讨一系列研究命

---

① 此数据为英文版出版时的预测值。——译者注

题来揭示 PCP 概念的内涵，并以此作为日益被关注的政府及企业采购这一领域的未来研究基础。

2.2 复杂绩效采购的内容及背景

以"按小时购买飞机引擎动力"为例，虽然组织内外部边界发生了明显的改变，但这一采购方式并未消除飞机引擎供应与支持的内在复杂性：提供引擎维修保养服务的组织（maintenance-repair-overhaul organizations，MRO）仍需通过一系列（往往是来自全球的）外部承包商购买（折旧）并维护这些精密的固定资产。此外，"航空公司购买特定小时的飞行时间"这一看似简单明了的采购合同，事实上暗含了许多不确定的买方条件（比如：需要维修的飞机拖运距离的长短、维修保养的时间与地点等）及服务提供方关于谨慎使用产品的要求（如：服务提供协议规定引擎的使用不得超过某些参数标准）。总之，这一例子很好地说明了本章两块内容的大意：复杂绩效的结果及采用 PCP 所带来的额外挑战。"按小时购买引擎动力"作为一种绩效结果，意味着在役飞机引擎需要在特定的效率及效果边界内运行——这就是所谓的"复杂绩效"。航空公司购买了这一绩效结果，则意味着其必须准确评判购入的整套被重构的专业复杂能力——这就是 PCP（复杂绩效采购）。

以上例子的提出自然地引出了本章的内容，但若要构建一个稳健的 PCP 概念图，在探讨组织为何及如何执行 PCP 之前，还需进一步界定 PCP 这一独特现象。

2.2.1 复杂绩效采购的结构性定义

需要注意的是，任何"复杂性"的概念都是相对的和主观的，并对应于特定的分析层面，与采购决策相关的文献强调了绩效复杂性的两个维度。

第一个维度与绩效本身的复杂性相关（Danaher & Mattsson，1998），它是嵌入在绩效中的知识水平（如：将医嘱打字输出的能力与看懂 X 光片的能力区别开)和(或)与顾客互动水平[如:与顾客书面交流和需要基于不同的语言及文化背景与顾客产生共情的互动是不一样的函数(Youngdahl & Ramaswamy, 2007)]。传统上,在采购如管理咨询类的知识密集型且需要高度互动的服务方面往往会遇到巨大挑战,这是因为这类服务很难在事前准确界定,相应地,也很难衡量与监控。所以,政府或私营机构对这一领域的采购开支方面存在争议也就不足为奇了。第二个维度是绩效得以实现所依赖的基础设施的复杂性。这一复杂性可以通过定制化程度的高低来表现(Brady et al.,2005)。由于技术设施的采购往往是不定期的,因此,采购方一般非常依赖于专业化程度高的供应商。事实上,越来越多的企业"对所采购之物知之甚少",这已成为当今外包领域的趋势(Davies,2003)。图 2.1 以矩阵的方式将以上两个维度相结合,构成"总体采购复杂性"。

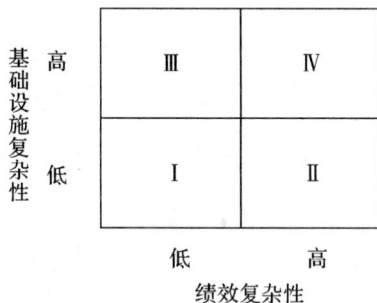

图 2.1　总体采购的复杂性

图 2.1 中右上象限(第Ⅳ类)代表了最高程度的总体复杂性,基于此,与上一章强调协调性和关系性的 PCP 定义不同,本章我们将 PCP 结构性地定义为:复杂绩效采购(PCP)指组织之间具有高绩效复杂水平(即包含了众多知识密集型活动)与高基础设施复杂水平(即包含了大量定制化软硬件元素)的安排。

虽然要使上述两个维度具有可操作性(并由此对 PCP 的分类与边界进行实证检验)还需更进一步的工作,但基于上图的初步分析,我们可以通过对其他 3 个象限细节的探讨来强化对第Ⅳ类采购复杂性的理解。表

2.1总结了每一种类的采购复杂性并给出了对应的例子。

表 2.1　采购复杂性分类示例

种　类	举　例
Ⅰ	国内废弃物回收服务。市政当局（如：明尼阿波利斯市政府，美国首个将市场竞争引入垃圾回收项目的城市）采购一项规格简单且需求稳定的服务（低绩效复杂性）；该服务基于在某一固定地区运营的清晰明了的技术（低基础设施复杂性）。
Ⅱ	管理咨询服务，特别是那些处理"智囊"（grey matters）调遣的咨询服务，如高管管理政策指南（Maister，1995），具有高绩效复杂性（即知识密集且高度客户关系/互动）与低基础设施复杂性。
Ⅲ	通过呼叫中心实现的离岸 IT 支持服务。与客户的互动仅限于业务范围内的基于详细脚本的互动（即低绩效复杂性），服务通过相对精准复杂的技术设施交付。
Ⅳ	英国政府更换机载监控系统及作战飞机（Nimrod/MRA4）的项目（已延期很久且耗资巨大）。主要承包商（BAE systems）中标后开发与制造一小批技术高端的飞机（虽然以一架十分陈旧的机身为基础），同时提供支持性的运营和培训基础设施及各类二线培训与维护服务（高基础设施复杂性）；业务采购时都签订了基于不同任务时间及不同运行条件的可用性合同（高绩效复杂性）。

此外，探讨各类采购复杂性如何随着时间的推移而交互与变迁也是一个有趣的议题。例如，英国奥雅纳工程顾问公司（Arup）与阿特金斯集团（Atkins）等国际工程公司基于自有的复杂基础设施的生命周期，利用各类离岸战略来管理知识与信息（交易复杂性）。这说明了简单化与复杂化的细分战略是所有 PCP 项目的重要组成部分。同样地，竞争、技术、规制及立法力量的权衡也将不可避免地改变企业的相对定位。第Ⅲ类采购模式中有关呼叫中心的例子可以通过基础设施的进一步标准化与分析的自动化来降低绩效复杂性，从而转变为第Ⅰ类采购模式。

2.2.2　为何购买复杂绩效？

虽然有关"自产或购买"（自供或购买）的决策一般基于"效率最大化"的逻辑，但其他一系列因素，比如全球贸易自由化、核心能力定义的缩小化及更高的技术复杂性等（Oliva & Kallenberg，2003），似乎能改变外包的规模与范围。以伟创力(Flextronics,电子行业)和利丰集团(Li Fung,服装行业)为代表的公司不再购买分包的制造能力,而是选择采购复杂商业问题的"解决方案"(solutions)。虽然这一现象说明了采购方正在寻求来自供应商更为广阔范围的战略贡献,但这也对外包的主导理论逻辑(交易成本经济学,TCE)提出了挑战。交易成本经济学假设机会主义及有限理性的存在(Rindfleisch & Heide, 1997),并指出企业通过区别各类交易,将不同特性的交易分配给相应的(拥有不同适应能力与相关成本的)治理机构,以实现交易成本最小化(Williamson, 1985)。因此,企业仅在市场交易遇到运营困难(主要来自不确定性、交易频率及资产专用性①)并产生负面成本时才选择将活动内部化。虽然层级制度具有高度的资产专用性,但交易成本经济学仍认为层级制度是最低成本的治理方案。② 换言之,这一逻辑暗示着组织不会(或不应)采购复杂绩效,或用纯粹的基于交易的逻辑来理解 PCP 现象也是不够的。在与此相关的讨论中,③ Holcomb 与 Hitt(2007)将"经济节约"的论点与以下逻辑相结合,并达到了某种平衡:"能力的互补、战略的相关性、关系能力的建立机制及合作经验都是战略外包的同等重要条件。"基于这一定义,提出以下命题:

命题 1 当能够通过市场取得专业能力,能够交付与通过企业价值链取得的现有能力互补的复杂绩效,并创造高于通过成本经济创造的价值时,组织会考虑 PCP。

政府部门同样可以通过采购寻求战略价值。在效率和效益的双重压力下,政府部门在公共服务的融资、开发与供给方面,也转向"私营机构参

---

① 如果在与另一方交易时,某项资产的价值有所减少,则此项资产具有专用性。并且相应的,资产的最佳用途与替代用途之间的价值"鸿沟"越大,资产的专用性越强。

② 虽然通过层级治理会不可避免地产生高额的固定生产准备成本,但相比通过法院强制执行的合同法律来说(对于市场治理而言),这一方式利用了权威的力量,可以对专业能力投资起到更好的监控作用(Masten, 1988)。

③ 详见 Poppo & Zenger(1998)、Combs & Ketchen(1999)、Madhok(2002)、Jacobides & Winter(2005)及 Hoetker(2005)等早期文献或著作。

与"这一饱受争议的"良药",即有效地创造复杂绩效项目。以英国政府的"民间融资计划"(Private-finance Initiative,PFI)①②为例,这一合同安排被认为是"长期采购优质服务以利用私营企业管理能力(私营企业较好的管理能力来自使用自有资本冒险投资带来的激励)"的机制(UK Stationery Office,2000)。除了以上相似点外,不同于私营机构,公共机构 PCP 活动在合同谈判前(中)与谈判后的绩效管理方面引入了新的价值观与战略观③,因此,公共机构在从事 PCP 活动时还需额外考虑一些因素。例如,虽然私营机构的 PCP 活动随着市场上专业化能力的不断涌现而越来越成为可能,但受政治因素驱动的公共采购仍然在获取市场资源方面有着先发制人的优势。比如,一些公共机构的"自产—购买"决策可以被更贴切地描述为选择"自给自足"④,还是选择"鼓励一两家专业化私营企业(如通过提供开发资金)为其开发、提供新服务,然后将此新服务购

买下来"。如在建筑行业，人们认为公共机构的"建设—经营—移交"（build-operate-transfer，BOT)型的基础设施项目可能导致了企业对复杂绩效提供能力的事先开发(Gann & Salter，2000)。类似地，2006 年，波音在向印度航空销售了 68 架飞机(市值超过 110 亿美元)之后，还同意在那格浦尔(印度中部城市)为其建设一处(维护—维修—运营) 基地并为现有的几家印度航空学校提供资助。因此，可以得到以下命题：

命题 2　公共机构一般在(出于各种政治动机)创造、支持那些专业化能力市场，并以此替换(或弥补)其现有的自供产品时，如果通过 PCP 创造的价值高于通过成本经济创造的价值，就会考虑与私营机构进行 PCP 合作。

2.3　复杂绩效采购的过程

不可避免地，PCP 过程一定会遇到许多管理挑战。例如，生产商或系统集成商经常面临高度政策化采购决策导致的市场垄断，需要与政府管理者、精明的买方(经营方)打交道，并面对较长的委托、设计与生产时间。因此，必须通过为供应方提供高收入回报的机会，才能激励其投身此类项目，然而，此类项目一般具有数十年的生命周期，这又造成更多的不确定性和复杂性。本章主要讨论以下 3 个领域的特定概念与实践操作：

• 合同。在高资产专用性、高不确定性及低交易频率的情况下，需要通过交易成本经济学分析来得出最优等级结构治理方案，确定如何签订、监控与执行合同。

• 关系。信任、社会关系等是合同机制的关键补充因素，但在 PCP 项目中，对信任及社会关系的开发可能需要花费极长的时间和极多的资源。

• 整合。PCP 的初衷在于替换、转换(或更新)内部能力，对系统约束与遗留问题的事前诊断及事后的整合活动，都可能构成事先及事后的关键挑战。

2.3.1 合同管理

"经典"合同理论指出，合同各方通过法律合同申明各方可接受与不可接受的行为及违约带来的法律制裁或非法律报偿，来避免机会主义行为(Williamson, 1975)。理论上讲，"完整的"合同是能够被起草的(Lyons & Mehta, 1997)，而且指明合同关系中被允许和不被允许的行为，包含了所有必要的减少机会主义行为和降低交易模糊性的保护措施(Lui & Ngo, 2004)，比如：通过规定对改变债务清偿结构行为的惩罚措施来降低相关机会主义行为带来的风险(Parkhe, 1993)。以此逻辑，最优的合同即相对于结果来说所产生的交易成本最低的合同。然而在现实中，起草成本与信息不对称的存在使得多数合同并不完整，多数合同仅仅就可预见的意外事件界定相关补救方案，指明不可预见事件的解决程序(Poppo & Zenger, 2002)。

除了众多技术与交易变量带来的挑战，PCP 项目的合同管理还存在许多额外的理论与实践挑战，项目的长期性又会进一步放大各类不确定因素。比如，大规模交易性投资(如为公共卫生当局建造一家医院)中存在的双边依赖关系(Carney, 1998；Lonsdale, 2005b；Bennett & Lossa, 2006；Leiringer, 2006)。虽然这种相互依赖(即：买方还会从哪里取得建造医院的服务以及卖方建成的医院还会有其他哪些用途)可以在某些情况下增进组织间合作，但从合同角度来看，这同时使买卖双方倾向于机会主义行为，因此，双方(尤其作为买方的公共机构)会觉得可能有必要执行一个复杂和艰难的合同签署流程。此外，由于 PCP 的发生往往"既不规律也不频繁……组织……可能更强烈地依赖于供应方和外部专家"(Flowers, 2007)，这会潜移默化地产生极其高额的合同成本(Baiman & Rajan, 2002)。因此，可得以下命题：

命题 3 所采购的绩效方案越复杂，相应的合同签署过程所需时间与成本也越多。

Holcomb 与 Hitt(2007)指出,此类合同的签署除了较为困难与昂贵之外,往往也是"反生产率的"。毕竟,既不完整(Lonsdale, 2005b;Bennett & Lossa,2006)又过分详细的 PCP 合同意味着事后对合同执行的监控也更不灵活、更为困难(Macaulay, 1963;Macneil, 1980)。换句话说,存在这样一种矛盾:虽然 PCP 交易的管理可能很大程度上依赖于合同机制,但在管理过程中可能缺乏执行能力。因此,PCP 交易常常需要各类外部仲裁,包括来自当地法律系统的正式介入(Deakin & Wilkinson, 1998)。

根据委托代理理论,委托人[1]与代理人[2]之间存在信息不对称,因此,有效的 PCP 合同管理需要同时降低搜寻成本与合同监控(执行)成本。换言之,这需要事前对服务需求进行准确界定,事后也有切实有效的监控。因此,例如,一个典型民间融资计划(PFI)合同的投标是否成功,取决于对运营情况的准确预见(如:交通拥挤情况、病人数量等),并且,有效的控制依赖于对此类关键运营标准的不断捕捉(Nisar, 2007)。虽然对于某些项目来说,这些要求显得相对简单明了(如:收费公路的项目),但是,有关一些极其复杂的 PCP 项目(如 UK NATS:英国国家航空交通服务)的研究,则强调了事前预知与事后控制的重要性,并将它们看作 PCP 项目面临的挑战(Walder & Amenta, 2004)。其他学者也补充指出,对供应商关系的长期有效管理基于可靠和一致的数据,并与有效的全生命周期知识与信息管理相关(EL-Haram et al., 2002;Brady et al., 2005;Schofield, 2004;Tranfield et al., 2005)。因此,可得如下命题:

命题 4 所采购的绩效方案越复杂,对合同的事后监控成本越高。(这些成本来自激励结构的设计与执行、资源的深度使用以及时间的投入等。)

---

[1] 这里指负责合同设计与计划的采购方。

[2] 这里指将要执行任务的供应商,他们必须决定是否有意签署合同(Macho-Stradler, Perez-Castrillo, 2001)。

有关合同执行监控的讨论同时引出了如下的类似问题:对基于一个特定供应商设计的 PCP 合同的管理,将如何影响供应链的其他环节。这一问题基于这样一个现实,即许多"整体解决方案"来自多企业联盟,重要供应商之间的合作看似可以实现,但是人们并不清楚其他企业,尤其是小企业(SMEs)在多大程度上能够以 PCP 合同的形式加入运营,因为有些小企业的生命周期会比 PCP 合同周期还短。因此,可得如下命题:

命题 5 PCP **活动不会被主要供应商复制,从而不会在网络的下一层次上、在主要供应商与其自身的供应商之间开展(尤其是小型企业)。**

2.3.2 关系治理

许多研究已注意到合同机制与关系机制之间的互补性(Zucker, 1986; Larson, 1992; Poppo & Zenger, 2002; Woolthuis et al. , 2005; Halldórsson, SkjØtt-Larsen, 2006; Vandaele et al. , 2007)。Tranfield 等(2005)指出了关系在 PCP 管理中的重要性,特别是当协调多利益相关者组成的组织内及组织间网络时。一般来说,清晰阐明的条款、补救措施及争端解决过程可以与团结、互惠及持续性等关系规范相结合,而使双方更有合作的信心(Baker et al. , 1994; Stephen & Coote, 2007)。相似地,那些鼓励类似灵活性、团结及信息交换的社会规范(如信任),可以(虽然是非正式的)保护组织免于交易风险并促进合同的执行(Granovetter, 1973; Ring, van de Ven, 1994; Gulati, 1995; Baker et al. , 2002);同时,那些不可预见的偶然事件可以通过促进相互适应的双边关系(尤其是长期关系)来解决(Zand, 1972)。然而,在 PCP 中应用关系机制也存在一些显著的困难,公共—私营机构之间的关系尤其如此。这些困难源于权力不平衡(Grimshaw et al. , 2002)、合同谈判(绩效管理)时价值观与战略①的差异(Teisman & Klijin, 2004)以及不合理的风险分担与利益分配

---

① 如前所注,许多英国的 PFI 合同,比起其所受到的经济理念影响,事实上受到更多政治理念的影响(Lonsdale,2005a)。

(Dixon et al.，2005；Erridge & Greer，2002)。此外,在任何持续多年的合同履行过程中,都不太可能实现雇员的连续性,并且人际关系是组织间关系治理的重要因素。最后,当关系治理超越了可计算的个人利益,将会产生盲目信任。不过,在竞争环境下,人们可以理性地利用这种盲目信任(Williamson,1993)。因此,可得以下命题:

命题 6 **比起单独使用其中一个机制,在 PCP 管理过程中对合同机制与关系机制的联合使用,将产生更有效率的结果。但是,合同管理一般起主导作用。**

一些研究探索了合同机制与关系机制之间的动态关系(如:Poppo & Zenger, 2002；Olson et al.，2005)。例如,虽然合同通过申明各方权利容易引起争端(Gaski,1984)和防卫行为(Zand, 1972),但 Koppenjan(2005)指出,合同双方早期的互动有助于建立共识及相互信任,因此将有利于合同谈判的进行。同样地,当面临变化与争议时,关系治理可以通过促进关系的持续性对合同谈判过程产生有力的支持。因此,可得如下命题:

命题 7 **所采购的绩效方案越复杂,PCP 双方在合同谈判过程中通过投资于关系治理而取得的收益也越大。**

相反地,Larson(1992)强调指出,关系的开发与维护(包括社会关系网络的建立)可能会消耗许多时间与资源,尤其是对 PCP 项目来说,它们一般具有极大的交易规模与交易范围,但重复业务却不多(North,1990)。因此,可得如下命题:

命题 8 **在合同签署之前,巨大的潜在沉没成本带来的风险会阻止PCP 交易双方在关系治理上的投入。**

2.3.3 整合管理

我们考虑已有基础设施系统向服务化转换的情形,以芝加哥的收费高架桥转变成一个 PCP 项目为例进行讨论。之前,这座高架桥长期由芝加哥街道与公共卫生当局维护，2004 年 10 月，高架公路特许公司 (SCC①)获得了对该高架桥的 99 年运营租赁权，即在此期间承担此高架桥的运营及维护费用并享有全部过桥费及特许经营收入。换言之，虽然这一外包决策的动因来自对未来升级及维护成本的考量，但总体来说，芝加哥高架桥这一项目属于"基于替换的"(substitution-based)的采购决策 (Gilley & Rasheed，2000)：采购方寻求的是对现有能力的替换或转换。相应地，SCC 需要在投标与签约之前全面了解现有系统的各类局限性以及体现这些局限性的技术遗留问题(Gann & Salter，2000)。这种系统整合能力被认为是在整体解决方案市场中获取成功的关键因素(Brady et al.，2005；Davies et al.，2007)。因此，可得如下命题：

命题 9 通过采购方式实现"替换"的绩效方案越复杂，整合技术系统的挑战(即：合同签署之前的评估时间花费、转换前的准备工作以及合同签署后的系统移交)也越大。

此外，整合并不仅是一个"硬件"的评估和连接问题，在很大程度上，还需要积极的人力资源管理。比如，多数高架桥员工意识到企业已从国有转为私营，并且，无论新进入的服务提供商在承包方面有着多么丰富的经验(如：符合 TUPE② 规范)，对员工的日常管理仍然需要投入巨大的努力。同时，许多 PCP 项目商业案例的实现来自预期的成本节约，而这些对效率的预期都是基于对详细运营绩效数据的评估得来的。其中有些数据可以自动捕捉[如：劳斯莱斯的军舰全面维护服务采取的是海军采购方"按小时采购动力"的形式，这一系统的管理主要应用的是远程引擎监控

---

① 是由澳大利亚麦格基基础设施集团(Australian Macquarie Infrastructure Group)与西班牙辛特拉基础设施与运输集团(Spanish Cintra Concesiones de Infraestructuras de Transporte S. A.)联合成立的合资企业。

② 业务转移(雇用保护)法规 2006 [TUPE, Transfer of Undertakings (Protection of Employment)]是英国管理业务转移(如从一个服务业务中承包某些项目)或管理由一个组织向另一个组织转移业务的主要法规。该法规的建立，旨在保护涉及转移业务的员工，确保其在同等条件下获得持续雇用。TUPE 法规的建立遵照的是欧共体收购权利法令(EC Acquired Rights Directives)的有关规定。

系统(remote engine health monitoring systems)],但仍然需要大量的人工输入;并且绩效监控的结果会受到组织激励结构的影响,此类激励结构往往鼓励员工填写各种表格、完成许多报告以及拨打耗时的电话等。因此,可得以下命题:

命题 10　通过采购方式实现"替换"的绩效方案越具交易复杂性,整合员工的挑战(即:合同签署之前的评估时间花费、转换前的准备工作以及合同签署后的激励与管理)也越大。

除了"基于替换的"的采购模式外,许多 PCP 项目属于"基于节俭的"(abstention-based)采购(Gilley & Rasheed, 2000)。此类 PCP 项目直接通过采购能力,而非通过必要的内部投资获得能力。事实上,长期 PCP 项目的典型益处可表现为实现设计、建造与运营之间的协同:基于全生命周期成本来寻求创新方案(Ratcliffe,2004)。例如,将城市交通系统项目的设计和建造阶段与相应的长期交付阶段整合在一起,可以带来成本的节约及服务的创新(如:减少了环境的影响)。因此,可得如下命题:

命题 11　比起通过内部开发的方式,通过采购方式获得的绩效方案在基础设施方面越复杂(即:长期的、整合了多个设计或运营阶段的合同),供应商的创新机会也越多。

然而,虽然看似矛盾,长期供应商关系同样可能导致道德风险。虽然供应商可能已经实现了能力的增长和事先约定的绩效改进,但如果这一长期关系(根据定义)产生了供应商一方的垄断权力,采购方可能还会担心其享有的服务并非是最具创新性、最节约开支和最合理的。比如,在许多民间融资计划和公私伙伴关系市场中,出于对缺乏长期灵活性和缺乏备选供应品的担心及为了确保"竞争的公平性",在采购合同中还包含了市场基准测试过程及以市场为标杆,每隔几年重新制定投标过程的各重要条款(比如,英国的惯例是每隔 5 年)。虽然这是一个有趣的机制,但是其同样会面临资产专用性与不确定性的挑战,加上长期激励因素的减少,可能会造成持久的供应商锁定。

此外，随着时间的流逝，"基于节俭的"采购可能会造成采购组织与中间市场间越来越大的能力鸿沟。那些复杂绩效的关键供应商能够将现有的知识与过去从事项目习得的知识整合在一起，还能将其与过去的投标和谈判经验相结合(Davies，2003)。因此，经验丰富的供应商具备了广泛而有深度的能力，并能将其应用于任何一次与潜在采购方的交易中；鉴于典型 PCP 项目通常耗资巨大且具备一定的组织影响，投标方的信誉(至少部分基于其 PCP 项目的历史记录)可能会在招标方选择投标方时起到倾向性的影响，因此也会直接为供应商产生经济租金。另外，复杂绩效项目的采购方往往只会维持那些与现有的(或事先确定的)系统来使用相关的内部能力，而不会去采购或开发新的系统。所以，长期来讲，许多采购商可能仅拥有那些与陈旧技术相关的能力，并且将通过采购获取"新一代"技术能力。因此，可得以下命题：

命题 12　相比内部开发，通过采购获得的绩效方案越复杂，随着合同时间推进，供应商在合同规定之外减少创新的风险也越大。

2.4　实证研究

虽然本章并非实证研究，但所提出的概念和命题旨在为今后理论驱动的实证研究提供更为清晰的起点(Melnyk & Handfield，1998)。本章的作者对命题 6 与命题 7 进行了大规模(基于 6 个供应商网络进行了 100 多次访谈)的案例研究(Zheng et al.，2008)，报告了这一案例研究的初步发现。具体而言，本章试图探讨公共采购方与私营服务提供方之间的长期关系中合同管理与关系治理随着时间的变化情况。虽然纯粹的纵向跟踪(即连续 25 年以上或 30 年跟进合同)有些不切实际，但研究通过受访者驱动的关键事件技术(critical incident technique)采集了回溯性数据，并作图刻画了时间序列的项目各阶段(即：采购、投标、建造及运营阶段)中对供求双方关系起到正面与负面影响的关键事件。

　　未来研究应该力求对本章的一系列"半成品"命题提出挑战并进行检验和改进。鉴于其中一些命题可用不同的方法来检验,本章并未在方法论上给出特定的建议。例如,对命题 1 与命题 2 的调研需要研究者理解各类利益相关者的 PCP 战略动机,而可能利益相关者自身并不一定意识到了这些问题。最合适的方法可能是探索性案例研究或德尔菲调查法。相反地,如果通过合理的提炼与 PCP 矩阵的操作化(可能通过离散的李克特量表实现),命题 3 可以通过以问卷数据或二手数据为输入项的量化方法来分析。

2.5　本章小结

　　本章旨在研究整体解决方案或复杂绩效这一现象,并通过 12 个研究命题,初步将在与 PCP 有关的概念上和实践上面临的挑战概念化。许多组织选择直接购买绩效结果而非通过获取及利用资源而得到相同的结果,这已不是一个新现象(如租赁)。在注意到这一点后,为了澄清 PCP 的确切内涵,本书 1.2 节中关于"复杂性"的绩效—基础设施维度提供了简单的结构性定义。复杂性模型突出了 PCP 的独特概念。通过本章的初步探讨,可知任何复杂现象都会产生众多概念与实践上的问题,因此,本章的重心在于讨论 PCP 特有的治理挑战。基于此,本章的结论主要分为如下三个方面。

　　第一,对 PCP 现象的认识必须基于更为广阔的经济与政治情境,强调规制的放松及 PCP 的普适性,并将公共机构的采购加入到对这一现象的研究中。本章指出,单纯从交易的逻辑并不足以理解这一现象的产生(例如:交易成本经济学可能会认为,相对于购买解决方案,PCP 并非合理的决策),因此,复杂绩效采购组织具有成本经济学与能力管理方面的双重动机。这一决策的本质越具战略性或"公共政策性"(即长期、不明确且需承担风险),就越能引发争议,尤其是对 PPP/PFI 的批判来说。本章同时指出,虽然采购方可能具有独特的战略动机,但仍然可以将公共或私营机构的 PCP 作为一种常见过程来分析。

第二，PCP 项目在合同管理与关系治理方面面临着一些特有的挑战。复杂性可使合同过程变得既昂贵又"不完整"，这可能导致 PCP 交易虽然非常依赖于合同机制，但事实上却缺乏执行能力。因此，对 PCP 各方来说，互动越多，收益就越大；但沉没成本带来的潜在风险决定了关系治理过程中具体的投入水平。

第三，"基于替换的"PCP 和"基于节俭的"PCP 都可能随着时间的推进导致采购组织与其中间市场之间的能力鸿沟，对"基于节俭的"PCP 尤其如此。经验丰富的供应商可以积累广泛而有深度的能力，并将能力应用于任何一次交易，但 PCP 采购方却可能随着时间的流逝而只拥有相对陈旧的能力。

本章致谢

本章作者在此感谢知识与信息管理终生大型挑战项目［EPSRC Knowledge and Information Management（KIM）Through-Life Grand Challenge Project］对构成本章背景的相关研究的资助。

编者由衷感谢英德赛尔斯出版有限公司（Inderscience Publishers Ltd.）给予授权，允许我们使用下文：Lewis, M. and Roehrich, J.（2009）. Contracts, relationships and integration：towards a model of the procurement of complex performance. International Journal of Procurement Management, 2(2)：125-142。英德赛尔斯出版有限公司对此文保有版权。

本章参考文献

Armistead, C. G. and Clark, G. (1992). Customer service and support：implementing effective strategies. Financial-Times Pitman

Publishing, London.

Baiman, S. and Rajan, M. V. (2002). The role of information and opportunism in the choice of buyer-supplier relationships. Journal of Accounting Research, 40(2): 247-278.

Baker, G., Gibbons, R. and Murphy, K. J. (1994). Subjective performance measures in optimal incentive contracts. Quarterly Journal of Economics, 109(4): 1125-1156.

Baker, G., Gibbons, R. and Murphy, K. J. (2002). Relational contracts and the theory of the firm. The Quarterly Journal of Economics, 117(1): 39-84.

Bennett, J. and Iossa, E. (2006). Building and managing facilities for public services. Journal of Public Economics, 90(10-11): 2143-2160.

Brady, T., Davies, A. and Gann, D. (2005). Creating value by delivering integrated services. International Journal of Project Management, 23(5): 360-365.

Broadbent, J. and Laughlin, R. (2005). The role of PFI in the UK Government's Modernisation Agenda, Financial Accountability & Management, 21(1): 75-97.

Carbone, J. (2005). Worldwide outsourcing rises. Electronics Purchasing. Retrieved 1 December 2007 from http://www.purchasing.com/ article/CA501253. html.

Carney, M. (1998). The competitiveness of networked production: the role of trust and asset specificity. Journal of Management Studies, 35(4): 457-479.

Combs, J. G. and Ketchen, Jr., D. J. (1999). Explaining interfirm cooperation and performance: toward a reconciliation of predictions from the resource-based view and organizational economics. Strategic Management Journal, 20(9): 867-888.

Danaher, P. J. and Mattsson, J. (1998). A comparison of service delivery processes of different complexity. International Journal of Service Industry Management, 9(1): 48-63.

Davies, A., Brady, T. and Hobday, M. (2007). Organizing for solutions: systems seller vs. systems integrator. Industrial Marketing Management, 36(2): 183-193

Deakin, S. and Wilkinson, F. (1998). Contract law and the economics of interorganisational trust. In: Lane, C. and Bachmann, R. (eds.), Trust Within and Between Organisations: Conceptual Issues and Applications. Oxford University Press, Oxford, 146-172.

Dixon, T., Pottinger, G, and Jordan, A. (2005). Lessons from the private finance initiative in the UK: benefits, problems and critical success factors. Journal of Property Investment and Finance, 23(5): 412-423.

El-Haram, M. A., Marenjak, S. and Horner, M. W. (2002). Development of a generic framework for collecting whole life cost data for the building industry. Journal of Quality in Maintenance Engineering, 8(2): 144-151.

Engardio, P., Arndt, M. and Foust, D. (2006). Outsourcing, Business Week,30 January.

Erridge, A. and Greer, J. (2002). Partnerships and public procurement: building social capital through supply relations. Public Administration, 80(3): 503-522.

Fine, C. H. and Whitney, D. E. (1999). Is the make-buy decision a core competence? In: Muffatto, M. and Pawar, K. (eds.), Logistics in the Information Age. Servizi Grafici Editoriali, Padova, Italy, 31-63.

Flowers, S. (2007). Organizational capabilities and technology acquisition: why firms know less than they buy. Industrial and

Corporate Change, 16(3): 317-346.

Froud, J. (2003). The Private Finance Initiative: risk, uncertainty and the state. Accounting, Organizations and Society, 28(6): 567-589.

Gadiesh, O. and Gilbert, J. L. (1998). Profit pools: a fresh look at strategy. Harvard Business Review, 76(3): 139-147.

Gann, D. M. and Salter, A. J. (2000). Innovation in project-based, service-enhanced firms: the construction of complex products and systems. Research Policy, 29(7-8): 955-972.

Gaski, F. F. (1984). The theory of power and conflict in channels of distribution. Journal of Marketing, 48(3): 9-29.

Gilley, K. M. and Rasheed, A. (2000). Making more by doing less: an analysis of outsourcing and its effects on firm performance. Journal of Management, 26(4): 763-790.

Granovetter, M. (1985). Economic action and social structure: the problem of embeddedness. American Journal of Sociology, 91 (3): 481-510.

Granovetter, M. S. (1973). The strength of weak ties. American Journal of Sociology, 78(6): 1360-1380.

Grimshaw, D., Vincent, S. and Willmott, H. (2002). Going privately: partnership and outsourcing in UK public services. Public Administration, 80(3): 475-502.

Grover, V. and Malhotra, M. K. (2003). Transaction cost framework in operations and supply chain management research: theory and measurement. Journal of Operations Management, 21(4): 457-473.

Gulati, R. (1995). Does familiarity breed trust? The implications of repeated ties for contractual choice in alliances. Academy of Management Journal, 38(1): 85-112.

Halldórsson, Á. and Skjøtt-Larsen, T. (2006). Dynamics of

relationship governance in TPL arrangements—a dyadic perspective. International Journal of Physical Distribution & Logistics Management, 35(7): 490-506.

Håkansson, H. and Snehota, I. (1995) Developing relationships in business networks. International Thomson Business Press, London.

Hobday, M. (1998). Product complexity, innovation and industrial organization. Research Policy, 26(6): 689-710.

Hoetker, G. (2005). How much you know versus how well I know you: selecting a supplier for a technically innovative component. Strategic Management Journal, 26(1): 75-96.

Holcomb, T. R. and Hitt, M. A. (2007). Toward a model of strategic outsourcing. Journal of Operations Management, 25 (2): 464-481.

Jacobides, M. G. (2005). Industry change trough vertical disintegration: how and why markets emerged in mortgage banking. Academy of Management Journal, 48(3): 465-498.

Jacobides, M. G. and Winter, S. G. (2005). The co-evolution of capabilities and transaction costs: explaining the institutional structure of production. Strategic Management Journal, 26 (5): 395-413.

Klein Woolthuis, R., Hillebrand, B. and Nooteboom, B. (2005). Trust, contract and relationship development. Organization Studies, 26(6): 813-840.

Knight, L. A., Harland, C. M., Telgen, J., Callender, G., Thai, K. V. and McKen, K. E. (eds.). (2007). Public procurement: international cases and commentary, Routledge, London.

Koppenjan, J. F. M. (2005). The formation of public-private partnerships: lessons from nine transport infrastructure projects in the Netherlands. Public Administration, 83(1): 135-157.

Kumaraswamy, M. M. and Zhang, X. Q. (2001). Governmental role in BOT-led infrastructure development. International Journal Project Management, 19(4): 195-205.

Larson, A. (1992). Network dyads in entrepreneurial settings: a study of the governance of exchange relationships. Administrative Science Quarterly, 37(1): 76-104.

Leiringer, R. (2006). Technological innovation in PPPs: incentives, opportuniries and actions. Construction Management & Economics, 24(3): 301-308.

Lindberg, N. and Nordin, F. (2008). From products to services and back again: towards a new service procurement logic. Industrial Marketing Management, 37(1): 292-300.

Lonsdale, C. (2005a). Risk transfer and the UK private finance initiative: a theoretical analysis. Policy and Politics, 33(2): 231-249.

Lonsdale, C. (2005b). Post-contractual lock-in and the UK Private Finance Initiative (PFI): the cases of national savings and investments and the Lord Chancellor's Department. Public Administration, 83(1): 67-88.

Lui, S. S. and Ngo, H.-Y. (2004). The role of trust and contractual safeguards on cooperation in non-equity alliances. Journal of Management, 30(4): 471-485.

Lyons, B. and Mehta, J. (1997). Contracts, opportunism and trust: self-interest and social orientation. Cambridge Journal of Economics, 21(2): 239-257.

Macaulay, S. (1963). Non-contractual relations in business: a preliminary study. American Sociological Review, 28(1): 55-67.

Macho-Stadler, I. and Pérez-Castrillo, J. D. (2001). An introduction to the economics of information: incentives and contracts,

Oxford University Press, Oxford.

Macneil, I. R. (1978). Contracts: adjustment of long-term economic relations under classical, neoclassical, and relational contract law. Northwestern University Law Review, 72(6): 854-905.

Macneil, I. R. (1980). The new social contract: an inquiry into modern contractual relations. Yale University Press, London.

Madhok, A. (2002). Reassessing the fundamentals and beyond: Ronald Coase, the transaction cost and resource-based theories of the firm and the institutional structure of production. Strategic Management Journal, 23(6): 535-550.

Marten, S. E. (1988). A legal basis for the firm. Journal of Law, Economics and Organization, 4(1): 181-198.

Mathe, H. and Shapiro, R. D. (1993). Integrating service strategy in the manufacturing company, Chapman and Hall, London.

Mathieu, V. (2001a). Service strategies within the manufacturing sector: benefits, costs and partnership. International Journal of Service Industry Management, 12(5):451-475.

Mathieu, V. (2001b). Product services: from a service supporting the product to a service supporting the client. The Journal of Business and Industrial Marketing, 16(1):39-61.

Melnyk, S. A. and Handfield, R. B. (1998). May you live in interesting times: the emergence of theory-driven empirical research. Journal of Operations Management, 16(4):311-319.

Miller, R., Hobday, M., Leroux-Demers, T. and Olleros, X. (1995). Innovation in complex system industries: the case of flight simulators. Industrial and Corporate Change, 4(2): 363-400.

MOD—Ministry of Defence. (2005). Defence Industrial Strategy—Defence White Paper. Ref: Cm 6697.

Mont, O. (2000). Product-service systems. International Institute of Industrial Environmental Economics, Lund University, Lund.

NAO—National Audit Office. (2003). Through-life management. Report by the Controller and Auditor General, HC 698/May.

Nisar, T. M. (2007). Risk management in public-private partnership contracts. Public Organization Review, 7(1): 1-19.

North, D. C. (1990). Institutions, institutional change and economic performance. Cambridge University Press, Cambridge.

Oliva, R. and Kallenberg, R. (2003). Managing the transition from products to services. International Journal of Service Industry Management, 14(2): 160-172.

Olsen, B. E., Haugland, S. A., Karlsen, E. and Husøy, G. J. (2005). Governance of complex procurements in the oil and gas industry. Journal of Purchasing & Supply Management, 11(1): 1-13.

Parkhe, A. (1993). Strategic alliance structuring: a game theoretic and transaction cost examination of interfirm cooperation. Academy of Management Journal, 36(4): 794-829.

Poppo, L. and Zenger, T. (1998). Testing alternative theories of the firm: transaction cost, knowledge-based, and measurement explanations for make-or-buy decisions in information services. Strategic Management Journal, 19(9): 853-877.

Poppo, L. and Zenger, T. (2002). Do formal contracts and relational governance function as substitutes or complements? Strategic Management Journal, 23(8): 707-725.

Potts, G. W. (1988). Exploiting your product's service life cycle. Harvard Business Review, 66(5): 32-35.

Quinn, J., Doorley, T. and Paquette, P. C. (1990). Beyond products: service-based strategy. Harvard Business Review, 68(2):

58-67.

Ratcliffe, A. (2004). The real benefit of the PFI? Public Money & Management, 24(3): 134-135.

Rindfleisch, A. and Heide, J. B. (1997). Transaction cost analysis: past, present, and future applications. The Journal of Marketing, 61(4):30-54.

Ring, P. S. and van de Ven, A. H. (1994). Developmental processes of cooperative interorganizational relationships. The Academy of Management Review, 19(1): 90-118.

Schofield, J. (2004). A model of learned implementation. Public Administration, 82(2):283-308.

Staughton, M. and Votta, T. (2003). Implementing service-based chemical procurement: lessons and results. Journal of Cleaner Production, 11(8): 839-849.

Stephen, A. T. and Coote, L. V. (2007). Interfirm behaviour and goal alignment in relational exchanges. Journal of Business Research, 60(4): 285-295.

Teisman, G. R. and Klijn, E. H. (2004). PPPs: torn between two lovers. EBF Debate, 18: 27-29.

Thai, K. and Piga, G. (eds.). (2006). Advancing public procurement: practices, innovation and knowledge-sharing. Pracademics Press, Boca Raton, FL.

Tranfield, D., Rowe, A., Smart, P. K., Levene, R., Deasley, P. and Corley, J. (2005). Coordinating for service delivery in public-private partnership and private finance initiative construction projects: early findings from an exploratory study. Proceedings of the Institution of Mechanical Engineers Part B-Journal of Engineering Manufacture, 219 (1): 165-175.

UK Stationery Office. (2000). Public Private Partnerships, the government's approach. HM Treasury, UK.

Vandaele, D. , Rangarajan, D. , Gemmel, P. and Lievens, A. (2007). How to govern business services exchanges: contractual and relational issues. International Journal of Management Reviews, 9(3): 237-258.

van der Valk, W. (2008). Service procurement in manufacturing companies: results of three embedded case studies. Industrial Marketing Management, 37(1): 301-315.

Walder, J. H. and Amenta, T. L. (2004). Financing new infrastructures: Public/ Private Partnerships and Private Finance Initiatives. In: Hanley, R. (ed.), Moving People, Goods and Information in the 21st century. Spoon Press, New York, 79-97.

Williamson, O. (1975). Markets and hierarchies: analysis and antitrust implications: a study in the economics of internal organization. Free Press, New York.

Williamson, O. E. (1985). The economic institutions of capitalism. Free Press, New York.

Williamson, O. E. (1993). Calculativeness, trust and economic organization. Journal of Law and Economics, 36(1): 453-486.

Wise, R. and Baumgartner, P. (1999). Go downstream: the new imperative in manufacturing. Harvard Business Review, 77 (5): 133-141.

Youngdahl, W. and Ramaswamy, K. (2007). Offshoring knowledge and service work: a conceptual model and a research agenda. Journal of Operations Management(In Press).

Zand, D. E. (1972). Trust and managerial problem solving. Administrative Science Quarterly, 17(2): 229-239.

Zheng,J., Roehrich, J. K. and Lewis, M. A. (2008). The dynamics of contractual and relational governance: evidence from long-term public-private procurement arrangements. Journal of Procurement and Supply Management, 14(1): 43-54.

Zucker, L. G. (1986). Production of trust: institutional sources of economic structure, 1840-1920. Research in Organizational Behavior, 8(1): 53-111.

3　委托与特许：公共服务承包简史

加里·L.斯特奇斯(Gray L. Sturgess)

过去是一个遥远的国度：在那个国度，人们做事的方式与现在完全不同。

L. P.哈特利(1953)，《送信人》(*The Go-Between*)

本章从历史视角剖析复杂绩效的采购。我们主要讨论从 18 世纪到 20 世纪初政府所应用的承包及准承包工具以及这些工具如何适应现代政府承包行动中日益增强的复杂性。私营机构与第三产业机构对于许多公共服务的发展来说至关重要，虽然多数此类服务并非以合同的形式实现委托。有些服务(如失业保险)完全由私营机构开发。其他服务(如交通基础设施建设)以股权分配的形式实施，政府在这一过程中将长期的独家特许权授予私营业主，以吸引大量私人投资。值得注意的是，几个世纪以来对于一些核心公共服务(如军事支持与监狱管理)，政府都以合同形式直接采购。

3.1　引言

公共部门以合同形式采购复杂性服务已屡见不鲜。这种复杂性来自所涉及服务的规模与范围，或者来自两个或两个以上不同组织间错综复杂的界面。复杂的公私机构之间的合作，长期以来一直是欧洲及北美地区公共服务领域的一大特点。

在 15 世纪的意大利，雇佣兵大队长（"承包方"）对专业雇佣军的培养、武装、供给及领导负责。相关合同条款涵盖了预付费、期权及财务处罚等，同时也包括了一些复杂的条款，如对合同终止的处理以及雇佣兵大队长可以向其前任雇主提出挑战的特殊情况。在最成熟的形式下，委托人接受政府客户的任命，加入到雇佣军的队伍里，完成政府委托的监控任务。在米凯莱托·阿滕多罗的佣兵团留存下来的详细商务活动记录中，记载了近 25 年的此类"承包"活动以及 500 多项分包活动。

法国南部的米迪大运河修建于 17 世纪下半期，实现了 100 多年来人们连接大西洋与地中海的梦想。当地包税商兼军事承包商皮埃尔-保罗·李克在财政部长科尔伯特的支持下发起了这个大项目。凭着国王授予的特许证，李克负责在 8 年内自己出资筹建运河的第一段，作为补偿，他可以得到该项工程巨额的政府资助及对所建资产的永久所有权，并有权任命那些穿着国王赐予制服的收费员。李克家族用了大约 100 年的时间，最终获得了合理的利润。

18 世纪晚期，私营承包商管理建设了英国最大的监狱综合体——位于泰晤士河畔及一些英国南部港口的大型监狱。连续 25 年，主要承包商邓肯·坎贝尔与政府官员紧密合作，完成了即使在那个时期也被认为是"政府性"的职能。

即使是在今天，这些承包项目的合同仍然可以被认为是政府商业项目中最具复杂性的项目。对一些项目合同持续不断的争议可以证实这一点，这些项目如：对伊拉克与阿富汗的国防支持、公私合作建设的学校、医院等公共基础设施以及美国、英国和澳大利亚对公共监狱的管理等。

在这里，怎样的项目可以被称作是"复杂绩效"呢？可以用两个主要因素来衡量，一是所涉及设施或服务的规模与范围大小；二是风险转移的程度。然而，在公共服务领域，与客户代理核心业务的接近程度有时显得更为重要，因为这会带来组织间界面的复杂性。同时，在民主社会中，对政治响应性的需求进一步增加了公私合作完成"复杂绩效"的难度。马克斯·韦伯认为，政府强调阶层控制的一大原因在于对公众争议的考量。

特许模式非常适合管理那些复杂的、规模与范围日益增加的公共服务项目，也十分适用于转移重大风险。在与政府决策或核心业务相关的复杂项目领域，特许模式并非是最为有效的。19世纪晚期至20世纪早期的事实也证实，即使在此类项目中使用了特许模式，政府一般都会将特许权购买下来自己直接管理这些公共服务，抑或转而与私营机构签订更具契约性的特许专营合同来取得更多控制权。

此外，一直被用于复杂公共服务项目承包的关系处理模式，是管理组织间界面的理想模式。然而，18世纪晚期至19世纪早期，随着公共服务规模与范围的增加，政府转向了更具交易性的模式，尽管这种模式看似并不适合复杂绩效的采购。

本章基于一些历史案例探讨了公私合作模式的变迁。为了达到阐释的目的，我们主要聚焦两个板块，一是18世纪晚期英国的监狱承包项目；二是19世纪至20世纪早期英国与北美的水、能源与交通基础设施的特许项目。

3.2 委托承包：监狱管理

一直到18世纪晚期，政府人员与私营企业主在管理重大项目时，仍然严重依赖于关系承包这一途径。他们倾向于任命那些自己熟悉和信任的人来完成承包项目，这些人往往与其家庭、社区以及商业网络有着广泛联系。并且，只要承包方能交付较为满意的服务并能响应客户需求，他们就不会面临激烈竞争带来的威胁，且可以数十年一直承包某一项目。当然，这一基于恩惠的管理系统容易引起政治剥削与个人腐败问题，但鉴于这一系统能够很好地控制员工，许多私营机构的业主与高管仍然选择这一途径。

在接下来的一个世纪，多数基于关系的承包管理系统被基于绩效的系统所取代。在这一新的系统中，服务提供商通过竞标得到项目主的任命，合同期较短，合同中严格规定了特定材料的固定价格，合同的执行受到一系列财务机制的激励,若绩效不佳还会受到处罚。这是一种高度客观的承包形式,投标方以最低报价获得项目承包权,很少考虑为了与委托方保持多年的紧密合作而需要处理的人际关系。我们可以通过多种途径来研究从关系承包到交易承包的转变。本节通过探讨监狱管理项目中应用的各种承包模型来研究这一议题。

3.2.1 监狱管理

18世纪晚期以前,英国的郡级政府官员常常将监狱管理项目租赁给承包商,承包商以收费的形式和与囚犯进行物资的非法交易来收回成本,其回收投资成本的途径通常为专卖或分租其承包利益。为了更好地理解这一系统,这里有必要指出,直到19世纪早期,英国的监狱仍然属于相对自律的机构,囚犯自己负责吃穿用,甚至自己打扫牢房,这一系统(在多数情况下)由郡政府通过补贴对其进行财务支持。在这一系统内,监狱内的餐饮及其他商品都可以自由交易,只要不发生垄断,监狱管理者也可以参与到为囚犯供给商品的竞争。纽盖特监狱(位于伦敦)的富有囚犯可以通过支付一笔可观的附加费用而选择被关押在布莱斯大院(Press Yard),在那里他们可以享用美味佳肴、佣人服务并享有无限次数的探视权。使这一切成为可能的原因是,布莱斯大院在技术上并不属于监狱的一部分;作为纽盖特监狱的分支,它于17世纪中期建造在与纽盖特监狱毗邻的某一监狱长职员所有的土地上,用于分流纽盖特监狱的囚犯。

郡治安官对囚犯负有法律责任,若囚犯越狱,郡治安官将依法受到罚款。然而,治安官常常通过收取巨额保释金的方式,将风险转嫁给监狱管理者,在一些情况下,保释金的数额异常之高。这种情况下,没有涉及作为竞争对手的其他投标商,没有正式的合同监管机制,仅凭个人关系就可以确认和管理承租商。这种按服务收费的监狱存在的缺陷,在现代读者眼中一目了然,然而在这个系统被废止之前,却经历了100多年的争议。最终,18世纪晚期监狱租赁这一形式被终止了,1815年,监狱收费也被废除。

3.2.2 囚犯运输

多数情况下，监狱的用途是关押审讯之前的犯罪嫌疑人，而非用于惩罚目的。在19世纪60年代之前，许多英国惯犯都是被流放的。1775年美国独立战争爆发之前，约有5万名英国及爱尔兰罪犯被转移到北美殖民地，私人承包商对罪犯负有法律责任，同时负责罪犯的生活日常。同时，承包商通过在市场上售卖罪犯的劳动力来收回管理罪犯的成本，这种途径与契约佣工的形式很像。

囚犯的转运主要由郡里的官员负责，同时，相关的现货市场具有持续的低集中度。直到1718年，财政部签署了有关从伦敦及周边郡转移囚犯的定期合同。对于此类合同，虽然有软性的市场试水，但仍然没有面临真正的市场竞争；并且，在近70年里，这一承包项目一直在不同的合伙人之间转手接管。作为对其名誉与可靠性的回报，财政部的承包商可以获得一笔可观的补贴及对项目独占权的保证。这样做的后果就是伦敦市场具有了更高程度的专业性，同时，承包商随时准备着为实现更有效率和效益的运营而投资。现货市场使用的是现有的船只，与其不同的是，财政部的承包商们乐于尝试不同尺寸的船只和相关装备来找到最理想的运输方式（如：为了夹板下层的通风增加栅格、大门与通风口等），同时为了确保囚犯良好的身体状况，他们还重新聘请了外科医生。

北美囚犯转运系统的基础是其对市场风险的转移。由伦敦运来的囚犯（奴隶或契约佣工）可能与由布里斯托运来的同时抵达目的地。恶劣的天气或上船时间的延迟可能导致当轮船到达目的地时，当地市场已经处于劳动力需求的淡季，此外，劳工价格还受到当地农产品市场低迷或战争爆发的影响。承包商进行的是往返贸易，他们的利润还受到返航时运送的商品价格的影响。时不时地，当殖民地的政治家试图结束此类贸易时，他们就会面临政治风险；当铸币短缺时，他们还面临信用风险。

承包商还需要接受运输过程中的一系列风险：如面对可能的海难及海损、私掠船只的掠夺、囚犯暴动、海员叛乱及越狱和疾病的侵扰。其中一些风险可以用保险的方式规避,但在18世纪的所有海运中,船主的命运很大程度上掌握在船长的手中,船长的职能如同一个半独立的管理者。

财政部愿意支付补贴的原因之一是转嫁质量风险:如果到达目的地的囚犯出现了健康问题,或者不符合当时北美市场对佣工年龄、性别及资质的要求,承包商需要在到达时,支付这些无法出售的囚犯的检疫及医疗费用。同时,为了维护其在当地市场的声誉,承包商通常会将一部分款项退回。

1772年,财政部认为当时的市场利益已经足够形成公开竞争,因此,试图终止此类承包方式。承包商们以资产专用性为名进行了抵制,他们声称为了建造特定的船只,他们合伙的沉没成本已达6000英镑,并且出于气候原因,他们需要为回来的旅程安排运输特定的商品。这一争论最终并没有起到现实作用:1775年,战争的爆发令囚犯贸易戛然而止,导致了英国监狱瞬间人满为患。

直到1786年,对此问题的长期解决方案才得以建立。当时,需要做出相关决策,将英国的重犯与惯犯运送到地球另一边的博特尼湾,同时,在接下去的80年里,约有16万名英国及爱尔兰罪犯将被运往澳大利亚殖民地。① 当时,仅有一小部分囚犯是通过贸易的模式由私营承包商来运送的。人们对转向先前应用于北美的所有权模式并没有什么争议,因为新建殖民地并没有国内劳动力市场,同时也没有能够在返航时被运回英国的现成农产品。政府别无选择,只能通过谈判签署协议,协议内容参照美国独立战争时期横跨大西洋成功运送军队时采用的系统。

其中第一舰队于1787年起航,该合同由一个海军承包商通过竞标的方式获得。他出动了6艘运输船与3艘给养船,并按合同在8个月的时间里800名罪犯提供伙食、生活必需品及保护。承包商按运输重量每吨收

① 关于英国向澳大利亚运送囚犯的历史故事以及本章下文所述英国本土囚船的情形,建议读者阅读下面著作:[美]罗伯特·休斯.致命的海滩:澳大利亚流犯流放史(1787—1868)[M].欧阳昱译.南京:南京大学出版社,2014.——译者注

取统一费用，并按罪犯的人数，每人每天收取额外的伙食和生活必需品费用。鉴于大多数轮船驶往世界另一个角落，欧洲人并不熟悉当地的情况，因此情有可原，使用了成本加成这一灵活的定价法。第一舰队的运输取得了巨大的成功，死亡率与10年前将囚犯运往北美时相当。

然而，第一舰队花费了相当大的成本。所以，在1789年为了运输囚犯而决定再次开始新一轮承包项目时，英国内政大臣建议财政部要节约开支。新的承包合同需要按照人数报一口价，这样，海运途中的巨大风险就被转嫁给了承包商。竞标成功的承包商是当时领先的奴隶贸易公司，船长具备穿越大西洋海运的丰富技术经验。基于固定报价，船长不再愿意等到囚犯完全治愈坏血病后才离开好望角，同时，合同允许他们在航行结束时，通过变卖船上剩下的物资来增加船主的利润。

无疑，这样的激励机制导致了对囚犯的不当处置及囚犯数量的减少，超过1/3的囚犯在海运途中丧命。此时，人们才意识到了合同中规定的激励机制竟然可以导致如此可怕的后果。一位观察家对这一惨绝人寰的现实做了如下评论："死的人越多，对于船主与生意主来说，所收到的补偿也越大，因为政府是按照人数付款的，不管囚犯是否活着被运到目的地。"

此事件引发了政府问询与犯罪检举，但最有效力的举措是内政部执意在今后的罪犯运输中，要按最终到达目的地的罪犯人数付费，而不是按开始的上船人数付费。同时，政府下令在每艘船上指派一名海军医生随船监督罪犯的处置过程。在这一新规定下，承包商在随后负责运送两船罪犯时仅有一人死亡。当这些轮船抵达悉尼湾时，新殖民地的检察长对承包合同中不同定价机制导致的不同结果做了如下评论："没有其他轮船能像这艘轮船一样以如此好的状态来运送罪犯，没有人可以像他们那样重视罪犯的安危与生存环境。"虽然也存在着其他一些不愉快的航行经历，但是，这种对绩效体制的改革及对监控的加强，使政府官员们重燃了通过客观工具管理绩效的信心。

3.2.3　囚船

在英国监狱管理中，对囚船的承包项目是基于关系的承包的最后几个案例之一，它体现了称职的官员与有能力的承包商对这一模式的顺利进行所起到的作用。美国独立战争的爆发使英国政府突然面临监狱人满为患的情况、来自传染病的威胁以及在设施老旧且管理不规范的监狱频繁出现的越狱事件。当局迫切需要解决以上问题，于是请求美国运输承包商顿肯·坎贝尔将重刑犯关押至泰晤士河退役的轮船上。

由此开始了此项历经了 25 年的承包管理系统。就规模来说，一个承包商需要负责管理 6 艘不同船只上近 1600 名囚犯，这样一来，每个承包商都成了英国当时管理犯人最多的监狱管理者（伦敦的纽盖特监狱只能容纳 500 人，虽然事实上关押的囚犯超过这个数目）。这一承包系统的复杂性不仅来自其任务规模（按照当时的标准），更是由于在多数情况下，承包商还需要负责实体设施的提供及由此带来的一系列管理职能，如对体罚、越狱者、赦免等问题的管理。这些囚船还被用来推广强制劳役这一新兴的政策，这样承包商就被推到了颇具争议的新兴囚犯改造理论的风口浪尖。

有着西印度商人和运输承包商背景的邓肯·坎贝尔沿用了他管理商船时的系统。然而，在囚船的布局以及对大批囚犯在船上监禁和在岸边劳役的管理方面，坎贝尔没有任何经验，只能靠创新。承包系统的灵活性加上对废旧船只的使用，意味着政府可以随时使用或报废任何船只。这种情况带来的后果之一就是，不同于当时其他的监狱管理者，坎贝尔在设施的启用和关闭时获得了专业人士的支持，历史留存的相关信函展示了他当时的管理系统。

比如，1786 年政府为内政部提供了一艘停泊在朴次茅斯的轮船，但是内政部并不清楚如何将一艘海上航行的船只改造成监狱，迫于无奈，内政部向坎贝尔求助。坎贝尔聘请了他之前的一位船长为主管，这位船长的管理能力有口皆碑。同时，坎贝尔建议新上任的主管从英国皇家海军聘用下属。

在协助主管执行承包项目的过程中，坎贝尔从伦敦调遣了自己的一名管理职员。这位职员具备在泰晤士河轮船上的管理经验，并在朴次茅斯待了几周时间来协助项目的初期部署。坎贝尔通过通信保持着对项目的亲自监督，他回复项目主管的进度报告，并就守卫与犯人的日常管理提出详细的建议。他的管理范畴包括员工薪酬水平等财务事项、对分包商的管理、对受控人员的心理管理以及对犯人的预期管理等。

坎贝尔意识到在此类政治敏感的承包项目中使用交易方式带来的危险，并拒绝了别人提出的用犯人的劳动力获利的建议。囚船的建造目的很明确，就是通过强制劳役来惩罚（当然，希望以此改造）犯人，因此，承包商不仅应对犯人的安全与健康负责，还应该对犯人在船上及岸边的作业进行监管。如果给予承包商在利用犯人劳动力上的财务激励，承包商可能会变本加厉地使用犯人的劳力，这违背了人道地对待犯人的职责。在与内政部副部长的通信中，坎贝尔指出，从囚犯劳力中获取的任何利润都应由政府没收，要确保承包商的收入只能来源于财政部。

> 在我看来，这是更合适的办法，这样一来，犯人的劳动力完全可以受自己掌控，这种做法可以应用于各种公共服务中，它的好处也会很快展现。之前，承包商对犯人漠不关心，只监督他们在工作时间无休止地劳作。

副部长被坎贝尔说服，并在几年后向议会的提案中指出，承包商们已经"在废除这一令人不愉快的职责方面施以最大限度的人道和关怀"，鉴于承包商的一切开支由政府承担，他们并没有动机在对待犯人方面做出过分严酷的行为。

人们深知基于关系的承包所具有的局限性。然而，政府管理者也深知，如果项目被最低报价的承包商承包，犯人的照管与关怀方面可能会面临一些风险。信任被放在很高的位置，尤其在这类性质的服务中。即便是在提供囚犯监狱这样平常的项目方面，内政部指出："在签订承包合同时，在囚船上为囚犯提供照管方面，不光要考虑项目的费用，还需要考虑得更多。"囚船承包项目还曾作为应急项目被使用,在紧急情况发生时,政府需要可立即交付的额外监禁空间。当局会在短时间内告知坎贝尔,这样的情形在 1777—1791 年间发生了 8 次。

在承包商交付囚船时,鉴于其对专业化实体资产的所有权,总会面临"供应商锁定"这一风险。这也许也是多年以后,囚船全部转由政府经营的原因之一。此外,承包商在项目承包过程中积累了以员工经验与专业化系统为形式的独特人力资产,加之规模经济带来的市场竞争不足、市场机会缺乏以及在短时间内建立和拆除船只的需要,政府部门不可避免地需要与一到两个供应商建立紧密的合作关系。25 年来,能与坎贝尔媲美的仅有 1787 年由威廉·理查德承包管理的第一批开往新南威尔士的囚船舰队,但他的经验仍不能与顿肯·坎贝尔积累的囚船管理经验同日而语。

承包的短期性和定期标杆对照的成本管理,使囚船承包保持着激烈的竞争。1786 年,随着南部囚船数目的激增,承包商们被告知需要重新考虑其报价,最终囚船承包价格经谈判得以降低。4 年后,在向新南威尔士运送一大批囚犯后,一些囚船退役,财政部接受了威廉·理查德的更具竞争力的报价,从而压低了囚船承包的价格。此外,1795 年,英法战争使食物价格飙升,承包商们与政府协商取得了一些补偿。后来,这一做法被基于面包价格的价格指数定价法取代。

在与坎贝尔合作的项目中,政府为其预留了充足的利润空间,使其可以在意外事件发生时舍弃多余的资源。1778 年,朴次茅斯突发疫情,坎贝尔很快雇用了新的医生;两年后,为了协助犯人完成新的公共服务工作,他主动支付了船只和额外的人工费用,而且并没有证据表明他在这些额外开支方面获得了补偿。

历史证明,坎贝尔是一个值得信赖的合作伙伴。他对政府不断改变的需求做出及时响应。他设立高标准,有一次坎贝尔向囚船上的医生指出,他期望自己管理的监狱在医疗方面能比任何一个海上航行的海军医院都管理得更到位。此外,对于突发事件,他总能机智应对。在早期的伍尔维奇运输任务中,他发现新囚犯中(特别是那些来自小城市的囚犯)存在严重的抑郁情绪,这种情况有时会导致囚犯过早死亡。坎贝尔立即说服政府,引入了基于良好行为的赦免体系,从而缓解了囚犯的抑郁问题。

为什么这样的承包体系能顺利运转?在选择承包商时,政府会选择有过 20 多年合作历史的商人——这样就不需要去猜测这样的合作关系具体会是怎样的。面对监狱数目增长的压力,承包商深知,只要能较好地响应政府的需求,就会带来长期合作的可能,这也是承包商愿意与政府合作的有力原因。坎贝尔还能为了维持成功的合作而做出一些让步。1782年,虽然合同规定的是固定价格,但坎贝尔在囚犯数目较少时交出了额外的收入。几年后,当囚犯人数超过了合同规定的限额,他也并没有向政府申请追加合同条款。他做出的这些让步都不属于合同中所规定的内容。

同一家公司连续 25 年承包了如囚船管理这样有争议的公共服务,这一事实可以初步证明政府官员对该公司承包工作的认可。此外,我们还有来自政府官员与监狱改革者(如约翰·霍华德)的证词。1801 年,邓肯·坎贝尔退休,公司由他的首席运营官接管,这位首席运营官曾经亲自参与了伍尔维奇囚船的管理。应财政部要求,海军运输委员会对其资质进行了评估,并报告道:"无论从政府还是犯人角度来讲,他所提供的服务已经再地道不过了。"1803 年,囚船的承包管理最终落下帷幕,这并非由于这种管理模式是失败的,而是因为政府官员们相信,战争中对大批法国战犯的管理经验已经足够使政府自己来管理相当规模的监狱系统了。

3.2.4　圆形监狱

虽然承包商对囚船的管理受到了广泛好评,约翰·霍华德仍然进行着对承包囚船管理的抵制运动,因为他认为这种模式与按服务收费的监狱模式密不可分。18 世纪末期,另一位监狱改革者、政治哲学家杰里米·边沁自告奋勇,做出了一项雄心勃勃的提议:运用某些方面是基于关系的、但更多是基于交易的承包方式来设计、建造和管理国家第一个教养所。在设计这一假想的教养所(后来被称为"圆形监狱")时,边沁参考了建造技术和监狱建筑领域的前沿思想,并结合了自己对政府透明度与可靠性的理解。他所提出的直观设想使从古至今的历史学家和哲学家都深深为之着迷。随着合同的起草,杰里米和他的兄弟塞缪尔获得了2000英镑的预付款来开发这一项目,但是圆形监狱一直未落成。边沁家族在首都附近的选址方面遇到了困难,同时也遭到战争的干扰,当政府重新意识到监狱爆满问题亟待解决时,监狱承包模式早已失宠多时。

直到1813年,该项目才被正式叫停。不出人们所料,在对相关问题进行了长达27年的研究之后,功利主义教父杰里米·边沁提出了演进的基于奖惩的契约激励理论。人们一直争议,边沁可能就是现代契约理论的作者;此外,由于其思想曾参考了有关自利与公共利益的更为古老的论述,他为我们理解现代契约设计奠定了基础。

边沁的契约观点是高度交易性的,他很有信心地认为:财务激励可以被用来协调统一承包商的个体利益与政府的公共利益。他对奖励与行动之间的关系深深着迷,同时对人们可以很好地利用希望和恐惧来激发绩效很好奇。其中最有名的是,边沁论证说明了应该把绩效激励看成是一种结果而非原因,在圆形监狱的合同里,他提到财务奖惩将基于扣押犯人的死亡人数与再犯比例。除了这一观点,边沁一贯支持竞标模式和活跃的基于价格来确保最低成本的竞争体制,虽然在这一特殊的案例中,他觉得知识资本的巨大投资使他具备了一定的独占权。

对于圆形监狱来说,绩效监控至关重要(这里的"圆形"指的是"全景观"的视野)。边沁对圆形监狱的建筑特色深深着迷,这一建筑风格可以使监狱长官随时监控所有犯人在任何时候的行动,同时通过全景式监控,监狱长官的行动也对政府官员与全社会完全公开。与此同时,他意识到官僚化对政府公信力的威胁,并反对公务员数量过多导致的闲散和无所事事。

3.3 其他公共服务的委托承包

政府其他部门也发生着类似的争论。其中显著的例外发生在海军委员会与食物储备委员会,它们负责军队与食物的运输,委员会的官员们不愿意在国防支援方面接受"开放式承包"模式,认为竞争机制只会被用来选择最低报价的竞标者。以下来自军火委员会(负责军需用品的采购)的一段评论代表了 18 世纪晚期人们的担忧:

> 广告限制了你,你只能选择最便宜的东西,而不去考虑物资本身的信誉,但其他方式可使你仅跟有声望的、本质好的人打交道。人们担忧,比起政府使用的多数方式来说,广告的使用会开启一扇面向更多恶习的大门。

然而,基于交易的承包方式在当时仍占上风。这多数是因为(基于关系的)赞助方式往往与政治腐败密不可分。有趣的是,在这场从 18 世纪晚期持续到 19 世纪早期的漫长争论中,没有一个人提出任何折中的建议,比如:可以通过竞争的过程来选择供应商,在这一过程中同时考虑其提供的服务质量与价格。

一个具体的例子是,出于战争的本质导致的技术变迁,这些技术变迁进而使原有的大炮承包方式失效。直到 18 世纪中期,大炮多数被用于定位攻击。在 1754—1763 年英法战争中,来自民间的承包商将加农炮运送到战场,同时还负责弹药的持续供给;有一些炮手也是来自民间的专家。这样一来,从表面上看,承包商们似乎就是大炮的所有者和使用者。随着对轻便式加农炮的开发,这种利用承包商的方式得到了改变,轻便式加农炮的使用可以使人们在战场上更灵活地调度炮火。虽然人们很容易理解,为何这类基于可获得性的承包方式对大炮的调度不再适用,但是很难理解为什么这一概念会被全盘抛弃。直到上一个 10 年,我们才见证了这类承包方式的回归,承包商通过将巡逻舰租赁给海军,并基于舰艇的可获得性而获得报酬。

建筑行业也面临着同样的争论,人们开始使用一些新型的更复杂的合同来采购公共建筑项目。承包项目的委托机构认为,应用成本加成的方式可以给自己保留更多的控制力;因此,18 世纪 90 年代,在为一大批军营的建造招标时,投标者并没有被置身于公开的市场中。军营总指挥这样解释道:"我不能信任任何一个可以提供低于公平价值和公平衡量水平来报价的人。"这里的"公平价值"指的是劳工和建材成本之外的给予建筑商 15% 毛利润空间的成本加成。

在承包合同中使用固定价格的做法在 1803—1815 年拿破仑战争期间兴起。这种方式最先在相对简单的建筑工作中展开,比如营房、医院与仓库;直到 19 世纪 30 年代,这一方式才被普遍用于更加复杂的设施建造。使这一改变成为可能的是营造商(建筑工程队长)的出现,他们具备与大型、固定价格承包项目相关的风险管理能力。托马斯·丘比特就是其中之一,当时他在公共建筑承包领域享有长期的商业优势。

现在看来,这些负责管理如此大型采购项目的官员的能力还是值得担忧的。1854 年,在与著名的诺斯科特-屈维廉报告(the Northcote-Trevelyan report)同时发表的政府工作报告中,查理斯·屈维廉先生提到了对参与采购人员的资质与数量的担忧。对于公共建筑承包商"一成不变地"超预算行为,需使用高标准的监控措施来管理,同时为了留住那些拥有宝贵商业经验的官员们,需要向他们支付足够高的薪水。

3.4　公共设施的特许权

18 世纪至 19 世纪期间,一些最复杂的公共服务的提供以实物基础设施的建造、融资与运营为基础,包括:市政燃气、水电,高速公路、运河及铁路等交通设施。随着时间的推移,这些设施的交付被默认为是政府的日常工作,然而,在这些设施提供的最初,出于强有力的原因,人们选择让私营机构来承担相关的技术、资本及市场风险。

本质上,这类基础设施的提供基于所有权方式,而非契约方式;私人企业家根据议会法案或国王给予的皇家专利权,被授予对基础设施的长期独占权,以此被激励来进行风险投资。这并不是说合同从未被使用。16 世纪末期,伦敦公司(Corporation of London)与一位荷兰企业家签订了有效期 500 年的协议,将伦敦大桥的第二个拱门租赁给该企业家,以便他从河里抽水供给整个伦敦城。此外,自 17 世纪末期以来,伦敦的道路照明通过一系列 21 年的租赁协议被承包出去。

然而,直至 19 世纪中叶,议会授予的提供公共基础设施的特许权与契约承包几乎没有共同之处。那时候,人们并不完全理解自然垄断的概念,同时,英国的习惯法常被用于防止市场权力的滥用,人们普遍认为:竞争会制约最严重的生产过剩。而且,由于这些设施往往涉及之前从未被公众享用过的服务,人们对它们的使用和公正性尚缺乏基本的认识。

比如,19 世纪早期,伦敦城市的供水由多家供应商提供。在同一条道路下面,被互相竞争的公司挖出了许多水管,推销人员挨家挨户争取客户;在马里波恩的一个区域,甚至存在 4 家公司争抢一位顾客的情形。危害商业的竞争时不时被理性主义和垄断主义的浪潮打断,随着价格的飙升,消费者被置于无人保护的境地。

直到 19 世纪 50 年代,约翰·斯图尔特·米尔与埃德温·查德威克才意识到,可以通过将一定时期公共服务的特许权拍卖出去来实现竞争与垄断的结合。米尔是第一个将此观点以文字记载下来的人,他向政府建议:"将所有一切授权给单独一家公司,优先选择那些可以以最低价格提供所规定服务的公司。"查德威克在几年后改进了这一委托模式,并将其记载下来,其中比较有名的是,他提出了要区别对待服务领域的竞争与其他一般领域的竞争。然而,服务领域面临着大规模的技术创新,很难知晓将竞争与垄断整合的方式在哪些方面比起单纯竞争的方式更有优势;此外,人们还是多次提出这样的想法,认为竞争机制可以被用来分配权利,以管理公共服务的垄断。直至 1900 年,芝加哥电车铁路委员会才提出,可以将服务领域的竞争机制应用于城市轻轨的建设。

竞争性投标(或委托建造,commissioning)模式暗含了 3 个基本观点:特权的授予有一定的年限,而非永恒的;通过竞争性投标来决定谁取得特许权的管理资格及相应的价格;承包商自行保证绩效实现的各类条件,这些条件并非由政府决定。

在北美,自 19 世纪早期以来,"特许协议"(franchise contract)在市政项目中比较常见,其中一个原因是所有权特许授予权限的缺乏或缺失其他管制措施。一位经济历史学家这样描述这一过程:

> 基于特许协议的供气管理早在 19 世纪 20 年代就出现在纽约,19 世纪 30 年代出现了对道路及铁路运输(由马作为动力)的特许协议,这一情形一直延续到 20 世纪早期,之后美国的许多州(虽然不是所有州)成立了取而代之的永久性的管理委员会。

相比北美地区,永久性的及长期的租赁协议在英国更为多见,虽然 19 世纪以来,随着时间的推移,租赁期限越来越短。一位英国作家在 1912 年评论永久性租赁时提到了它已不再受人们青睐,取而代之的短期租赁可以保证"人们尽早改正在给定条件下或在执行控制时所犯的错误"。长期合同的一大弊端,尤其是对于复杂服务的提供来说,在于人们很难做到提前许多年就指明合同条款的各种细节。所谓的"合同化"(contractibility)会导致向"受管理的合同"(administered contracts)的偏移,合同的执行过程越来越依赖于公平范围内对合同条款的定期重置。在这方面,英国似乎延续了北美的做法。

短期租赁的形式给予政府更多机会重新谈判,从而制定更为有利的合同条款;然而,在基础设施建设行业,承包商们发现固定的投资使自己在谈判中处于不利地位,于是他们越来越不愿意承担相关风险。在这一方面,所有权特许模式与协议性特许经营面临着同样的挑战。于是,19 世纪末期到 20 世纪早期,在英国及北美地区出现了两个相对稳定的解决方案:由维持公平的仲裁员管制的州政府或市政府授予特许权,以及直接由州政府或市政府授予所有权。

在设计、建造、融资和运营这些设施的特许权授予方面,或在对政府所有的公共基础设施的管理权竞卖方面,很少有竞争性投标的例子。放眼北美的公共设施板块,普利斯特找不到后者在 19 世纪的任何例子。在 19 世纪 80 年代至 90 年代,纽约曾应用基于"设计—建造—融资—运营"

模式的竞争机制来完成市内电车轨道的建设，但这样的例子少之又少。

这一现象的原因并不十分明确，问题部分出自国家和地区市场的短缺。当一个当地合伙人被授予一项 25 年期的特许经营权时，其他竞争者一般无法在下一次招标到来的漫长时间里维持自己的实力。到了 20 世纪 70 年代，北美地区的市政府出让了有线电视的特许经营权，由此，地区市场开始发展（至少在一些较大城市及地区），"典型的特许经营权一般有 15 年的期限，并且大多数特许权都是在经过了某些形式的竞争后才被授予的"。解决问题的一种方法可能是：将特许经营的地区划分为几个区域，并在区域之间，对比各个经营者的绩效展开竞争。这一解决办法曾被查德威克提及，虽然并没有证据表明它曾被广泛采用。

20 世纪初，公共设施的专有权特许模式多数被契约模式所取代。因此，1911 年，一位资深的市政特许经营分析家写道：

> 我们进入了一个新阶段，电车轨道公司不再被视为享有无限盈利机会的特权所有者，而是一个为公共服务提供绩效的承包商……因此，一项特许权可以被简单理解为一个承包合同，承包商根据合同要求花费一定的成本（包括运营成本），同时获取一定限度的投资额以外的利润。

结果可知，一个基于有限特许条款与独立管理机构的基础设施特许权项目，与一个长期由第三方仲裁者定期监管的基础设施承包项目，并无很大区别。经济学家指出了被管制的公共设施（regulated utilities）与被管理的承包合同（administered contracts）之间的相似点——两种模式都需要在复杂的环境中维系长期的关系，因此，为了确保合同的成功履行，双方必须紧密合作。基于这一观点，无论是对于公共设施的特许管理或其他形式的管理，"很难辨别管理机构与被管理企业或产业之间的互动是否出自长期承包模式"。

3.5 本章小结

特许权模式非常适用于在规模与范围上都较复杂的服务项目的管理。事实上,可以这么说,这就是特许权模式产生的初衷。最初,特许模式与股份公司的发展密不可分,这一模式有利于为项目募集大量资金并管理项目需要的大批劳动力。这一模式在管理公共服务时用途相对不大,因为鉴于与政治事务的相关性,公共服务领域往往比较复杂。为了更频繁和深入地干预这类服务的管理,需要一个比永久性特权经营更复杂的组织界面,这一界面的应用确实使私人承包公共设施的项目得以生存下来,也使采纳一个更为合同性的框架成为可能。

鉴于 19 世纪英国政府事务日益增长的复杂性,相比基于交易的模式,一个基于关系的契约模式更适合公私合作的管理。然而,随着公共管理领域出现了强而有力的民主规范以及私有企业管理领域更为有效的问责制度的建立,产生了一种客观的基于交易本质的竞争性投标模式。据文献的不完全记载,直到近几十年来,政府官员才开发了结合两种模式优势的承包合同方案。其中一个后果是:随着公共服务复杂性的增加,政府日渐选择自供而非承包。在承包再次成为复杂绩效采购的主流模式之前,我们也许还需等待数十年。

本章参考文献

Božovi, M. (ed.). (1995). Jeremy Bentham: The Panopticon writings. Verso, London.

Chadwick, E. (1859). Results of different principles of legislation and administration in Europe. Journal of the Royal Statistical Society (September): 381-420.

Chandler, D. (1976). The art of warfare in the age of

Marlborough. BT Batsford Limited, London.

Collins, D. (1798). An account of the English colony in New South Wales. Volume I. T. Cadell, Jun. , and W. Davies, London.

Cooney, E. W. (1955). The origins of the Victorian master builders. Economic History Review, 8(2): 167-176.

Goldberg, Victor P. (1976). Victor P. Regulation and administered contracts. The Bell Journal of Economics, 7(2): 426-448.

Gómez-Ibáñez, José A. (2003). Regulating infrastructure: monopoly, contracts, and discretion. Harvard University Press, Cambridge, MA.

Hume, L. J. (1981). Bentham and bureaucracy. Cambridge University Press, Cambridge.

Knoop, Douglas. (1912). Principles and methods of municipal trading. Macmillan and Co. Limited, London.

Lynn, John A. (1997). Giant of the Grand Siécle: The French Army, 1610—1715. Cambridge University Press, Cambridge.

Mill, John Stuart. (1967). The regulation of the London water supply. In: Robson, John M. (ed.), The Collected Works of John Stuart Mill, Volume V—Essays on Economics and Society Part II (introduction by Lord Robbins). University of Toronto Press, Toronto; Routledge and Kegan Paul, London, 433-437.

O'Brien, Eris. (1950). The foundation of Australia (2nd ed.). Angus & Robertson, Sydney.

Parker, M. A. (1999). Maiden voyages and infant colonies. Leicester University Press, London.

Parrott, D. (2001). Richelieu's Army. Cambridge University Press, Cambridge.

Pashigan, B. Peter. (1976). Consequences and causes of public ownership of urban transit facilities. Journal of Political Economy, 84 (6,December):1239-1259.

Priest, George L. (1993). The origins of utility regulation and the "Theories of Regulation" debate. Journal of Law and Economics, 36 (April): 289-323.

Rothenberg, Gunther E. (1977). The art of warfare in the age of Napoleon. B. T. Batsford Ltd. , London.

Semple, Janet. (1993). Bentham's prison. Clarendon Press, Oxford.

Talbott, John E. (1998). The pen and ink sailor: Charles Middleton and the King's Navy, 1778-1813. Frank Cass, London.

Troesken, Werner. (1997). The sources of public ownership: historical evidence from the gas industry. Journal of Law, Economics and Organization, 13(1): 1-25.

Weber, Max. (1978). Economy and society. Guenther Ross and Claus Wittich (eds.). University of California Press, Berkeley.

Wilcox, Delos F. (1911). Municipal franchises. Volume 2. The Engineering News Publishing Company, New York.

4 建筑行业的合同及激励机制

威尔·休斯(Will Hughes),威兹德姆·可瓦乌(Wisdom Kwawu),
贾恩-博特伦·伊利格(Jan-Bertram Hillig)

本章的目的是通过对建筑领域的分析,加深我们对复杂绩效采购的
理解。本章分为以下几部分:首先,概述导致建筑行业采购复杂性的各类
因素;其次,讨论建筑承包项目中最为重要的契约激励机制;再次,探讨在
面向复杂绩效采购转型的过程中(服务领域)所面临的各种改变。最后,
总结本章作者近年来关于 PCP 合同领域的主要研究发现,并提出本章的
结论。需要注意的是,本章出现的 PCP 指的是"服务采购"。

4.1 建筑采购的复杂性

在本书的第 2 章中,建筑采购并未被归类为"复杂绩效"。这是由于,
根据复杂性模型,建筑行业的绩效缺乏"绩效维度的复杂性"(虽然建筑工
程往往满足另一个复杂性维度,即"基础设施的复杂性")。即使对于民间
融资计划项目来说,服务的交付是此类项目的核心,但是所交付的绩效仍
然不够复杂,不能满足 PCP 复杂性的要求。例如,对于一个医院的 PFI 项
目,所涉及的服务一般仅限于日常维护或安保,医疗服务并不会被包含在
PFI 协议内,这些非常复杂的服务是由客户自己提供的(至少在英国如
此);在英国,这类服务由英国国民医疗保障制度(National Health
Service, NHS)提供。然而,基于以下原因,建筑采购事实上是相当复
杂的。

4.1.1　建筑过程的分裂化

　　建筑过程是高度分裂的,其中涉及许多不同的专业组织和人员。重大的建筑项目往往包含了多个层面的客户、顾问、承包商和供应商。表面上看,有一些层面并不会增加价值,比如,批发商成批购买材料并以零售价格小批量卖给分包商,这一过程看似并不会为最终落成的建筑贡献什么价值。然而,如果没有批发商提供的服务,分包商可能只能成批购买材料从而面临资金困难,同时,分包商可能不具备足够的仓储空间来存放大批量的材料。这个例子揭示了这样一个事实:建筑行业中的结构可以强有力地响应行业内的需求。更笼统地说,建筑行业的分裂化导致了其技术复杂性的增加。

4.1.2　采购方式的选择

　　基于建筑过程的分裂化,客户在项目开始时面临众多可选的采购方案,这也导致了建筑采购的复杂性。这里,在决定如何组织采购过程时,一个客户需要至少在以下 6 个方面做出决策:(1)资金来源,(2)选择方案的方法,(3)定价基础,(4)有关设计的责任,(5)有关管理的责任,(6)分包商的数量。通过结合以上 6 个方面的不同选项,客户可以创造出五花八门的采购方案。至少从理论上讲,这 6 个方面可以组合出 15000 多种不同的建筑采购方案(Hughes et al.,2006)。

4.1.3　复杂性的增加:面向 PCP 的转型

　　Oliva 和 Kallenberg(2003),Foote 等(2001)描述了从工程到信息技术等不同行业从提供产品到提供服务的转型。Gann 与 Salter(2000)也发现了建筑行业内,从传统的材料及劳动力供应向更为复杂的产品—服务导向的供应方式的转变,主要供应商通过为客户提供整合了产品和服务的整体方案来解决客户的商业问题。两位学者就建筑采购领域生产复杂产品和系统的企业内部的创新管理展开了研究。在关于复杂资本产品供应商的另一项相似研究中，Brady 等（2005）指出，供应商们正越来越多地针对客户的特定商业问题向其提供整体解决方案。在长期复杂绩效合同中，出现了向有偿绩效提供的转变，这一转变进一步增加了建筑行业采购复杂性的程度。"服务提供"这一概念可称之为"基于绩效的承包"（performance-based contracting，PBC），或者如本书所述，被称为"复杂绩效采购"。

整体解决方案的典型例子可以简单地如办公空间的服务性租赁（Hughes & Gruneberg,2009）或复杂地如基于 PFI/PPP 的新校舍和医院的建造。例如，在 PPP 模式下，私营机构负责为公共机构筹资、设计、建造和运营一项设施。政府应用公私合作形式，是为了全面利用私营机构的管理、运营和商业技能，以实现高质量的采购以及公共服务的成本节约与效率提高。在 PFI/PPP 项目中常用的协议模式有 BOT（build-operate-transfer，建造—运营—转让）、BOOT（build-own-operate-transfer，建造—拥有—运营—转让）、BOO（build-own-operate，建造—拥有—运营）、DBFO（design-build-finance-operate，设计—建造—融资—运营）、BLT（build-lease-transfer，建造—租赁—转让）及 LROT（lease-renovate-operate-transfer,租赁—翻新—运营—转让）等。

较之传统形式的资产收购，对复杂绩效的采购面临着协议激励机制与风险转移方面的挑战。因此，Brady 等（2005）及 Davies 等（2006）在其关于企业如何向客户出售整体解决方案的研究结论中指出，除了材料与劳动力，知识与经验也在产品—服务导向的应用中起到至关重要的作用。Davies 等（2006）建议，建筑公司需要培养基于客户问题情境的新能力及相应的组织结构与技能。Gruneberg 等（2007）对英国建筑行业中基于绩效的承包项目进行了调查并得出结论：基于不同的情境、特定服务特征及其绩效结果相关的风险（如项目目标和成本方面的匹配性），可能构成激励因素，也可能构成抑制因素。

4.1.4 供应链绘制

建造项目采购的高度复杂性可以通过绘制项目的供应链而直观表现出来。图4.1展示了一个典型PFI项目的协议结构,其中包括了基于各种协议安排组成的网络。特许权获得者,通常称为"特殊目的载体"(special purpose vehicle, SPV),是复杂产品与服务的主要提供者,承担与基础设施采购、设计、建造相关的所有风险,并同时履行客户提出的各类绩效要求。

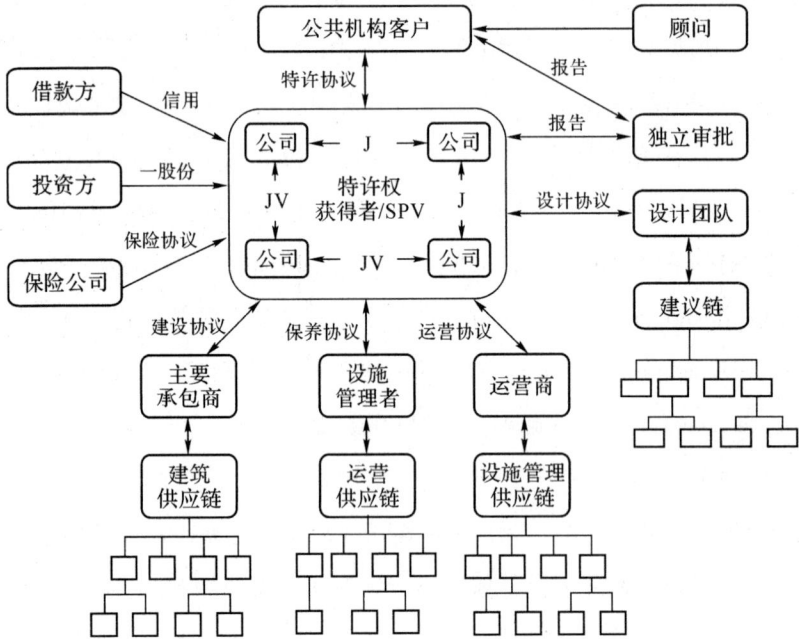

图 4.1 典型 PFI 项目的协议结构

建筑协议是这一复杂关系网络的关键内容。供应链中的每个合同都是为了采购劳动力和/或材料而签署的。此外,建筑项目的采购还涉及一个建议链组成的网络,这在原本错综复杂的劳动力和材料供应链基础上,进一步增加了项目的复杂性。通常,客户会在项目开始之初指派一整支专业团队来管理项目。

4.1.5　法律带来的复杂性

建筑采购的复杂性还来自法律方面。一个建筑项目的实施需要了解和遵守许多领域的相关法律,其中包括一般的合同法、建筑合同法、公司法、劳工法、保险法、公共采购法、财产法及知识产权法等。对此我们将举例讨论。

一个建筑项目的实施往往会涉及不同种类的合同,具体来讲,包括了与工作和材料相关的合同、专业服务协议、服务合同、产品销售合同、土地销售合同、保险合同、债权合同、抵押合同、合资企业合同以及框架协议等。建筑领域对标准化形式合同的广泛使用非常值得我们学习。标准化的合同形式可以减少合同谈判时间,因此可以大幅度减少交易成本。每一类合同的相应标准由公正代表不同群体相关利益的组织来起草。在英国,该领域最重要的两个组织是英国联合合同委员会(Joint Contracts Tribunal, JCT)和土木工程师学会(Institution of Civil Engineers, ICE)。然而在现实中,标准化的合同会被大幅度修改,通常具备更强议价能力的一方会基于自己的利益对合同进行修改。

对于合同法来说,最大的挑战可能来自不同合同与国家合同法之间的相互作用,无论是定制的合同还是标准化的合同。任何合同都是基于该合同适用的法律系统而起草的。合同与准据法之间的相互关系意味着对合同的理解必须首先基于对其相应的准据法的理解。这里,要考虑三个方面:第一,通过对合同的释义理解,法院总能找到一些办法来填补合同的漏洞,所以没有所谓"不完整的合同";第二,尽管英国标准的建筑合同并没有提及有关违反合同的条款,但是违反合同的一方应对其违反行为造成的任何可预见损失负责,这仅仅是因为英国合同法规定了这一点;第三,法律限制了合同各方合同关系的范围,就英国而言,这些限制在1977年的《不公平合同条款法令》(Unfair Contract Terms Act)中有所陈述。

公共机关同样需要遵守公共采购法的有关规定。对英国来说,欧洲法在这一领域起到了支配作用。主要的法律依据来源于《公共部门指令2004/18/EC》(Public Sector Directive)中关于公共合同的工作、供给与服务条款；该法令的核心是 4 个合同签署流程(开立流程、限制性、谈判、竞争性对话流程)与两种合同签署方式[最低价法与最具经济优势投标法(Most Economically Advantageous Tender, MEAT)(Arrowsmith,2005；Trepte,2007；Hoezen & Hillig,2008)]。当合同涉及水、能源、交通以及邮政服务行业时，主要法律依据来源于《公用事业指令 2004/17/EC》(Utilities Directive)。然而，这些指令并非欧盟唯一与采购相关的立法，EC 法案包含了更多相关法规。条约中的相关条款可被划分为 4 个领域(Arrowsmith,2005；Trepte, 2007)：第一，条款 12 规定禁止基于国籍的歧视；第二，条款 23 及其下属条款规定了商品的自由流动；第三，条款 43 及其下属条款规定了成员国企业享有在其他成员国建立分公司或子公司的自由；第四，条款 49 规定了服务提供的自由，这一条款允许欧盟内国民向其他成员国提供商业或专业性服务。除了这些直接从欧盟条约沿用的"基本原则"外(Trepte,2007)，欧洲法院也规定了其他一些原则，它们是：(1)平等对待原则；(2)透明原则；(3)法律确定性原则；(4)均衡原则以及(5)相互认可原则(见 Trepte,2007)。

4.2 激励与合同

4.2.1 正式与非正式合同关系

当客户与承包商的不同目标尽可能地匹配时，承包商会受到较大激励。匹配不同目标可以遵照两个治理策略：正式的与非正式的。正式策略包括如正式合同的法律和经济治理策略(Williamson, 1979, 1985；Lyons & Mehta, 1997)；非正式策略包括关系契约(Macaulay, 1963；Macneil, 1980)。

对正式合同的理解离不开对相关关系契约的考量。关系契约指影响行为的非正式自我强化的协议(Macaulay,1963;Macneil,1980)。关系契约的主要益处有:第一,降低在市场中的搜寻和协调成本(Williamson,1979,1996);第二,关系网络的复杂结构表明了通过运作潜在的合作规则、合法性和竞争视野,可以培养企业之间的协调能力[这一点是由Kogut(2000)提出的,他通过对丰田生产系统的分析展示了关系网络是如何形成的];第三,当不可预期或合同内没有规定的事件发生时,关系契约有利于合同各方达成新的协议。通常情况下,关系契约的例子包括一组模式相仿的行为或准则,如:相互信任、互惠、合作和承诺等。相互信任可以缓解合同各方担心另一方采取机会主义行为的恐惧。互惠原则确保了利益的公平分配。合作与承诺有利于合同任务之外的长期合作的维持。这些准则需要合同各方都愿意在利益问题上采取灵活的原则。

4.2.2　一般意义的激励机制

虽然激励的表现形式各不相同,但多数激励背后的动机都是对完成绩效或达成目标的奖励。个人或组织需要努力克服挑战以完成所设定的目标。激励形式可以是货币的或非货币的、合同的或非合同的任何形式。同理,奖励也可以是有形的或无形的,比如,对个体的激励形式可以是无形的,如从工作中获得的高社会地位;也可以是有形的,如年终获得的高额奖金。

激励或抑制因素可以激发个体或组织改进绩效,是建立合同过程中所应用的重要工具。然而,我们需要注意,激励是相对的,人们对激励并没有统一的看法。Hughes等(2007)指出,我们可以从以下4个方面来看待激励:通过财务奖励改变受经济因素诱导的行为;通过合同责任的规定来改变受法律因素诱导的行为;通过建立长期引导、控制和规范行为的文化准则,改变受关系因素诱导的行为;基于个体或组织对待不同规则的不同反应来改变受心理因素诱导的行为。

人们理所当然地认为,财务激励(正向与负向的)可以对绩效产生直接影响,很少有人对此提出质疑。例如,Bower等(2002)在研究项目成功的激励机制时指出："激励性承包的基本原则很简单，即利用承包商利益最大化的总体目标，给予承包商基于有效履行合同而赚取更大利润的机会。"然而，其他研究证据表明，仅靠财务激励并不能提高绩效（Scherer，1964；Bresnen & Marchall，2000b）。因此，为了证实激励系统的影响，我们需要开展更多的研究。

4.2.3　正式合同中的激励机制

法院对合同的监督执行是一种强大的激励（Veljanovski，2006）。通过提供规则，评估违反合同（或造成损害）的补偿，法律给某些行为贴上了"标价"（Friedman，1984），以此，合同各方可以获知违反合同所需付出的成本。除了这种"一般的"激励之外，标准形式的建筑合同中还包含了多种其他的激励机制，有一些更具定制性。

建立合适的激励机制需要很好地理解客户的目标。Lal（2008）在分析英国核退役局（Nuclear Decommissioning Autority）使用的基于激励的合同时，强调了这一点。一旦满足了这一要求，在合同中明确激励机制给予了客户一个影响供应商决策、意图和总体行为的机会。激励的相对强度取决于奖励的实质、大小、衡量结果的方式以及最终这些激励机制以怎样的方式在合同中被表述。

公布标准形式建筑合同的组织包括了土木工程师学会（ICE）、英国联合合同委员会（JCT）与国际咨询工程师联合会（FIDIC）。接下来，我们将讨论建筑合同中使用的一些共同的激励机制。

在建筑合同中，违约金条款针对拖延完工的行为，激励承包商按期完成工程。有了这些条款，客户不必再去证明自己的损失，因为条款中包括了实现规定的关于项目延期时承包商需要支付的具体费用，一般以延迟的天数或周数计费。建筑和工料测量师协会（Society of Construction and Quantity Surveyors, 2007）公布了建筑合同中计算违约金的公式，这一公式的最初开发者是雷丁大学的基思·哈钦森（Keith Hutchinson）。有关违约金条款的例子可见 JCT SBC 2005 的条款 2.32，FIDIC 的 1999 年红宝书条款 8.7 及 ICE7 的条款 47。

"留存款项"(retention money)这一术语指的是合同总额的一小部分,一般为 3%。客户暂扣每次付款的一小部分,直到项目圆满完成后再返还给承包商。留存款项的存在可以激励承包商按约定质量完成项目,并及时修改任何缺陷。相关例子可见 JCT SBC 2005 的条款 4.10 和 4.20,ICE7 的条款 60(2)和 60(5),以及 FIDIC 的 1999 年红宝书条款 14.3 和 14.9。

目标成本合同(target cost contracts)常被称为"同甘共苦"协议。合同各方事先估计成本总额(作为目标总额),并约定当实际成本超出或低于该金额时双方之间的承担比例。有趣的是,这一旨在建立承包商节约成本的机制,却在现实中降低了承包商节约成本的动机,这是由于其中一部分超额成本被客户承担了。相反,在建筑行业传统使用的总价合同(lump sum contracts)中,承包商可以获得成本节约的全部收益。然而,以下两个原因解释了客户参与成本节约行为过程的合理性:第一,客户有动机帮助承包商寻求最节约成本的解决方案;第二,目标成本合同常被用在客户特意选择同一个承包商完成重复业务的情况下。在这种情况下,承包商可以从过去的项目经验里了解客户的需求,因此更有可能做到成本的节约。这时,客户重复选择同一承包商的决定导致了成本的节约,公平起见,客户可享受成本节约带来的利益。另外,根据其定义,目标成本合同是一种成本补偿合同。对此类合同的使用意味着承包方的财务公开,即承包商需要对客户公开所有开支项。奇怪的是,虽然财务公开政策降低了客户对承包商的信任(因为客户将对每一个开支项施加控制),但是许多合作中却用到了目标成本合同,而根据定义,合作本来就应该建立起合同各方间的信任。有关目标成本合同的例子可见 ICE7 的目标成本版 2006、2005 的 NEC3(其目标合同选项为 C 和 D)以及化学工程师学会公布的名为"紫红皮书"的目标成本合同 2006。目标成本合同的起草过程概况可见 Lal(2008)。

保证最高价格(guaranteed maximum price, GMP)的合同是附加了条件的目标成本合同,该附加条件限制了客户(在"共苦"事件发生时)所需支付的最高金额。这种合同形式与许多市场中常见的期权合同类似(Boukendour & Bah, 2001)。一般来说,如 Boukendour 与 Hughes (2009)所说,目标成本合同不能形成较好的激励,他们建议建立一种更有效的目标成本形成机制。

价值工程(value engineering)条款激励承包商寻求技术创新。条款细化了承包商对工作提出改进建议的具体流程。建议一旦被客户采纳,承包商将按合同条款规定,取得一部分财务收益。一般情况下,收益分配比例为50%。典型的价值工程的例子如通过设计方案的改变,降低了大楼维护成本。相关例子可见 FIDIC 的 1999 年红宝书条款 13。

最后,一个合同中可能包含了对于实现某些特定目标的激励机制。这些目标[关键绩效指标(KPIs)]包含在合同内容中,以清单形式呈现。有关这一激励机制的例子可见 NEC3 表格的选项 X20。在这个例子中,承包商在完成 PFI 项目的目标后会获得一定的奖金(Lal,2008)。

4.2.4　非正式合同中的激励机制

对未来业务的预期是一项潜在激励承包商履行合同责任的机制,因为从某一客户那里"失去"未来业务将使承包商在营业额与利润方面受损,导致其在财务方面的担忧。因此,非正式(关系)合同在承包商的激励方面起到了重要作用。类似地,个体还能从关系层面获得一些动力,比如人际关系的提升、某一种团体身份认同感以及对某种事业的追求。

Kwawu 与 Hughes(2008)近来研究了合同在绩效激励中的作用。他们的案例研究表明,激励绩效中最关键的是对于高质量工作关系的投资。通过一个灵活的,能够适应客户不断提出的、不断改变的需求的合同,可以建立高质量的工作关系。例如,为了节约成本,在标准的 JCT98 合同之上附加了保证最高价格(GMP)的元素,从而给定了客户支付费用的最高限额;然而,当客户获得 GMP 条款所产生的成本节约收益时,客户也在合同之上附加了一定的激励因素,保证与承包商的未来业务往来,这一保证被包含在客户与供应商之间签订的长期框架协议中,可以激励供应商超额完成合同绩效。在建筑项目的选定阶段结束时,供应商的绩效被评估,客户对任何抉择拥有最终权威(Kwawu & Hughes,2009)。这个例子展现了非正式合同与正式合同之间的一个有趣重合,因为这里的框架协议属于正式合同。

4.3   与建筑行业 PCP 相关的改变

过去 20 年来,英国在复杂产品采购方面对多种 PFI/PPP 模型的使用,意味着英国建筑行业在复杂产品—服务合同的交付方面经历了多种多样的承包方式。这顺应了我们目前对从"仅提供产品或服务导向的承包方式"向 PCP 方式的转变。尽管对现在来说,PFI 可能是一种过时的模式,但是它也展示了同一方向的潜在趋势,即:从产品采购到服务采购的转变、对私有资本的持续利用以及业务的长期性。不可避免地,这一趋势将继续导致建筑产业的改变,但是这种改变并不一定总是人们所期盼的。以下讨论不同类型的改变及其相应的结果。

4.3.1   风险的改变:资本获取 vs. 服务提供

在向 PCP(服务提供)的转型过程中,潜在客户体验到了这样一种激励,他们不再需要购买固定资产就可以享受服务,比如医疗服务,这对客户的财务结构产生了很大的影响(The Stationery Office,2000)。因此,一些私营板块的客户组织可能投身于建筑或房地产开发项目,这样它们不仅可以将剩余资金投出去,还可以取得未来融资的有用抵押物。因此,在项目之初要明确谁具有所建设施的所有权,这一点非常重要。客户为了达到特定目的而需要采购某一设施,特许权获得者作为主要的服务提供者,为了提供该整体解决方案而拥有了该项货物资产(建筑物)。传统来讲,建筑行业主要的承包商和供应商多数是基于现金流运作的,现在它们具有一定的经济和财务动机,转向资本密集型的经营,这样一来,它们就具备了融资所需的固定资产抵押物。因此,基于项目的巨额成本,建筑公司正积极转型为大型集成服务提供商，以此来为其PFI与PPP项目筹资。通常实现这一目标的途径并非通过承包商自身的业务转型，而是通过与取得特许权组织合伙的形式，组成合资公司。

资本投资的需要，加上债务担保所需要的巨大资产基础，需要在复杂产品—服务提供过程中引入第三方组织(特许权获得者组织)充当中间人的角色。因此，基础设施采购的合同结构与从基础服务提供商采购服务的合同结构完全分离，且并不相关。这意味着人们在采购建筑服务的转型过程中遭遇了相当大的失败。因此，"就房屋的绩效付款"这一概念并不为主要承包商所熟知。同时，服务绩效并不在整个项目周期得到保证，保证服务绩效的责任仅限于投资者初期的总投资额范围内。事实上，无论这一概念被应用于整座楼房还是楼房中的某些子系统(如办公室空间的照明)，人们使用的都是同样的方法。此外，多数中小企业的生命周期短于一般的PFI合同周期。同时，如Hughes等(2007)所说，如果不能做到回收再利用或者清算变卖，这类大规模固定资产的提供可能是一种不利的业务，尤其对中小企业来说。随之而来的，是财务结构承担了本不应承担的后果。特许权获得者不再为了提供服务而对整个供应链负责，转移到私有机构的风险被限制在各方初始投资额的范围内。与其他服务导向的行业不同，建筑行业的主要参与者并不具有为对抗合同风险所需的的资源。在每一笔交易的巨大规模下，它们的年营业额显得十分微薄。因此，在PFI项目中，人们在试图将风险转嫁给私营机构的过程中遭遇了巨大的失败。基于上述原因，公共机构事实上可以增加私营机构面临的财务风险，但是它们不能逃避提供服务的责任。风险并没有被转移，反而对各方来说都增加了。理解这些的人们会选择提高价格，以便对任何风险进行应急管理。

4.3.2 态度的改变：管理主义 vs. 公共服务

PCP合同是基于某一个主要服务提供商(特许权获得者)而建立的，因此，该服务提供商需要与来自传统复杂交易合同网络中的各类专家打交道。换言之,服务合同的复杂网络并没有消除,只是更加远离客户。这是一件好事吗?特许权获得者的动机是去管理所有产品和服务提供商的各类活动。显然,特许权获得者肩负着融资、设计、建造和运营资产的责任,因此更加关注设计的稳健性与基础设施的整个生命周期。我们也可以这么认为,特许权获得者因此而更加关注其所提供方案的创新性和有效性。然而,对这一情形的反应往往是寻求某种方式的设计,以将风险转嫁给建筑承包商,这多数是因为这类合资企业中最具话语权的仍然是出资方,而他们总是设法最大限度地降低风险。可是,由于需要对绩效进行严格和客观的详细说明,这就会导致过多的责任,对于客户来说也不一定有益。例如,在传统的建筑承包项目中,建筑师会形成对特定种类楼房和客户的专业性理解。以医院大楼为例,通过对不同利益相关者需求的理解,建筑师会提议一些与现有医院临床操作相矛盾的建筑格局和设计方案,甚至会提出一些护理病人的新方案,这些新方案甚至会取消对某些基础设施的需求。但一份性能说明书仅仅站在纯运营的视角,来预测某种特定类型楼房的详细情况,以清晰说明该种楼房现有的运行操作方式。这样,楼房的设计者只能在既定的运营范围内寻求更有效的操作方式,除此之外并不能做些什么。新的采购结构在用户与设计者之间加入了额外的层面,使双方很难进行有关新方案的对话,并且此类对话看起来也并不合适。随之而来的是,出资方关于防范风险的需求,比起客户有关服务提供的需求,变得更为重要。

这一改变带来了专业主义方面一个有趣的变化。关于专业主义在社会中产生的方式和原因,存在许多观点。但总体来说,人们认为,专业主义通过将决策者与特定的执行某些标准和保护公共产品的机构或组织挂钩,以保证决策者的可靠性,这些决策者所做的决定往往会影响除了顾客之外的更大范围的群体。① 然而,在 PCP 情形下提供建议或信息的人们

---

① 例子可见 Elliott(1972),该文解释了作为专业组织的一员意味着什么;或见 Spada(2009),该文阐释了对专业主义的最新理解。

会发现,一些时候他们不得不提出与客观目标相背离的建议,但如果他们这么做了,可能会拿不到付款。出于这一提供与客观目标相符的责任,对专业主义的传统理解被一种更为"管理主义"的方式所取代。这种管理主义不再像专业主义那样仅提供通过专业培训而习得的服务技能。专业主义需要聚焦于客观的技术知识,而不是对主观判断能力的运用。而现代服务合同非常强调目标的设定、绩效的评估及目标的基准衡量等。专业主义的一个问题是:专家仅对于客户来说是可靠的,而对于社会或他们的专业机构来说并不一定可靠。这就解释了一些情况下,专家们为什么并不能发挥他们的传统作用,而只能效力于付钱的客户。如 Spada(2009)所注意到的,这也一定程度地解释了社会对专家的评价越来越低的趋势。

4.3.3 结构的改变:制度主义 vs. 专业主义

专业主义面临的压力还表现在随之而来的结构方面的改变。PFI 合同中的惯例与程序变得制度化,为了获得履行合同的款项,需要基于合同要求给出合理的解释。例如,如上所述,基础设施的采购对于特许权获得者来说是一项内部事务,特许权获得者需要谨慎地将项目设计需求与经济需求相匹配,在此他们考虑的并不是终端用户的此类需求。但是设计环节构思的过程需要结合自身的专业技术技能与其他企业的技术技能,尤其是对于那些基于项目的企业来说(Gann & Salter,2000)。因此,想要厘清、测量和监控单个企业的绩效是十分困难的,除非这些企业对项目的投入是清楚而简单的。在产出的设计方案中,多数工作都是相互关联的,很难将个体的贡献分离出来。

由于专业界依赖他们的专业机构来代表其利益,并且管制进入其市场的行为以及开发其特有知识,专业机构的存亡对于专业人士的职业生涯来说是至关重要的。强大专业机构的存在有着其固有的危险,此时,机构的生存比起任何事情来都更重要,强大的专业机构往往会忽视其成立之初的根本,即专业和道德水平,制度主义容易取代专业主义,特别是当人们越来越看重知识体系,而越来越忽视判断力的应用时。这一结构改变的后果是,专业机构专注于维护其成员的商业利益,而忽视了用来保护更广泛社会群体利益的行为及道德准则。当然,过去专业机构坚持行为及道德准则的程度还有待商榷,但这一趋势使专业机构在未来坚持行为及道德准则的可能性更加渺茫了。

4.3.4 商务实践的改变:合伙 vs. 整合

虽然 PCP 服务合同的制定基于单独的服务供应商,但是整体解决方案却是由合伙组织形成的合资企业来提供的(见图 3.1)。为了迎合整体解决方案,人们认为需要通过长期合作关系形成战略联盟,比如基于互信、团结与合作关系准则的合伙关系与框架协议等。虽然通过在战略层面管理、控制组织间和组织内部的关系,非正式的商务关系看似可以积极推进更为紧密的工作关系,Gruneberg 与 Hughes(2006)提出:行业内多数中小企业认为,为了生存而非出于自己的喜好,确有必要加入一个较大规模的战略联盟。因为对于专业性市场中的许多业务来说,战略联盟的形式是唯一能取得业务订单的方式。随着与战略联盟和框架协议相关工作的增加,基于竞争的工作量就会减少,这使得联盟外企业面临着倒闭的风险。

正如 Bresnen 与 Marshall(2000a)指出的,当考虑到经济、组织和心理方面的因素时,人们会发现,在合伙关系或联盟中应用关系规范是一件困难且有局限性的事情。合作各方可能会发现,在面临一些实质性的商业限制时,自己并不能遵守关系规范。事实上,之前的研究指出了合作关系越来越忽视传统上对合同权利的重视,合作各方的合作意愿程度在合作精神和相互信任方面,展现出了有趣的模式。整个供应链上的合作者对合作的整体目标具有一致的认识,但是他们并不认同合作得以产生的背后机制(Hughes & Maeda,2002),他们想要保留合同追索权,以免合作方采取不正当行为。

有关整合和联盟的语言是很耐人寻味的。在多数行业,战略联盟的形成是走向企业合并或出售道路的一步(Bleeke & Ernst,1995)。但是在建筑行业却没有这一趋势。如果建筑行业也是如此的话,我们早应见证具有层级治理结构的大型跨国公司作为复杂产品—服务提供商的成长,也能见证与任何国家建筑行业现状都不同的高度适应性资本密集业务的出现。换言之,建筑行业中有关联盟和合伙的概念与其他行业不同。在建筑行业讲到联盟或合伙,是为了传达潜在合伙人有关绩效管理和利益管理的主张(Hughes et al. ,2006)。但是现实是,处于整合的供应链外表之下的则是传统和正式合同。

4.4 PCP 合同相关的研究

作为英国工程与物理科学研究委员会(EPSRC)、经济与社会研究委员会(ESRC)①资助的知识与信息管理重大挑战项目的一部分,我们调查了与复杂绩效采购相关的知识管理方面面临的挑战。我们调查了基于绩效的采购框架中的商业激励机制,并重点研究合同在绩效激励中所起到的作用。我们期望这一研究可以使人们更好地理解复杂绩效采购领域中激励绩效改进的各种结构。调查研究的主要目标如下:

- 关系或正式治理机制及其增强或妨碍商业激励的途径;
- 组织间治理机制及其在基于绩效的采购系统中产生相关信息和知识的途径;
- 绩效及对其作为一种甄选与奖励机制的途径;
- 绩效的测量及测量过程的应用方法;
- 情境与特定商业激励结构的匹配;
- 商业激励结构与基于绩效的采购系统中奖励之间的一致性。

我们的调查基于 PFI 和框架协议项目中的 33 家建筑公司的案例研究,采集的数据主要来源于深度访谈、公司内部报告及公司介绍中的叙述

---

① 两个机构大致分别相当于我国的国家自然科学基金委员会和国家哲学社会科学规划办公室,均为科学研究的官方主要资助机构。——译者注

性数据。调研对象包括公共部门的客户、主要承包商、专业性分包商、设计顾问、供应商及制造商。

我们对公司高管及项目经理进行了 40 次访谈,这些管理者活跃于组织向服务提供的转型及 PFI 和框架协议项目供应链的日常管理事务。所有访谈都是半结构式的,同时遵照事先设计好的访谈提纲。就以下方面,我们以开放式问题的方式采集信息:个人背景、个人对组织在更为宽泛的商业和合同情境下管理供应链的理解、相应的激励机制、由通过 PFI 和长期协议采购所导致的改变及相应的总体效应和结果。基于对受访者提供数据的研究,案例研究的主要发现如表 4.1 所示。

表 4.1 对关系激励与合同激励的有效和无效使用的总结

	有效使用	无效使用
关系激励	主观判断的使用;对高质量工作关系的投入	由于行政管理人员过多导致的对激励机制有效性的无意损害
合同激励	与绩效挂钩的基于绩效的详细规定	不灵活和不具适应性的绩效规定;对合同的修改

• 所有的研究案例都展现了关系激励和合同激励不同程度的应用,以增强绩效。有一些激励因素仅在合同范围内有效,而在合同范围外失效。因此,绩效增强是一件复杂的事情,它取决于相关绩效所处的情境。

• 在几乎所有与 PFI 项目直接相关的案例中,管理者都指出,有关激励的相关信息与知识通常来自对合作伙伴与供应链成员高质量工作关系的投资。管理者说,对于增强绩效来说这是非常关键的一步,尤其是在采购复杂绩效的情况下。然而,研究发现,如果没有一个在制度化治理结构、过程和程序中管理工作关系的框架,供应链成员在维持紧密工作关系方面就会遇到困难。

• 主要承包商通过聚焦和管理长期关系而非通过传递项目收益来实现绩效激励。主要供应商向供应链成员提供关系激励,通过给予它们在供应链阶梯上升级的机会来激励其绩效。例如,普通供应链成员可以通过项目的完成而升级为优先供应商或合作伙伴。如果被列为优先供应商,那么这些供应链成员在任何区域的业务中都具有排名前三位的优先权。如果被选为合作伙伴,那他们将成为独家供应商、唯一合伙分包商(或有权就某一领域向某一地区的所有承包商项目供货)。

• 多数受访者指出,在使用关系契约中会遇到执行上限或下限。因此,为了跨越这些限制需要使用正式合同。例如,多数受访者指出,他们与供应链成员合作关系的性质对绩效的提高至关重要,因为多数受访者并不会仔细逐一阅读合同条款。然而,他们需要在给定绩效标准范围内开展工作。因此,多数条款的执行取决于个人对条款的解读以及组织的工作流程。多数受访者声称管理者并没有阅读或知晓所有的激励条款。

• 许多被使用的激励机制都是非财务的,并且依赖于特定的商务关系情境。例如,多数主要承包商并没有在供应链中传递任何财务利益。

• PFI框架采购模式并没有如预期的那样实现了公司在供应链中的转型;相反,这一模式在建筑行业供应链中引入了额外的层次。

4.5　本章小结

作为一种配置各方风险的途径,合同条款通常描述了合同各方对某些后果做出反应的方式。合同各方选择的合同类型将影响风险分配的方式,因而对各方产生不同强度的激励机制。在建筑合同中明确激励机制,给予客户更好的聚焦和影响供应商决策和行为的机会,从而增进绩效。激励机制的相对强度取决于合同对激励机制的有效表述。然而在实践中,激励绩效的最重要方式是高质量工作关系的建立。这通常可以通过灵活、具有适应性的合同来实现,这类合同可以适应客户随时提出或更改的需求。但是,建筑合同的这一改变趋势不太明显,或者非常缓慢。

虽然公共机构的客户已经通过提供有偿绩效服务的合同取代了固定资产采购合同,但是这一过程仅仅是将资产所有权的风险转嫁给了整体解决方案供应商,或者PFI项目中的特许权获得者。基于PFI项目的巨大成本,来自建筑行业商务过程重建的压力导致了战略联盟的形成,人们所预期的纵向整合的联合服务提供商形式并没有出现。

PCP的应用导致更为等级制的治理机制的形成,这种机制具有控制与协调设计和建造阶段面临的所有问题的动机。PCP在建筑行业的应用经验导致了固定资产采购形式被服务租赁所取代,同时,私营机构融资渠道成为重大设施融资的主要方式。管理主义取代了公共服务,知识比判断力更受重视,对于制度性生存的需求排挤了专业主义的存在。

最后,有关战略联盟与合作伙伴的语言很大程度地影响了案例受访者对建筑采购工作中建筑过程的描述。但是,相较于其他行业,建筑行业有着其独特的措辞,而且,如果企业想要赢得合同,就要积极使用这些专业措辞。然而,尽管起草标准化合同的方式发生了巨大的改变(但其影响看似仅仅是表面性的),正式合同与过去相比仍具有同等的重要性,集成供应链最多只不过是只能持续几年的临时性模式。有证据表明,目前PCP方式导致的产业结构,减少了创新的可能性,并导致了不稳定的风险转移。

我们的结论是:建筑行业的复杂绩效采购需要构建在对该行业更为深入理解的基础上。建筑业务的性质并不利于服务导向承包项目的进行,建筑行业需要第三方投资来负担承包商无法承担的资金压力,因为承包商自身并没有足够的资本资源来抵御绩效风险。

本章致谢

本文的完成承蒙知识与信息管理终生大型挑战项目[EPSRC Knowledge and Information Management(KIM)Through-Life Grand Challenge Project]的支持,该项目主要由英国工程与物理科学研究委员会(Engineering and Physical Sciences Research Council)(EPSRC-基金号 EP/C534220/1)与经济与社会研究委员会(Economic and Social Research Council)(ESRC-基金号 RES-331-27-0006)资助。

本章参考文献

Arrowsmith, S. (2005). The law of public and utilities procurement. 2nd edition. Sweet & Maxwell, London.

Bleeke, J. A. and Ernst, D. (1995). Is your strategic alliance really a sale? Harvard Business Review(1 January): 97-105.

Boukendour, S. and Bah. R. (2001). The guaranteed maximum price contract as call option. Construction Management and Economics, 19(6): 563-567.

Boukendour, S. and Hughes, W. P. (2009). Competitive behaviour without competition. Working paper. School of Construction Management and Engineering, University of Reading.

Bower, D., Ashby, G., Gerald, K. and Smyk, W. (2002). Incentive mechanisms for project success. Journal of Management in Engineering, 18(1): 37-43.

Brady, T., Davies, A. and Gann, D. (2005). Creating value by delivering integrated services. International Journal of Project Management, 23(5): 360-365.

Bresnen, M. and Marshall. N. (2000a). Building partnerships: case studies of client-contractor collaboration in the UK construction industry. Construction Management and Economics, 18(7): 819-832.

Bresnen, M. and Marshall, N (2000b). Motivation, commitment and the use of incentives in partnerships and alliances. Construction Management and Economics, 18(5): 587-598.

Davies, A., Brady, T. and Hobday, M. (2006). Charting a path toward integrated solutions. MIT Sloan Management Review, 47(3): 39-48.

Elliott, P. (1972). The sociology of the professions. Macmillan, London.

Foote, N. W., Galbraith, J., Hope, Q. and Miller, D. (2001). Making solutions the answer. McKinsey Quarterly, 3: 84-93.

Friedman, L. M. (1984). Two faces of law. Wisconsin Law Review, 1: 13-33.

Gann, D. M. and Salter, A. J. (2000). Innovation in project-based, service-enhanced firms: the construction of complex products and systems. Research Policy, 29(7-8): 955-972.

Gruneberg, S. L. and Hughes, W. P. (2006). Understanding construction consortia: theory, practice and opinions. RICS Research Papers, 6(1): 1-53.

Gruneberg, S. L., Hughes, W. P. and Ancell, D. J. (2007). Risk under performance-based contracting in the UK construction sector. Construction Management and Economics, 25(7): 691-699.

Hoezen, M. and Hillig, J.-B. (2008). The competitive dialogue procedure: advantages, disadvantages, and its implementation into English and Dutch law. In Proceedings COBRA RICS Construction and Building Research Conference, Dublin, Ireland, September 4-5 (available at http://www.rics.org/ researcharchive).

Hughes, W. P. and Gruneberg, S. (2009). Review of performance-based contracting. School of Construction Management and Engineering, University of Reading.

Hughes, W. P., Hillebrandt, P., Greenwood, D. G. and Kwawu, W. E. K. (2006). Procurement in the construction industry: the impact and cost of alternative market and supply processes. Taylor and Francis, London.

Hughes, W. P. and Maeda, Y. (2002). Construction contract

policy: do we mean what we say? RICS Research Papers, 4(12): 1-25.

Hughes, W. P., Yohannes, I. and Hillig, J.-B. (2007). Incentives in construction contracts: should we pay for performance? In: Haupt, T. and Milford, R. (eds.), Proc. of CIB World Building Congress: Construction for Development. Cape Town, South Africa, 2272-2283.

Kogut, B. (2000). The network as knowledge: generative rules and the emergence of structure. Strategic Management Journal, 21(3): 405-425.

Kwawu, W. (2009), Relational contracting in the UK construction sector. Unpublished PhD Thesis, School of Construction Management and Engineering, University of Reading.

Kwawu, W. E. K. and Hughes, W. P. (2008). Strategies for aligning organizational incentive systems through contracts. In: Burt, G. (ed.), Knowledge and Information Management through Life (KIM Conference), 2-3 April. Reading.

Lai, H. (2008). Decommissioning contracts: getting more for less: the role of incentives-based contracts. Society of Construction Law Paper D89. Society of Construction Law, London.

Lyons, B. and Mehta, J. (1997). Contracts, opportunism and trust: self-interest and social orientation. Cambridge Journal of Economics, 21(2): 239-257.

Macaulay, S (1963). Non-contractual relations in business: a preliminary study. American Sociological Review, 28(1): 55-66.

Macneil, I. R. (1980). The new social contract, an enquiry into modern contractual relations. Yale University Press, New Haven, CT.

Oliva, R. and Kallenberg, R. (2003). Managing the transition from products to services. International Journal of Service Industry

Management, 14(2): 160-172.

Scherer. F. M. (1964). The theory of contractual incentives for cost reduction. The Quarterly Journal of Economics, 78(2): 157-280.

Society of Construction and Quantity Surveyors. (2007). Assessment of liquidated damages for late completion of building contracts. 3rd edition. Society of Construction and Quantity Surveyors, Huddersfield.

Spada. (2009). British professions today: the state of the sector. Spada, London.

The Stationery Office. (2000). Public Private Partnerships: the government's approach. HM Treasury, London.

Trepte, P. (2007). Public procurement in the EU: a practitioner's guide. 2nd edition. Oxford University Press, Oxford.

Veljanovski, C. (2006). The economics of law. 2nd edition. The Institute of Economic Affairs, London.

Williamson, O. E. (1979). Transaction cost economics: the governance of contractual relations. Journal of Law and Economics, 22(2): 233-261.

Williamson, O. E. (1985). The economic institutions of capitalism: firms, markets, and relational contracting. The Free Press, New York.

Williamson, O. E. (1996). Transaction cost economics and organization theory. In: Smelser, N. J. and Swedberg, R. (eds.), The handbook of economic sociology. Princeton University Press, Princeton, NJ, 77-107.

5　复杂绩效、过程模块化与生产空间配置

路易斯·阿罗约(Luis Araujo)，马丁·施普林(Martin Spring)

本章试图在一个更为宽泛的演化模式下探讨采购与复杂绩效提供的过程，分析劳动力在制度上及空间上的分工。我们指出，大型、垂直整合企业的销声匿迹从本质上改变了各个经济领域中采购与产品服务提供的模式，其影响涉及公私各领域。

我们利用企业模块化理论来解释已经发生的事，并推测未来将会发生的事。虽然模块化多与产品和生产过程的设计相关(Garud et al.，2002)，我们还是把它当作一种一般性的理论框架来探索和解释生产性活动的制度结构(Coase，1992)。此外，现有研究对模块化理论的应用(Langlois，2005)聚焦于生产活动在制度上的分割，而忽略了空间上的安排(除了 Sturgeon，2002；Berger，2005)，我们更加强调产业发展轨迹中空间上的考量。这对解释离岸制造和服务活动的可能性尤其重要。

"复杂性"是本书的中心概念之一。我们以"复杂性"为出发点，并将"模块化"视为管理复杂性的组织原理。因此，我们并不认为模块化会消除复杂性。相反地，我们觉得，在整套商业活动中维持甚至培养复杂性，可以产生利润；随后，相比其他企业来说，对复杂性更为有效的管理将会促进利润的提高。

本章结构如下：第一部分主要介绍彭罗斯型企业，以其为原型基础来解释企业存在的原因以及成长的方式，并探索彭罗斯型企业可能衰退的原因。第二部分重点讨论复杂性以及模块化可以被用来应对日益增加的复杂性的原因。第三部分探讨产业结构的日益分解是怎样导致对采购与

交付复杂绩效的日益依赖,以及这些因素对供求方面的影响。第四部分通过聚焦外包与离岸业务来解释采购与交付复杂绩效在空间上的内涵。在下结论之前,我们在第 5 节呼应本章开头,再次就企业的性质展开讨论。

5.1 企业的灭亡? ——彭罗斯观

彭罗斯型企业的定义是:"一个生产资源的集合,对这些资源就不同用途的长期支配取决于行政管理决策。"(Penrose,1959)。彭罗斯(1959)对资源及资源所提供的服务做出了区别,其中包含了两层意思:第一,资源被认为是一束可能的服务集,它并不代表作为公共知识获得的一组固定的特质;第二,企业的行政结构为使用现有知识存量的决策提供了平台,并为新知识的创造提供了框架。

彭罗斯型企业随着其内部能力的积累而成长,"其成长体现在生产资源及知识上,彭罗斯型企业的成长需要寻求更为有效地利用这些资源和知识的机会"(Penrose,1995)。Richardson 发现,能力不仅可以在企业范围内被开发和培养;每个企业也都依赖于其他企业的能力,并且需要通过各种机制来获得这些能力。这些机制"可以体现在一个连续体上,连续体的一端如商品市场上的交易(这些交易很少具有合作因素,仅有的合作因素体现在通过中间媒介连接传统关系与商誉);连续体的另一端是复杂而相互交织的集群、团体和联盟,它们体现了全面和正式的合作关系"(Richardson,1972)。

Langlois 与 Robertson(1995)使用了"动态交易成本"的概念来探讨构建能力的途径及这种结构随着时间的演化方式。根据定义,动态交易成本是说服外部供应商并与其进行谈判,并且传授其知识所涉及的成本,抑或是企业在需要某些能力时,由于不具备这些能力所付出的代价(Langlois & Robertson,1995)。如果能力被很好地开发和理解,产业系统将可以被解构,专业知识被嵌入在产品中,购买产品者可以将这些专业知识视为"黑匣子",生产者可以不断地对产品进行升级改善,并且这一过程不会干扰到其他任何人(Loasby,1999)。

然而,如果创新需要来自支持这一结构的解构原则方面的改变,事实证明,为了适应这些改变,市场结构显得太过僵硬。系统创新需要对互补性能力结构的积极管理,这种情况更为适用 Richardson(1972)设想的企业和合作形式。

5.2 垂直解构

Pavitt(2001)对彭罗斯型企业在应付技术动态性和日益专业化知识方面的能力提出了质疑。本章重点讨论另一个对彭罗斯型企业造成同样棘手挑战的趋势。具体来说,我们聚焦于探讨是什么驱使企业拆散之前企业运营不可或缺的资源组合的。

20 世纪 90 年代以来对商业过程的持续关注(Hammer & Champy,1993),使大型企业重新衡量其内部过程的效率及其活动范围。Zenger 和 Hesterly(1997)提出,绩效衡量方法的创新,如标杆法、质量测量及基于活动的成本计算法等,可以使企业更为准确和细致地衡量微小单位的绩效。这一体制促进和体现了有关过程的激进新思想,许多企业开始采用全面质量管理(TQM)和业务流程再造(BPR)方法,这一趋势随着如六西格玛等质量改进方法的提出而一直延续着。流程再造的重要元素包括结构、编码和测量过程以及为了完成整个过程所需要的任务标准化(Cole,1994;Hammer & Stanton,1999)。

这些在标杆测量、改进和分解过程中所付出的努力导致了多种结果(Hagel & Singer,1999)。在一些情况下,我们见证了"共享服务"的出现(Merrifield et al.,2008),即保持在组织内部的、集成、标准化,从一个服务中心向所有单位提供服务的后台过程,其中包含的典型服务有采购、人力资源支持等。如果具备了准确的成本动因,再造活动中心就会向外部供应商作标杆学习(Quinn,1992)。为了提供外部服务,也许会对高效率的业务单位进行鼓励或提出要求,甚至一些单位会自立门户,成为自给自足的业务单元。例如,英国的外包服务提供商 Vertex 建立于 1996 年,成为当时新建的美国水电供应商的共享服务中心。

外包业务由零部件装配和制造转向更为复杂的服务,如 IT 基础设施(Lacity et al. , 1995)、物流(Selviaridis, 2008)及一般性的商业服务(Kakabadse & Kakabadse,2002)。随着对生产性支持的进一步编码以及标准信息技术企业包的普及,一般性的组织过程失去独特性而变得通用化了(Davenport,2005)。过程的标准化使活动之间出现了狭窄边界或窄点(Pinch-points),这使之前的随性之举(transfers)转变成更为正式的与外部的交易(transactions),同时,活动也在制度上、地理位置上(或同时在制度及地理位置上)得到分解(Baldwin & Clark,2006)。

5.3 水平解构

就垂直专业化的前提条件而言,知识编码的增加、促进生产阶段之间相对稳定界面形成的技术标准的开发以及成熟的供应商体系的形成都很重要(Langlois & Bobertson,1995;Macher & Mowery,2004)。Pavitt(2003)提醒我们,技术融合和垂直解构过程其实早已存在。最终,这些过程不仅导致大型企业的分解,也使那些跨产业提供横向产品与服务的垂直专业化企业应运而生。这里所指的服务包罗万象,包括了处理信息(而非处理物料)的高技术机器的提供,有关制造活动知识的提供、设计、整合与支持复杂实体系统的能力的提供以及物流运营方面的服务。

垂直专业化的一个极端例子来自电子行业的承包制造(Sturgeon,2002)。在这个领域,市场波动与日益加剧的国际竞争促使一种独特产业组织形式的产生,Sturgeon(2002)将它称为"模块化生产",因为"……价值链上明显的断点倾向于在有关产品规格信息高度正式化的节点处产生。……这些价值链断点的轨迹看似主要取决于技术方面的因素,尤其是那些公开的、约定俗成的标准,这些标准决定着被编码产品规格的传递方式"。

　　基于高度编码化知识的各连接节点产生了速度、灵活性与获得低成本投入的途径,同时还带来了信息的丰富性(这些信息被嵌入在模块里)。网络绩效方面的优势来自两个维度的灵活性——客户维度与地理维度。相对低程度的依存关系降低了进入和退出市场的门槛。随之产生的系统不会受到特定地点、客户或产品的约束。网络可以更容易地在特定地点扩展或收缩,同时多家领头企业可以共享供应商。供应商的共享更大程度地利用了产能,与较高资产专有性及受特定地点约束的网络相比,此举带来的整体结果是更低的成本与风险。

5.4　企业之间产生的结果

　　这些趋势对发达经济体中的供求两方面都产生了深远的影响。在需求方面,采购不再是为紧密整合组织过程而购买离散的投入品的模式,而表现为委托承包商交付复杂过程,通常涉及基于技术的产品和服务(如 IT系统)。在供给方面,大型企业变得比过去更加依赖于外部的技术知识来源,并扮演着协调者和整合者的角色,将产品—服务系统整合在一起,并协调多个供应商之间的工作(Brown et al., 2002)。简而言之,采购方越来越多地通过委托承包的形式来采购复杂绩效,而主要供应商则变成了专业能力池的整合者与协调者。

　　简言之,我们所描述的轨迹始于通过垂直整合而实现的复杂性:通过雇佣合同内在的灵活性和彭罗斯型企业的资源提供通用性服务的能力,来解决不可预测的突发情况及应对相应的互动交流。在如今的世界里,大量的异质性的活动通过一个集中的服务中心或外部供应商实现了分解、标准化、编码和整合。此外,这一过程并没有止步于最为普通和商业的过程,而是延伸到了日益复杂的产品—服务集合体的提供方面,这一过程的复杂程度有时如此之高,以致如果没有来自外界的帮助,承包就不能实现。因此,在一些情况下,人们通过我们熟知的采购承包模式来处理这种复杂性;而在另一些情况下(本书的焦点),为了应对复杂性,需要创新性地结合契约结构与组织间的治理结构。为了更好地理解这一点,我们需要进一步思考复杂性的本质以及在应对复杂性时,模块化所起到的作用。

5.5 复杂性与模块化

复杂系统的定义是:"……一个并非以简单形式交互的大量小型部分组成的系统。在这类系统中,整体大于部分的加总,这种说法并不是终极的、形而上的,而是站在更为重要和实用的视角,考虑到各个部分各自的性能及各部分之间的交互规则,想要推断整体的特性并非那么容易。"(Simon,1962)

一种解决复杂性的方法是将系统解构成少量的子系统,并有意地限制子系统之间的交互。在一个不能被解构的系统中,任何部件的运行都依赖于其他许多部件的运行,一个部件的故障会导致整个系统的灾难性失败。相反,在完全可解构的系统中,一个子系统的故障不会引发其他子系统的反应。正如 Simon(1969)与 Langlois(2002)指出的那样,在现实中我们最多只能期盼"差不多"可解构的系统(或"近可解构的系统")的存在,在这类系统中,子系统内部发生交互的可能性大大高于子系统之间发生交互的可能性。子系统之间有限的交互减少了整个系统发生故障的可能。在这种情境下,模块化不仅是一种产品架构(Ulrich,1995),也是设计生产过程的制度结构和空间结构时所遵循的整体原则。

"近可解构性"产生了垂直专业化方面的一个问题。根据 Pavitt(2003)的观察,在复杂产品领域,处理子系统之间不可预见的交互作用的能力,以及处理子系统间不均衡发展速度的能力都非常重要,这些都潜在影响着系统架构的稳定性。换言之,企业需要具备那些在原本生产过程中不需要具备的能力,这样它们才有能力协调多种不同的知识体系,并应对技术与供应链方面的改变——企业"需要知道的比其需要做到的要多"(Brusoni et al.,2001)。

Baldwin 与 Clark（2006）通过关注"普通交易成本"（mundane transaction costs）的概念来分析在一连串活动组成的总链上，经济体之间的交易会在何处发生。普通交易成本包括了在标准化和清点销售产品方面涉及的成本，也包括了为供应商建立报偿体系的相关成本（Baldwin & Clark,2006）。他们的主要观点是："窄点"产生于普通交易成本的最低点。过程的标准化与过程界面的简单化可以降低普通交易成本并增加过程网络中的"窄点"数量。

流程再造也伴随着某些活动甚至整个业务流程的日益数字化（Dossani & Kenney,2007）。当流程再造同时导致了交易窄点的增加和信息的数字化时，管理者在计算每项活动的成本效益方面的能力会大大增强。

Davenport(2005)痛惜外部过程标准的短缺，并以此为由，解释了为什么众多研究结果显示了对外包关系的低满意度。不同企业有着对"过程"的五花八门的定义，这就使标杆衡量绩效变得困难重重，并且跨越企业边界来说明绩效的详细内容、承包绩效以及就绩效细节进行沟通都会变得十分困难。Davenport 提出，过程标准的存在可以提升外包的层次、增加外包的业务范围，因为外部的客观标准使企业可以更简单地根据专业供应商的绩效来对照衡量自己的能力。过程标准甚至可以通过在那些过程效率很少形成（或并不形成）竞争优势的领域中创造共享服务，实现与竞争者过程的整合。

相似地，Merrifield 等（2008）指出，从流程再造中获利的努力虽然已经碰壁，但是我们可以通过服务导向架构（service-oriented architectures, SOA）来设计类似于乐高积木的多项业务活动，这些活动可以很容易地被整合和拆分。采纳服务导向架构可以为企业省下数百万资金，但是它需要"企业从控股组织的集合形式转变为标准的(即插即用式)活动的集合形式"（Merrifield et al. , 2008）。

简言之，随着越来越多的业务过程被编码和标准化，跨越企业边界的外包和共享服务就会面临越来越多的机会。由此我们可以推论，企业需要明确自己真正核心的业务是哪些,因为那些次要的活动是可以根据标准的效率标杆来被交换、购买或售卖的。

然而,技术性知识的发展约束了企业,在同一个公司框架下承载千差万别的能力并不现实,对业务过程实现标准化带来的压力侵蚀着企业内部紧密互补活动之间的关系(Richardson,1972)。这就意味着,随着能力和能力之间联系的重构,彭罗斯型企业提供的就协调问题的解决方案正逐渐让位于专业企业提供的复杂承包机制。一方面,这并不代表大型企业的灭亡;另一方面,这种新形式的承包模式也面临着机遇。这些模式取决于现有能力结构是否可以完全或大部分被解构,也依赖于更大的灵活性及风险分摊(Langlois,2002)。

5.6　采购与复杂绩效交付:间接能力的重要性

垂直专业化和过程模块化带来用户与供应商之间交互关系的重要改变。随着专业化的加强,采购方需要采购更为复杂的原材料,这需要依赖较少的间接能力。这些间接能力可以被宽泛地定义为:从第三方取得互补(但非相似能力)所需具备的能力(Loasby,1998)。在最简单的层次,这些能力是识别和采购材料的能力。在第二个层次,间接能力可以被定义为较好地利用外部获取材料的能力,即 Cohen 和 Levinthal(1990)所指的吸收能力。最后,Hobday 等(2005)将系统整合能力定义为:确定、协调和集合所有复杂系统中所需材料和元素的能力,以及对支持该系统的未来技术发展轨迹做出判断的能力。

垂直专业化与外包在很大程度上侵蚀了间接能力。专业化侵蚀了采购方向供应商明确表达需求的交际能力,以及将采购品整合到自身内部流程的能力。外包在日渐降低购买者能力方面起到了与专业化相似的作用。

复杂绩效采购有如下两大特征:交易复杂性与基础设施复杂性(见本书第 2 章)。交易复杂性体现在采购决策的各项特征及达成特定交易所需的契约过程上;基础设施复杂性则体现在为了交付规定水平的绩效所需的产品—服务集合的复杂性上。复杂绩效的交付使企业从采购和运营固定设备转型为长期委托承包商交付特定结果,转型前对资产的不间断采购与资产全生命周期的附属服务之间有着明确的分离,这些附属服务包括了技术知识和维护等任务。

一些采购方面的趋势导致了 PCP 的产生:(1)在公共领域,客户更多地提出明确可测量的结果目标,而让供应商自己决定交付绩效的最佳方式。(2)在公共项目领域及服务领域,越来越多地对私营机构的参与给予鼓励,并产生了长期合同下的复杂产品—服务集合。以设计—融资—建造—运营类的项目为例(如医院、大学生宿舍等),受不同采购逻辑驱动的离散决策(如设计决策、建造决策),如今可以通过同一个逻辑(如整个系统的长期绩效)捆绑和组织在一起。

如前所述,私营领域向 PCP 的转型受到垂直专业化与传统公司等级解体的驱动。无论是在私营还是公共领域,总体趋势都是通过采购复杂的、基础设施方面的产品—服务集合来获得那些不再是企业核心的业务。本章以下部分主要讨论私营领域 PCP 的基础设施复杂性,而非交易复杂性。

通过转型摆脱集约式的等级制度需要对能力进行重新配置,这一做法的一个重要结果体现在供求方面非相似能力的匹配。资本产品的供应商通过不同项目和特定交易来培养和配置一系列深入的直接或间接能力。相比之下,采购方倾向于维持、运营及使用与现有系统相关的能力,但当通过采购的方式获得新系统时,这类能力就不太有用武之地了。由于对这类系统的采购周期一般较长,采购方往往倾向于"对他们所买的东西知之甚少"(Flowers,2007)。例如,那些将物流运营外包给第三方专业机构的企业可能会发现,当需要续签合同时,它们已经失去了明确表述服务条款细节的能力(Selviaridis,2008)。

此外,人们一直质疑,那些被用于交付内部服务的内部能力,是否在向外部采购服务时仍能适用。《金融时报》上刊登了一篇由英国管理咨询协会对英国银行家协会的调查,54%的受访者认为他们的组织知道如何从在岸外包取得正面的价值,但仅有24%的受访者对于离岸外包持有同样态度。调查结果表明,交付内部服务所需的运营能力,与管理外包关系所需要的能力(即缔约、治理、战略与创新方面的能力)差别非常之大。

在这些情况下,采购方需要依赖第三方的提供能力以完成采购。Langlois 和 Cosgel(1999)指出,供应商与采购商之间的能力不对等为服务的提供创造了机会,通过服务可以缩小双方的能力差距。咨询师可以介入其中,帮助采购方明确其需求、寻求解决方案,并将方案整合到他们的运营过程中。在此情况下,供应商可能转而将服务与产品捆绑。然而,嵌入于产品的各项能力之间的联系以及利用这些能力的背景,对于采购方来说并不是一目了然的。简而言之,当需要外包复杂绩效并面临着随之产生的吸收能力的退化时,企业越来越依赖于第三方在采购过程中的协助。

当提到复杂绩效时,人们的脑海中往往会浮现出一个服务于某一大客户的主要承包商,负责设计一系列产品与服务要素,并将这些要素整合为一个定制化系统。有关复杂产品系统的文献着重关注系统整合与要素层面专业化带来的优势。这一外部网络拓展了企业可以整合利用的能力与要素的范围,以便为客户创造价值(Miller et al., 2002)。例如,波音与空客将自己定位为机身装配的系统整合者,劳斯莱斯则将自己定位为飞机引擎的系统整合者。一个系统整合者远非分散零部件的装配者或系统售卖者那么简单(Mattsson,1973),因为它需要具备甄选与协调外部供应商网络的能力,并需要开发未来系统升级所需的知识,其中包括了零部件知识与整体建造知识。

关于系统整合的文献多数关注的是那些回归核心业务,继而将次要业务外包给低成本专业供应商的制造企业,以此,制造企业可以专注于为其创造更高价值的服务业务(Brusoni et al., 2001;Pavitt,2003)。Davies(2003)与 Hobday 等(2005)指出,系统集成商所采取的战略应适应于不同的行业特征。在大规模生产行业,系统集成商应开发与上游零部件供应商的关系,而在小规模生产行业(如高成本资本产品行业),集成商需要向下游的服务密集型业务发展,如提供维护与咨询业务。上游阶段对应于与设计和技术开发密切联系的业务,即上文所述的系统集成的第一层意思。向下游发展可以通过增加服务密集型业务来创造价值(见图5.1)。

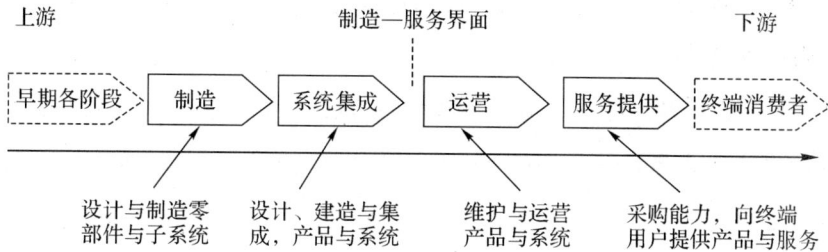

图 5.1 增值活动与制造—服务界面

资料来源:改编自 Davies(2004)。

在这样的背景下,制造成为供应链上越来越狭窄的环节,而多数利润空间则来自制造的上下游(Pavitt, 2003)。Vandermerwe 和 Radda(1988),Chase 和 Garvin(1989)最早称赞了开拓制造业范围,将以往属于其他职能的活动囊括到制造业所带来的好处,这些活动包括了协助客户现场操作产品和维护产品的活动等。

然而,有关系统整合的文献仅仅聚焦于将技术与资本产品生产者整合在一起。Brown 等(2002)与 Hagel 和 Brown(2005)提出了过程协调者(process orchestrators)的概念,他们指的是那些对复杂和变化多样的供应链进行松散协调的企业。如亚洲的联泰控股、利丰集团及北美的耐克与思科等公司,它们管理的是承包商专业过程之间的界面,而非每一专业过程中的细节。

Brown 等(2002)指出,这些过程网络对于其成员的价值随着成员数量的增加而增加。在成员间关系被松散地而非紧密地管理的前提下,过程网络中成员越多,专业化的机会就越多,这样,从垂直专业化中取得的价值就能超过协调各成员间关系所花费的成本。整体上来说,过程协调者可能产生与紧密管理关系的公司类似的总协调成本,但过程协调者一般会与更多合作者打交道。

Hagel 与 Brown(2005)援引了斯密主义有关专业化促进知识增长的观点,提出了加速能力培养的三种机制:

● 过程外包:为了支持企业核心过程,通过各个渠道取得专业能力;

● 扩展的业务流程之间的松散耦合:集中于过程之间界面管理的、调动过程网络的模块化方法;

● 生产性摩擦(productive friction):通过适当场景下不同专业知识之间的生产性碰撞(productive confrontation),从而利用技术来加速能力发展。

以下,我们将以外包与境外生产为例,来探讨 PCP。

5.7 外包与境外生产(离岸外包):PCP 的空间维度

外包和境外生产与生产的制度性分离、地理性分离有着紧密联系。外包指的是将之前企业自行完成的任务(或过程)承包给外部供应商来完成。境外生产关注的是生产的空间配置而非制度安排,被离岸外包的活动由外部供应商(或控股子公司)在境外完成(Sako,2006)。

制度性分离与地理性分离之间往往是相互助长的关系(Feenstra,1998)。寻求解构活动的企业可能找到一系列具有特定区位优势的供应商(如低成本熟练劳动力)。在这些情况下,外包与境外生产可以相辅相成,即企业首先聚焦于特定地区的外包,而一些地区的低廉熟练劳动力又反过来吸引了更多的企业从事境外生产。比如,印度的软件企业集群起源于 IT 外包潮流,它们向随后进入市场的企业发出强烈的信号,表明它们也可能考虑将生产活动外包给印度本土的供应商。

Lall 等(2004)指出,生产的制度性分离和地理性分离取决于以下 4个因素:

(1)生产过程在技术上的"可分离性":不同种类的生产系统为生产各阶段的分离提供不同的机会。例如,装配生产环节选择最佳区位的机会,取决于技能及其他生产要素的可获得性。与此相反,涉及过程连续性的行业不太有机会分离其生产环节,这类行业不鼓励整个生产过程地理位置的改变。

(2)过程的要素密集度:只有当生产过程本身是劳动力密集型的,通过将这类生产过程转移到较低工资的地区以降低成本才显得有意义。这一原则适用于低技能和高技能工作,也适用于制造性或服务性工作。并且,要素成本方面的节约需要超过增加了的运输与协调成本。

(3)过程的技术复杂性:劳动密集型生产过程地点的转移,取决于一系列合适技能的可获得性以及这些生产过程的可编码程度及稳定性。

(4)对实物产品而言,还要考虑其价值与重量的比例(value-to-weight ratio):生产过程分离的范围与选址取决于产品重量与其价值的相对比例。

例如,汽车制造业的过程分离受到以上这些因素的制约。比如,熟练劳动力和基础设施服务在特定地区的可获得性,以及许多零部件相对较低的价值一重量比,制约了生产过程的分散。在其他一些情况下,比如电子设备的外包制造(Sturgeon,2002),以上所有因素都促成了其生产过程的制度性和地理性分离。

Pavitt(2003)与 Sturgeon(2002)在生产的地理性分离方面代表了两类截然不同的立场。Pavitt(2003)认为,垂直专业化的最终结果是:制造被转移到遥远的地域,而需要高级技能的服务则被保留在高工资的国家。Sturgeon(2002)认为,灵活多变、涉及全球制造承包商的 OEM 模式,可将模块化生产网络中的制度性分离与地理性分离联系起来。

有关这一领域的实证检验较少,但以上两种观点都遭到了质疑。实证结果显示,高增值性的服务并非必须存在于高工资地区,并且过程模块化并不一定会形成生产过程的地理扁平化。特别是,我们还见证着服务活动的解体及向偏远地区的转移,这印证了早前所见的全球性制造业转移(Dicken,2003)。但即使是对服务的离岸外包而言(虽然我们可能认为),比起制造业,服务业在地理位置上应该更为灵活,而事实上,服务活动倾向于停留在一些特定的地区,即大城市。按照 Florida(2005)的说法,服务的离岸外包在地理方面的表现形式并非是扁平的,而是高耸(spiky)的。

Venables(2001)预测,复杂的、知识密集型的、需要频繁面对面交互的服务,将与非贸易品及运输成本高于迁址收益的产品一起,深深扎根于高工资国家,尤其是城市。相反地,那些不太依赖于面对面交流的服务可能被迁移到低工资国家。然而,这些活动倾向于在劳动力密集的地区聚集。2004 年世界投资报告指出,信息技术的应用,使信息可以被编码、标准化及数字化,这使服务可以被分解为更小的单元,这些小单元可以被分散到世界各地来完成,只要成本、质量及其他因素可以形成(相比分散前)更大的优势。服务的离岸外包可能比起制造业来说更为灵活,因为服务业对资本投资的要求较低,且并不需要太多当地供应商或基础设施之间的联系。

服务离岸外包的主要动因来自分解和简化过程之间界面的能力,这可以降低普通交易成本(Baldwin & Clark,2006)。Apte 和 Mason(1995)分析了为了应对全球竞争,并利用信息技术及一些低成本地区熟练技能劳动力所带来的机会,信息密集型服务业是如何实现分解的。他们提出了一个基于服务活动特征 3 个维度[即:信息强度、顾客联系、在场需要(physical presence needed)]的服务分解模型。在第一个维度得分高,而在第二、三个维度得分低的活动就会具有更高的离岸外包可能性。Mithas 和 Whitaker(2007)研究了 3 个与信息相关的变量(即:可编码性、可标准化性和可分解性)对服务活动的信息强度与该服务活动的分解可能性之间关系的中介作用。研究结果显示,信息强度与感知的服务可分解性正相关,物理位置接近性与服务可分解性负相关。

Blinder(2006)甚至指出,非人工交付的服务,比起那些需要服务人员亲自完成的服务来说,与那些可以被装箱储存的制造产品有许多相似之处。此外,随着时间的推移,非人工化服务交易的实现可以形成人工服务与非人工服务之间的转换,这就增加了离岸服务外包的服务种类。以法律服务为例(《时代周刊》,2008-05-12;《华尔街时报》,2008-11-26),福雷斯特研究公司(Forrester Research Inc.)预计截至 2010 年年底,将有约 35000 项美国的法律服务工作被离岸外包至印度,这个数字到 2015 年将增至 79000 项。据一家总部位于美国的公司估算,处理 100 万封诉讼电子邮件,在印度每小时仅需花费 10 美元不到,而在美国每小时则需花费 60~85 美元。简而言之,如果不考虑机密性、道德性与安全性的话(即使是非常复杂的专业性服务也可以被分解、编码和标准化),许多服务模块可以在境外完成,随后被集成到美国律师事务所的一个总服务包中。

服务业务的离岸外包有时需要将完全不同的能力联系在一起,这就导致了 PCP 的一些问题。Dibbern 等(2008)在研究一家德国金融服务公司将软件开发业务外包给印度公司的案例中发现,客户将面临相当高的后契约成本,如为了明确需求所产生的成本、设计及知识转移成本。一项服务,越是需要具体的客户知识,这方面的成本就越高;因为在这些情况下,管理客户与服务提供者之间知识不对称性的成本一般会非常高。对那些高度客户化的项目而言,所拥有的客户经验也许能在一定程度上降低此类成本,但仍不能做到将这些成本完全抵消。

客户与服务提供商之间存在的能力不对等性,为能够消除这些不对等性的第三方创造了创业机会,这就是 Flowers(2007)所指的应急服务能力。不足为奇的是,专业顾问在这一过程中起到了帮助客户分析其业务流程并建立海外运营项目的作用(Lampel & Bhalla, 2008; Spring & Mason, 本书第 6 章)。Olsson 等(2008)研究了两家美国公司,它们利用位于爱尔兰的软件开发公司作为中间桥梁,将业务外包给印度。这些爱尔兰软件公司最初被认为是低成本的,但是爱尔兰境内成本的增加及大批技术与管理人才的培养,使这两家美国公司感受到了需要将业务进一步分解并外包给更为低廉地区的压力。正如 Olsson 等(2008)所说,随后,印度公司也会继续寻觅比自己更为低成本的地区,将业务进一步分解外包出去,这些地区包括了中国、越南和马来西亚等。

因此,离岸外包的地理因素会变得越来越多样化,一波离岸外包浪潮耗尽某一地区可得的一系列技能后,又会导致新一波的分解过程和寻觅更低成本新址的浪潮。Farrell(2006)指出,目前,世界上最受欢迎的几个离岸服务外包地区,已经饱受来自技能短缺、工资暴涨和基础设施不堪重负的压力。这些热点地区面临的问题表明,企业在选址时,需要将注意力转移到低劳动成本以外的其他因素。

以上这些变化会带来这样两个结果:第一,某些地区技能的升级,使跨国服务承包商应运而生,正如电子产业跨国产品制造承包商的产生一样(Sturgeon,2002)。第二,根据发达国家早先的经验法则,低技能活动应该被离岸外包到低成本地区,而高技能工作应该被保留在高工资地区,然而,随着如中国、印度、东欧与拉丁美洲等低成本地区高级能力的发展,这一经验法则可能将不再适用。

同时,一些地区的离岸外包旗舰企业[如印度的印孚瑟斯(Infosys)、塔塔咨询服务公司(Tata Consultancy)与威普罗科技公司(Wipro)]正在克服技能短缺问题并寻求海外扩张,它们寻求扩张的地区包括了那些传统上外包项目的发源地(英国《卫报》,2007-10-13)。例如,印孚瑟斯正在建造一个连接墨西哥到中国的跨国办公网络,并在日前收购了位于波兰的飞利浦呼叫中心。塔塔咨询服务公司近来刚收购了花旗全球服务公司(Citigroup Global Services)的外包业务,并在英国运营呼叫中心,还将一些客户的银行服务业务外包到巴西。为了应对国内人才短缺,一些印度公司直接从英国和美国高校招贤纳士。

这些服务承包供应商的技能在于他们可以将来自客户的复杂绩效需求分解,并利用他们具备的区位网络优势,将分解后的业务重组为更有效率的模块。简而言之,承包服务旗舰企业及其所在地区的发展,正开始引发企业及其所在地区的转型。

5.8 再论"企业"

Simon(1969)提出,知识的增长来自知识的"近可解构性"与进化。正是知识的"近可解构性"及知识的扩散创造了有关知识改变、甄选与保留的进化序列的框架(Loasby,2002)。跨越各特定知识领域的知识进化所带来的多样性,很大程度上增加了知识转变的潜能,并扩展了所产生知识体系的范围。

然而,日益增长的专业化带来了新的整合模式,这导致了新型的企业家精神的产生(Langlois,2007)。许多制度形式可以促进知识的专业化和整合。企业,尤其是彭罗斯型企业,仅仅是这些制度形式中的其中一种。正如Penrose(2008)指出的,IT领域的变化促成了更大范围的行政监督和更低的内部交易成本。随着企业的成长,对于一些活动是通过内部自行完成还是外包给专业性企业,相关看法也会因此发生改变。

Langlois(2002)的企业模块化理论对后彭罗斯型企业(post-Penrosean firm)的发展提出了有益的见解。Langlois认为,企业的建立可以成为产生外部性的途径,这些外部性包括了促进有价值信息的交流、质量上的协调、激励创新以及利用创业机遇实现重复模块化等。根据Langlois(2002)的观点,这里的一些优势可以不需要通过创建新企业,而通过合作的方式被复制。

本章通过举例分析那些为产生特定种类的外部性而建的新型企业,来探讨我们想要说明的各种趋势。具体而言,与过程的重复模块化相关的创业机遇,导致了垂直专业化企业的产生,如制造产品承包商和服务提供商。其中一些承包商已经发展成为独立的大型跨国企业。

如果说,专业化为新企业的建立和现有企业的转型带来了创业机遇,那么,对于那些可以整合不同专业领域的企业来说,也面临着同样的机遇,这类企业包括系统集成商、过程协调商和咨询顾问企业等。系统集成商填补了不同知识领域之间的鸿沟,协调了专业供应商组成的网络,并基于此提供复杂的产品—服务组合,它们可以承担大型项目中与主要承包商相关的风险。过程协调商通过组织不同类型的分散能力,将其整合成复杂的集成产品,并交付给客户。最后,咨询顾问有着双重职能,他们不仅为客户提供专业化服务(包括提供有关采购复杂绩效、外包和境外生产的建议),还为客户提供应急服务能力,这些能力可以补偿那些长期将非核心业务外包出去的客户所遭受的间接能力的损失。

5.9 本章小结

本章试图将 PCP 置于生产的制度性和空间性组织的演化框架内。我们的主要观点是:日益发展的生产知识的可编码化和信息的数字化,带来了企业结构的分解,以及适应外包过程浪潮的垂直专业化企业的产生。企业在解构过程方面的能力增长,对制造业产生了影响,也越来越对以服务为基础的产业产生影响。

一旦过程被分解和外包,就产生了强烈的动机来利用各方面能力以达到成本上的节约,这可以通过较低的要素成本实现,也可以通过规模经济与范围经济来实现,或者通过两者的结合来实现。此类能力在发展中国家越来越常见,比如中国与印度。在一些产业,过程的分解与标准化导致了跨越制造业和服务业的、大型的、提供灵活通用业务的外包产品服务供应商的出现(如 IT 和呼叫中心)。

如果过程的分解有助于垂直专业化企业的出现,那么,它同样为整合和聚集分散的能力酝酿了创业机会。正是在这样的背景下,复杂绩效的采购与交付才应运而生。在需求方面,采购方寻求的是越来越复杂的产品—服务组合,对于这些产品—服务组合,采购方不再有能力详细说明对其的具体需求,但是,这些产品—服务组合却在采购方的业务中起到基础性的作用。我们所观察到的私营和公共机构的长期、复杂的委托承包模式,证实了 Lewis 和 Roehrich(本书第 2 章)所指的对于 PCP 定义来说至关重要的基础设施复杂性。

在供给方面,复杂绩效由那些能够承担大型项目相关契约及财务风险的主要承包商来交付;然而仅凭承包商自身能力,并不足以使其完成合同规定各项的交付。这些主要承包商所具备的与众不同的能力,表现在可以代表客户来获取和组织各类分散的技术能力和基于过程的能力。

我们的结论是,以上各种趋势并不意味着大型企业的消逝,或者大量小企业将取代大企业,抑或围绕着临时性承包能力而形成的"空壳公司"(hollow corporations)的崛起(Teece et al. ,1994)。但是,这些趋势确实提出了一些有趣的问题,比如关于企业的本质、垂直专业化的制度和空间模式以及系统集成和过程协同企业所需具备的能力等问题。虽然系统集成和过程协同可能成为大型企业的核心能力(Hobday et al. ,2005),但是我们有理由相信,商界将见证越来越多样的——而非越来越少的——能力分解与整合方式。

本章参考文献

Apte, U. M. and Mason, R. O. (1995). Global disaggregation of information-intensive services. Management Science, 41(7): 1250-1263.

Baldwin, C. Y. and Clark, K. B. (2006). Where do transactions come from? A network design perspective on the theory of the firm. Working Paper. Harvard Business School, Cambridge, MA.

Berger, S. (2005). How we compete. What companies around the world are doing to make it m today's global economy. Doubledav, New York.

Blinder, A. S. (2006). Offshoring: the next industrial revolution? Foreign Affairs, 85(2): 113-125.

Brown, J. S. , Durchslag, S. and Hagel, J. (2002). Loosening up: how process networks unlock the power of specialization. McKinsey Quarterly, 2: 58-69.

Brusoni, S. , Prencipe, A. and Pavitt, K. (2001). Knowledge specialization, organization coupling, and the boundaries of the firm: why do firms know more than they make? Administrative Science Quarterly, 46(4): 597-621.

Chase, R. B. and Garvin, D. A. (1989). The service factory. Harvard Business Review, 67(4): 61-70.

Coase, R. H. (1992). The institutional structure of production. American Economic Review, 82(4): 713-719.

Cohen, W. M. and Levinthal, D. A. (1990). Absorptive capacity: a new perspective on learning and innovation. Administrative Science Quarterly, 35(1): 128-152.

Cole, R. E. (1994). Reengineering the corporation: a review essay. Quality Management Journal, 1(4): 77-85.

Davenport, T. H. (2005). The coming commoditization of processes. Harvard business Review, 83(6): 100-108 .

Davies, A. (2003). Integrated solutions: the changing business of systems integration. In: Prencipe, A, Davies, A. and Hobday, M. (eds.), The business of systems integration. Oxford University Press, Oxford, 333-368.

Davies, A. (2004). Moving base into high-value integrated solutions: a value stream approach. Industrial and Corporate Change, 13(5): 727-756.

Dibbern, J., Winkler, J. and Heinzl, A. (2008). Explaining variations in client extra costs between software projects offshored to India. MIS Quarterly, 32(2): 333-366.

Dicken, P. (2003). Global shift: reshaping the global economic map in the 21st century. Sage, London.

Dossani, R. and Kenney, M. (2007). The next wave of globalization: relocating service provision to India. World Development, 35(5): 772-791.

Farrell, D. (2006). Smarter offshoring. Harvard Business Review, 84(6): 84-93.

Feenstra, R. C. (1998). Integration of trade and disintegration of production in the global economy. Journal of Economic Perspectives, 12(4): 31-50.

Florida, R. (2005). The world is spiky. Atlantic Monthly, 296(3): 48-51.

Flowers, S. (2007). Organizational capabilities and technology acquisition: why firms know less than they buy. Industrial and Corporate Change, 16(3): 317-346.

Garud, R., Kumaraswamy, A. and Langlois, R. N. (Eds.). (2002). Managing in the modular age. Architectures, networks and organizations. Blackwell, New York.

Hagel, J. and Brown, J. S. (2005). The only sustainable edge: why business strategy depends on productive friction and dynamic specialization. Harvard Business School Press, Cambridge, MA.

Hagel, J. and Singer, M. (1999). Unbundling the corporation. Harvard Business Review, 77(2): 133-141.

Hammer, M. and Champy, J. (1993). Reengineering the corporation. A manifesto for business revolution. Nicholas Brealey, London.

Hammer, M. and Stanton, S. (1999). How process enterprises really work. Harvard Business Review, 77(6): 108-118.

Hobday, M., Davies, A. and Prencipe, A. (2005). Systems integration: a core capability of the modern corporation, industrial and Corporate Change, 14(6): 1109-1143.

Kakabadse, A. and Kakabadse, N. (2002). Trends in outsourcing: contrasting USA and Europe. European Management Journal, 20(2): 189-198.

Lacity, M. C., Willcocks, L. P. and Feeny, D. F. (1995). IT

outsourcing: maximize flexibility and control. Harvard Business Review, 73(3): 84-93.

Lall, S., Albaladejo, M. and Zhang, J. (2004). Mapping fragmentation: electronics and automobiles in East Asia and Latin America. Oxford Development Studies, 32(3): 407-432.

Lampel, J. and Bhalla, A. (2008). Embracing realism and recognizing choice in IT offshoring initiatives. Business Horizons, 51(5): 429-440.

Langlois, R. N. (2002). Modularity in technology and organization. Journal of Economic Behavior & Organization, 49(1): 19-37.

Langlois, R. N. (2007). The entrepreneurial theory of the firm and the theory of the entrepreneurial firm, Journal of Management Studies, 44(7): 1107-1124.

Langlois, R. N. and Cosgel, M. M. (1999). The organization of consumption. In: Bianchi, M. (ed.), The active consumer. Novelty and surprise in consumer choice. Routledge, London, 107-121.

Langlois, R. N. and Robertson, P. L. (1995). Firms, markets and economic change: a dynamic theory of business institutions. Routledge, London.

Loasby, B. J. (1998). The organisation of capabilities. Journal of Economic Behavior & Organization, 35(2): 139-160.

Loasby, B. J. (1999). Knowledge, institutions and evolution in economics. Routledge, London.

Loasby, B. J. (2002). The evolution of knowledge: beyond the biological model. Research Policy, 31(8-9): 1227-1239.

Lonsdale, C. (2005). Contractual uncertainty, power and public contracting. Journal of Public Policy, 25(2): 219-240.

Macher, J. T. and Mowery, D. C. (2004). Vertical specialization and industry structure in high technology industries. In: Baum, J. A. C. and McGahan, A. M. (eds.), Advances in strategic management: business strategy over the industry lifecycle. JAI Press, Greenwich, CT, 317-355.

Mattsson, L. -G. (1973). Systems selling as a strategy in industrial markets. Industrial Marketing Management, 3(2): 107-120.

Merrifield, R., Calhoun, J. and Stevens, D. (2008). The next revolution in productivity. Harvard Business Review, 86(6): 72-80.

Miller, D., Hope, Q., Foote, N. and Galbraith, J. (2002). The problem of solutions: balancing clients and capabilities. Business Horizons, 45(2): 3-12.

Mithas, S. and Whitaker, J. (2007). Is the world flat or spiky? Information intensity, skills, and global service disaggregation. Information Systems Research, 18(3): 237-259.

Olsson, H. H., Conchúir, E. O., Ågerfalk, P. J. and Fitzgerald, B. (2008). Two-stage offshoring: an investigation of the Irish Bridge. MIS Quarterly, 32(2):257-279.

Pavitt, K. (2001). Can the large Penrosian firm cope with the dynamics of technology? SPRU Electronic Working Paper Series. University of Sussex, Sussex.

Pavitt, K. (2003). Specialization and systems integration: where manufacture and services still meet. In: Prencipe, A., Davies, A. and Hobday, M. (eds.), The business of systems integration. Oxford University Press, Oxford, 78-91.

Penrose, E. (1959). The theory of the growth of the firm. Basil Blackwell, Oxford.

Penrose, E. (1995). The theory of the growth of the firm. 3rd edition. Basil Black-well, Oxford.

Penrose, E. (2008). Strategy/organization and the metamorphosis of the large firm. Organization Studies, 29(8-9): 1117-1124.

Quinn, J. B. (1992). Intelligent enterprise. A knowledge and service based paradigm for industry. The Free Press, New York.

Richardson, G. B. (1972). The organisation of industry. Economic Journal, 82(September): 883-896.

Sako, M. (2006). Outsourcing and offshoring: implications for productivity of business services. Oxford Review of Economic Policy, 22(4): 499-512.

Selviaridis, K. (2008). The process of service definition in third party logistics relationships. Unpublished PhD thesis. Lancaster University Management School, Lancaster, PA. Simon, H. A. (1962). The architecture of complexity. Proceedings of the American Philosophical Society, 106(December): 467-482.

Simon, H. A. (1969). The sciences of the artificial. MIT Press, Cambridge, MA.

Sturgeon, T. J. (2002). Modular production networks: a new American model of industrial organization. Industrial and Corporate Change, 11(1): 451-496.

Teece, D. J., Rumelt, R. and Winter, S. G. (1994). Understanding corporate coherence—theory and evidence. Journal of Economic Behavior & Organization, 23(1): 1-30.

Ulrich, K. (1995). The role of product architecture in the manufacturing firm. Research Policy, 24(3): 419-440.

Vandermerwe, S. and Radda, J. (1988). Servitization of business: adding value from adding services. European Management Journal, 6(4): 314-324.

Venables, A. J. (2001). Geography and international inequalities:

the impact of new technologies. Journal of Industry, Competition and Trade, 1(2): 135-159.

Zenger, T. R. and Hesterly, W. S. (1997). The disaggregation of corporations: selective intervention, high-powered incentives, and molecular units. Organization Science, 8(3): 209-222.

第二篇

案例篇

6 复杂绩效的商业模式:航空航天工程设计服务的采购①

马丁·施普林(Martin Spring),凯蒂·梅森(Katy Mason)

在运营、供应链管理与市场营销领域,人们觉得服务的管理是相当困难的,这是由于服务具备无形性、异质性、不可分离性和易逝性,即所谓的"IHIP"(intangibility, heterogeneity, inseparability, perishability)特征(Bowen & Ford, 2002; Lovelock & Gummesson, 2004)。本章的其中一部分也讨论了采购复杂服务所面临的困难,但是我们通过完全不同的原因来解释这些困难。当组织选择将一个复杂活动的方方面面外包出去时,必须在一定程度上降低活动的复杂性,以使从其他企业采购活动的各个方面成为可能。本书第 5 章就这一现象提供了较为宽泛的阐释,本章将通过一个特定的案例来详细解释这一现象。

本章的分析在某些程度上回避了有关产品与服务区别的讨论。我们认为,无论是否涉及实物产品,为了实现交易,企业间经济交易的主体必须暂时地具备特定的资质和稳定性。这一过程本质上是制度性的。服务的其中一个看似持久的特征是:服务的交付必须通过特定组织之间的关系来实现。然而,在很多方面,我们所分析的案例是关于企业通过特定的供应链关系来分解其工作(以及分解其所采购的产品)的机理,这就使我们所说的产品与第 5 章所讨论的商品显得很相似。然而,由于复杂性的存在,换句话说,"以并非简单的方式交互的大量零部件"的存在(Simon,

---

① 鉴于原书中本章的案例分析部分的篇幅明显少于理论分析部分,译者对本章的理论分析部分做了适当的精简,以符合其所在篇"案例篇"的特点。

1962),这一过程只有通过与特定网络成员的密切合作才能实现。

除了通过这一制度性方式来定义经济交易之外,我们还采用了商业模式的概念,这为我们的分析提供了另一个理论视角。商业模式的观点凸显于电子商务成长时期,但是,现在这一概念得到更为广泛的应用。虽然商业模式的定义与用途五花八门,但是以下 4 个商业模式要素是共通的:网络的结构、交易实现的方式、支付方式及能力获取方式。这些观点随后被应用于有关离岸分包工程设计服务的案例分析,被我们称为AeroCo 的案例企业是一家航空引擎制造商。某种程度上,我们将商业模式的概念视为解决复杂性的一个启发。我们有限的目标是:检验商业模式的视角(对于管理者、研究者或双方来说)是否可以在复杂绩效问题的分析中起到一定作用。本章包括了两个分析主题:组织间汇总与整合工作的过程,企业的多样、模糊及动态的边界。

6.1　产品—服务领域

6.1.1　有关产品:IHIP

在运营管理和营销领域,至少从 20 世纪 70 年代起,就有了对服务的独特特征的关注。鉴于"管理服务企业与管理制造企业的迥然不同,使得我们有必要区别对待(或至少特别对待)管理服务企业的各项活动",哈佛商学院于 1972 年开设了一门名为"服务运营管理"的课程(Sasser et al.,1978)。我们在此并不对服务运营管理领域的文献(见 Johnston, 1998;Roth & Menor, 2003)做出综述,但是这里有两个相关的普遍主题。第一,服务一直被作为"非常规"的事物来对待,通常有关服务的定义都是关于"它们不是什么"的,比如:没有形状、不能被储存、不能运输等。第二,运营和营销领域都通过所谓的 IHIP 特征来定义服务,对于服务的研究关注其所涉及的"物体"(things),或者将服务放在"物体"的对立面(比较Bowen & Ford, 2002)。一项有关服务运营领域的学术研究指出,这类观点还继续存在着。

6.1.2 基于制度的服务定义

根据国民经济核算领域经济学家的观点,我们提出另一种定义服务的方法。区别产品与服务是至关重要的,当我们说到"服务经济"或要将之量化时需要一个基础,来确定什么是服务,什么不是服务。在此,我们总结了两位经济学家 Hill(1977,1999)和 Gadrey(2000)的观点。Hill(1977)认为:

> 服务的生产通常不能通过所应用的技术来与产品的生产相区别,然而,我们可以通过以下事实来将它们区别开来:服务的生产者直接在已经属于服务消费者的商品上操作以提供服务。
>
> 一项服务可以被定义为一种对于一个人的状态的改变,或者对于某一经济单位所属商品状态的改变,这种改变在取得前述个人或经济单位同意的前提下,通过另一些经济单位所执行的活动来实现。

Gadrey(2000)以上述定义为起点指出,这一定义将使一个企业的雇主(无论制造企业或服务企业)将其雇员看作服务的生产者。因此,他提出了一个有关服务的更为特殊的定义,这一定义虽然看上去有些复杂,但是对我们关于服务的理解是非常重要的:

> 一项服务活动是旨在改变由消费者 B 所有的物品 C 的现实状态的一种操作,这一改变是由服务提供者 A 根据 B 的要求而做出的;而且,在很多情况下,这一改变的发生需要 A 与 B 的合作,服务活动不会生产出独立于载体 C 的可以在经济中流通的任何产品(Gadrey,2000)。

我们将这种定义服务的方式称作"基于制度的定义"(Araujo & Spring,2006)。这里的"制度"并不是指 DiMaggio 与 Powell(1983)的制度理论,而是指管理生产与交换的正式制度:企业作为经济主体的制度及产权的正式转让制度。在此,与基于 IHIP 的方式不同,在基于制度的方法中,关键问题在于经济主体之间的关系、边界以及产权交换的方式,这里并不强调"实物"的存在(Bowen & Ford,2002)。

6.1.3 服务三角形

基于制度的服务定义的核心观点是,服务必须被嵌入在经济主体之间的关系中:一个人可以为购买一项理发服务而付费,但是不能将所购买的理发服务再转卖给第三方。Gadrey 所指的即"服务三角形"的概念,虽然他并没有通过图表将其表现出来。他的观点的一种可能的图形诠释见图 6.1,其中所指的 A、B 和 C 即以上有关定义引文中所指的 A、B 和 C。

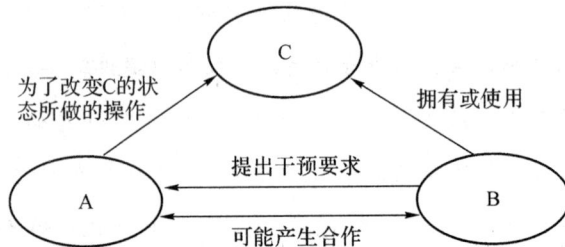

图 6.1 服务三角形

资料来源:源于 Gadrey(2000)的观点。

6.1.4 三种服务逻辑与一个可行的定义

Gadrey 继而研究了提供服务的三种情境。第一种情境呼应了上文所述的定义,他将其称为"提出干预要求"(request for intervention),如修理汽车、理发及动手术等。然而,Gadrey 提到,他给出的定义并不能完美地解释对电话网络的使用之类的问题。在此,他说明,"人们所购买的是对使用某种技术系统的临时性的权利(服务提供者为此对这一技术系统进行维护)"。服务提供者的主要原则是对某种能力的维护,例如对客房进行打扫和更换寝具等服务。这类临时性的权利被很谨慎地定义,通常以使用时间来界定,比如在租借汽车、拨打长途电话或入住宾馆客房时。最后,Gadrey 提出了第三类需求的基本原理,它与"绩效、性能"相关,如在电

影院发生的服务,这可以被认为是对人力资源的一种使用。这就产生了最终的服务定义:

> 由一个经济主体 B(个人或组织)所购买的服务,是其从组织 A 所购买的一项对 A 所拥有或控制的技术和人力资源的特定周期的使用权,这一使用权的获得可以对主体 B 或主体 B 所拥有或负责的产品 C 产生一定的有用性(Gadrey,2000)。

6.1.5 使服务(和产品)可交易

Gadrey 的定义关注的是对服务的购买。如上所示,服务活动"并不会生产出独立于载体 C 的可以在经济中流通的任何产品……"(Gadrey,2000),然而,生产活动看似可以产出独立的可以在经济中流通的产品。有些观点(Demsetz,1993)认为,产品"是将生产与交换分隔的途径,通过产品可以划清用户与生产者之间的界线"(Araujo & Spring,2006)。但是此类"分隔"究竟发生在生产活动的哪一环节呢?根据 Oliver Williamson (1985,1996)的观点,交易发生在"技术上相分离的界面",Williamson 认为这是显而易见和毫无疑问的。然而,Baldwin 和 Clark(2006)、Baldwin (2008)在界定交易发生在整个活动链的哪一环节时,使用了"普通交易成本"(mundane transaction costs,与所涉及"工作"相关)的概念:这里所指的"工作"即将知识和物料封装并转换成可被出售的产品的过程。简言之,产品并不会自动产生清晰的界线,为了将其定义清楚,还需要一定的工作。Baldwin 与 Clark 的主要观点是,这些窄点(pinch-points),即在整个活动链上,交易在经济主体间发生的各点,产生于普通交易成本最低处。普通交易成本包括使预售产品标准化的成本、清点预售产品的成本以及补偿供应商的成本(Baldwin & Clark,2006)。与 Williamson 的解释相似,Baldwin 和 Clark 的观点中也包含了技术决定论的因素。但是,他们也强调了在设计(或至少影响)窄点位置及由此产生的交易位置时,在制度上的相关努力所起到的额外作用。

Baldwin 和 Clark 以工程设计的视角来关注生产链。事实上,服务也能够以同样的方式,通过标准化、清点和补偿等过程,来实现交易(据我们所知,服务确实在被买卖)。然而,当产品不再以将功能整齐划一封装的实物方式存在时,我们需要更多的工作来稳定服务产品,以使其具有服务特性并可被交易(Callon et al. , 2002)。Callon(2002)同时强调了通过服务过程中的文件和合同来界定服务产品时,书写与用语的重要作用。

Baldwin 与 Clark 的分析为我们提供了有力的见解,并确立了有关普通交易成本(MTCs)的观点。然而,他们的观点基本属于一种静态的观点,他们将所需执行的所有活动及它们对应的 MTCs 看成是稳定的状态。Langlois(2006)将我们的视线转向了 MTCs 的"私密生活",他指出技术和其他方面的变革会改变所需执行的活动,进而改变 MTCs。Zipkin(2006)向我们展示了有趣但非常严肃的 RFID(无线射频识别)技术带来的改变,RFID 技术使追踪人和物品的活动成为可能,且此过程所费不多,因此,人们可以对五花八门的服务规定非常细致的价格,使过去不可能存在的交易种类也成为可能。换言之,普通交易成本降低了,新的窄点出现了,因此新的交易成为可能。正如我们所见的,复杂绩效的采购需要人们投入相当大的努力,因此,在界定所采购或交易的物品时,也存在较高的普通交易成本。

6.2 商业模式

如前所述,在一些层面上,商业模式的概念可以作为我们探索掌握复杂绩效采购复杂性的途径。它与基于制度的服务概念有许多相似性,这些相似性表现在,商业模式的概念也关注网络中企业间活动的结构,其核心焦点围绕着交易如何被创造以及如何盈利。如今,商业模式的概念已被广泛应用,其应用已不光局限在电子商务领域(Johnson et al. , 2008),它已成为一个更为持续的学术议题(Schweizer,2005)。

6.2.1 电子商业模式

根据 Osterwalder 等(2005)，"商业模式"这一术语在学术论文中的第一次使用是在 1957 年(Bellman & Clark,1957)。然而，直到 20 世纪 90 年代末，这一术语才获得经常使用，并在所谓的".com浪潮"中，迅速地与基于网络的商业联系在一起而获得频繁使用。

早期的电子商务分析家 Paul Timmers,提出了如下的商业模式定义(Timmers, 1999)："一种产品、服务与信息流的架构，包括了对各类商业活动参与者和他们相应的角色的描述，与潜在参与者的潜在利益的描述以及收入来源的描述。"Timmers 随后指出，商业模式的架构可以通过以下 3 个问题来界定：(1)对价值链各要素的解构(Porter)；(2)参与者之间交互的模式——一对一、一对多、多对一还是多对多；(3)基于整个价值链上各环节的信息处理过程以及对价值链进行重构(Timmers,1999)。

需要注意的是，这些并不只是电子商务特有的，此外，在互联网技术的帮助下，"一对多"中的"多"可以是以低成本出现的很大的群体，同时，第三阶段的信息处理过程可以实现高度自动化。

在略晚一些的另一项研究分析中，Weill 和 Vitale(2001)对电子商务模式进行了如下的定义："……对于企业的消费者、顾客、合作者与供应商各自角色及相互关系的描述，以此确定主要的产品流、信息流和现金流，以及各个参与者获得的主要利益。"他们指出，对于一个商业模式来说，有 3 个关键要素，它们分别为：参与者、关系及"流"(flows)，基于此，他们提出了一整套商业模式的构成要素。

6.2.2 除电子商业模式外的其他商业模式

许多行业的实践者都在使用"商业模式"这一术语，学术文献中对它的使用也在日渐增多。Magretta(2002)指出，一个好的商业模式，不仅需要讲述一个引人入胜的故事来为顾客提供价值，还需要通过数字(利润和亏损)测试。Linder 与 Cantrell(2000)提出，商业模式需讲清楚：(1)商业模式的各项元素,如定价模式、渠道模式与组织形式;(2)包括以上元素的运营模式;(3)描述商业模式可以被调整以适应各种具体情况的各类变化模式。

然而,商业模式不仅仅是其各组成元素的简单加总。在某种程度上,这种说法体现在 Linder、Cantrell 及 Weill 与 Vitale 所提出的"主观能动"(initiatives)的概念上,它指的是将商业模式各要素结合在一起的各种方式。Morris 等(2005)通过由 3 个层面组成的框架来解释这个问题。最底下的基础层面由各类基本要素组成,它们以多种相似的类型存在着。Morris 等指出,这些要素可能会被竞争者复制,因此,他们提出了第二个层面,即所谓的"专有层面"(proprietary level),基于元素之间特有的交互模式,这一层面是独一无二的,并且很难被效仿。这一层面的提出呼应和参照了组织研究和演化经济学(如:Dosi et al., 2000)中有关能力的解释,也在一定程度上参考了运营管理的思想(Pandza et al., 2003; Slack & Lewis, 2008)。第三个层面被称作"规则层面"(rules level),这一层面提出了简单宽泛的指导原则,例如,戴尔(Dell)的"每四天库存周转一次"的原则。

6.2.3 动态商业模式

有关商业模式的文献多数关注的是商业模式的定义、商业模式各要素的界定以及商业模式的分类。某种程度上,这是由于商业模式的提出起源于电子商务,当时的研究焦点是研究新兴企业的新型商业模式。即使在今天,那些"非电子商务"的商业模式文献仍然围绕着创业的情境(Amit & Zott,2001; Morris et al., 2005)。对比之下,"商业模式之间的关系以及时间要素却很少被研究"(Osterwalder et al., 2005)。然而,近期的研究渐渐着眼于商业模式的动态性。Mason 和 Leek(2008)指出,商业模式在面临多变的环境时在某种程度上是可以自我维护(self-maintaining)的,他们由此预见了一种网络架构,随后建立了各类惯例,并提出了以迭代的方式开发新知识以渐次地解决问题。Teece(2007)将商业模式与动态能力及创业管理联系起来，并且以一种有趣的方式指出：这类管理模式并不仅局限于在新创办企业中的应用。在更为近期的文献中，Johnson 等(2008)还强调了创新在商业模式中的作用。

6.2.4 基于制度的服务分析及基于商业模式的服务分析：共同主题

基于上述讨论可知，商业模式文献中对服务的分析与基于制度的服务分析有以下几点共同之处：网络结构、交易方式、支付方式以及能力获得方式。

商业模式文献非常强调焦点企业与交易组织之间形成的结构(Amit & Zott,2005；Mason & Leek, 2008)。根据 Amitt 和 Zott(2007)的研究，"商业模式是一种结构模板，它描述了焦点企业与外部相关者之间在要素市场和产品市场中的各类交易的组织模式"。这一点呼应了基于制度的服务分析方式中的观点，即：服务的定义必须是基于结构的，而不是基于所开展的各类活动的技术特征(IHIP)。

有关商业模式的定义往往是通过对交易的界定来实现的。例如，对于 Amit 和 Zott(2005)来说，一个商业模式就是"有关交易的结构、内容及管理方式"。以上提到的基于制度的分析方法与基于商业模式的分析方法相似，关注的是"在生产的制度性结构"中，交易在何处发生(Coase，1992)，为什么这些交易会在某些位置发生，是什么使之发生的(Callon et al.，2002)以及这些交易是如何被标准化、被清点和被补偿的(Baldwin & Clark,2006)。这就导致了下一个共同点的提出：支付方式。在之前有关商业模式文献的讨论中，这一点与在电子商务中新的创收方式的研究相关。Morris 等(2005)将"我们如何来赚钱"作为商业模式的基本要素；Teece(2007)将"收入结构"作为商业模式的关键特征。在现实中，开发新型复杂产品的企业需要面对此类问题。例如，当人们可以通过"软件服务"(software as a service, SaaS)的方式来取得计算机服务时，各种支付规则应运而生，比如：基于交易的支付、年费，或者基于这些方式的各种变形(Cusumano,2008)。那些习惯于生产和销售实物产品的企业，当"向服务转型"时,在界定支付规则方面会面临巨大挑战(Wise & Baumgartner,1999;Oliva & Kallenberg,2003)。

最后,基于制度的服务分析方式关注的是产品和服务在各自作为组织间能力和知识载体时所起到的相应作用(比较 Manzini & Vezzoli,2003)。销售产品是知识转移的一种途径,然而用户在此过程中对其所购买的产品知识只是"知其然不知其所以然"(instrumentally knowledgeable, while substantively ignorant)(Loasby,1998)。相比之下人们可以通过"购买……技术和人员的能力……"换句话说,即通过购买服务来获取能力(Gadrey,2000)。对于复杂服务来说,这两种机制会被结合起来使用。在所有情况下,客户的能力多少也会起到一定作用。这种观点在有关商业模式的文献中也有提及:暗含在 Morris 等(2005)在探讨商业模式基本要素时涉及"我们如何创造价值""能力的来源"的观点以及Schweizer(2005)对于资源基础观的强调中。此外,Mason 和 Leek 看到了不同形式的知识在动态商业模式中所起到的重要作用,Chesbrough 和Rosenbloom(2002)则指出,商业模式"在技术和经济领域起到了中介作用"。

6.3 案例分析: AeroCo 公司

6.3.1 背景

本案例基于一家匿名为 AeroCo 的英国航天航空公司的外包项目,这一项目主要实现一些工程设计活动的外包。这一项目处于民用航空市场发生巨大改变的大背景下。历史上,航空公司(如英国航空、维珍航空、澳洲航空)直接从源头制造商那里购买飞机和引擎,一般它们从波音或空客公司购买飞机,从劳斯莱斯或通用电器(GE)购买引擎。然而,开发新型引擎所需要的巨额研发投资,加上航空公司购买新引擎所提出的高财务承诺要求,使引擎制造商面临着巨大的现金流问题。为了缓和收入的波动,引擎制造商开发出了多种形式的"服务化"产品,通过这些服务产品,航空公司在一定时期内支付一笔固定的引擎租赁与维护费用,而不需要先购买引擎再为随后的引擎维护和所需零部件支付费用。航空公司面对的是"准确的成本规划"(accurate cost projection),这就避免了巨额的固定资产投资和不定期维护的成本。这类服务产品可能包括了:

- 线路维护零件更换(Line Maintenance Replacement Parts);
- 定期与不定期的引擎保养(Scheduled and Unscheduled Engine Maintenance);
- 易耗零件更换(Life Limited Parts Replacement);
- 服务通报;
- 为用户更换线路单元;
- 持续性的备件补充。

以上各项服务的提供,通过针对不同引擎类型和航供公司需求的特定项目来实现。对于如 AeroCo 这样的引擎制造商来说,这些"服务化"产品将零件成本、工程设计成本和维护服务承包都放到亮处,因为要想将这些成本转移给客户已经不再那么容易了。鉴于以上这些压力,AeroCo 审视了上游各项活动,包括对自供或采购引擎设计服务的考量。具体来说,这个项目旨在:(1)节约成本;(2)利用工程设计服务提供商的设计能力;(3)与离岸企业开发资源共享协议。我们搜集了来自 3 家相关企业[AeroCo、InterCo(位于欧洲的供应商)与 OffshoreCo(位于印度的供应商)]的时间跨度为 18 个月的实证数据。

6.3.2　离岸商业模式

多年来,AeroCo 一直通过从英国当地的职业中介机构以小时薪的方式雇用设计师,以此应对行业需求的高峰和低谷。这些职业中介机构向 AeroCo 提供来自当地的设计师,这些设计师由 AeroCo 内部的工程师来负责监管。当完成特定的工作后,这些临时雇用的设计师就离开 AeroCo。如上所述,在权衡了自行提供还是采购工程设计服务后,

AeroCo 认为,与一个团队的"离岸"工程设计师保持合作关系可以为公司带来效率和效益。权衡的过程强调了工程服务供应商迅速兴起的发展势头,由此,在低成本国家产生了相应的市场。这给 AeroCo 带来了开发新的网络结构方面的机遇与挑战,它可以通过这些网络以较低的可变成本获取来自海外的专业设计服务。

基于以上的自供或采购分析,AeroCo 酝酿了一个由 4 个阶段组成的合同评定过程。第一阶段合同评定会议(contract review board, CRB 1)旨在为其特定工程设计服务的战略采购提供一个离岸商业模式的概念框架。在评定过程结束之后,AeroCo 根据对市场的经验和知识,确定了 6 家潜在供应商。随后,AeroCo 联系了这 6 家供应商,并与他们当面探讨委员会提出的离岸商业模式战略目标。之后,开始第二阶段的合同评定会(CRB 2)。基于对潜在供应商的最新了解,AeroCo 确定了"最想要的结果"和"能接受的最差结果"两个极端情况,由此建立了与潜在供应商谈判的各项参数。随后,AeroCo 召开供应商大会,让潜在供应商展示:(1)在中长期内开发供应网络的潜力;(2)离岸管理外包业务的能力。AeroCo 的一名高级采购员 Chris 解释道:"此时(召开供应商大会时)我们已经将目光瞄准了 InterCo 与 B 企业,我们将它们视为唯一两家可能真正为我们提供解决方案(的企业)……"

InterCo 受邀投标,并在标书中加入了有关其商业模式的细节,如它们将采用一个海外的供应商 OffshoreCo。AeroCo 将以固定的小时薪来支付 InterCo 的所有工作,不管具体的工作类型;而 InterCo 将识别出需要它们自己来完成的"高技能"工作和可以外包给 OffshoreCo 的"低技能"工作。最后,InterCo 将把完成的所有工作打包交付给 AeroCo。图 6.2 展示了这一过程中创造的供应网络,这一网络将终端用户(即航空公司)与当地维护服务提供商联系起来,其中维护服务供应商包括了 AeroCo 自身,InterCo(位于欧洲)及 OffshoreCo(位于印度)。

就 AeroCo 来说,这一新型商业模式的目的在于将之前在英国支付给全职员工的固定成本转变为可变成本,并缓和低技能外包设计工作与高

技能外包设计工作之间的价格差。AeroCo 设计了一个合同，向 InterCo
提供激励，使其将相当大比例的工作外包给海外供应商：InterCo 离岸外
包的业务越多，其创造的利润越大。支付给 InterCo 的固定小时费率基于
AeroCo 对工作量的预估，InterCo 将获得 6％的净利润。这一过程可以使
网络成员识别和记录"在网络的哪个位置来完成哪项任务"。

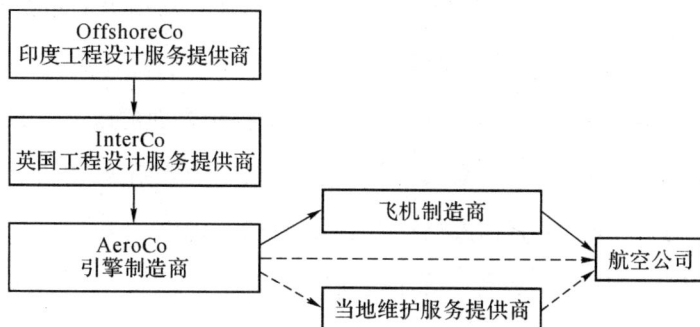

图 6.2　AeroCo 公司供应网络

6.4　探索服务系统的商业模式

6.4.1　主题 1：打包工作——将转移变为交易

即使是在离岸业务开始之前，AeroCo 已经将其涉及的工作独立出来
并分为三类"工作流"，它们分别为：常规工程设计、机床设计、仪表设计，
每一类工作流都有相应的总工程师来管理。每位总工程师都会和预测团
队一起预测出需要外包给 InterCo 的工作的种类和数量。基于这些数据，
InterCo 将根据承包合同，在约定的时期内以固定的价格提供相应的人工
（初期合同周期为 3 年）。AeroCo 与 InterCo 面临的主要挑战之一是学习
对工作进行打包。例如，其中一个由常规工程设计工作流而衍生出来的
打包工作，是将先前的 CAD 包工程图转换为其他形式的工程图，或者将
铅笔绘制的工程图转换为刚刚由 AeroCo 采用的国标图 CAD 系统

(Unigraphics CAD)。这一外包工作被发送给 InterCo,然后转而分包给 OffshoreCo。将工程图转换为国标图格式对于使人们在全球性的维护网络中得到工程支持信息是十分重要的,这也有利于 AeroCo 将服务产品推广到更大的市场。

事实证明,我们更难预测机床类的工作流。这一工作流中的一项主要工作包是设计的保养新型 Acme 100 引擎机床。新引擎的复杂和渐进的设计—制造过程使用了并行工程方法,它促使人们设计和再设计该类机床。在 InterCo 发现了 OffshoreCo 在质量控制方面的缺陷时,InterCo 将此类工作重新归类为"高技能型"的工作,并自己完成了设计工作。InterCo 与 AeroCo 的工作人员每周都会碰面,讨论每一项打包工作的进度,并重新评估和估计工程的完工时间(与成本)。

对这类设计工作的需求主要来自 AeroCo 在设备维护方面的干预。当问题产生时,有关特定设备或更大范围需要解决问题的需求被反馈给 AeroCo。这些问题被综合在一起,例如,一些有关仪表的单个问题被打包进一个仪表工作包,这些工作包有着清晰确凿的工作内容及相应所需的以小时计算的设计时间,这些工作包被发送给 InterCo。随后,InterCo 识别出工作包中相对低技能型的工作并将这些工作转发给 OffshoreCo——这些工作更具一般性,可能只是"详细制图"之类的任务,这些工作不会被归类为任一工作流。因此,我们见证了这样一个过程,即将不同程度新颖性和不确定性的设计工作转变为标准化的、可测量的以及可被补偿的工作单位的过程,这些工作有些是"高技能型"的,有些是"低技能型"的。这一问题对于彭罗斯来说是相当熟悉的:

> 生产性服务(productive services)并不是"人工时间""机器时间""一捆棉花"或"一吨煤",而是由人、机器、棉花或煤在生产过程中提供的实际的服务。虽然从这个角度来看,生产性服务显然就是那些生产中实际(实物)投入(inputs)所提供的服务,但当我们需要将服务量化为可测量的同质事物时,往往需要一个有关生产性服务的更为

一般的或更间接的定义。比如,当我们需要测量某一生产性服务的成本时,或者需要建立某一产品的技术生产函数时(Penrose,1959)。

在一家企业里,这并不会成为一个很严重的问题,虽然在某一个周五下午员工在填写一周所完成工作的时间分配报告时需要具体解释每一时间段的具体工作用途,但直接的监管、共同的工作地点与成熟的企业惯例,会确保在所需工作强度与实际工作能力之间(从运营管理的角度看)没有明显的不匹配。然而,一旦需要在外部进行交易,服务的可交易性与对工作内容的主观或不恰当的定义就会显得更加重要,或者至少更为明显。

6.4.2　主题 2:企业的多重、模糊与动态的边界

企业为提供工程设计服务而"学习创造供应商网络"的过程,体现了企业在利用和适应相关企业间边界时所经历的寻找、尝试和失败等复杂的过程。这些过程起源于企业对能力兴致盎然的探索所产生的交互,企业希望通过这一探索过程塑造交易模式——"一揽子打包"(packages),或者从运营管理的视角来看,这是一个向下游探索能力的过程。事实上,我们的案例就是一个有关重新设置收入和能力格局的故事:航空公司希望自己的成本更可预测;AeroCo 希望重新定位自身的收入流,将之前受市场波动影响的引擎销售收入流,转变为更为可预测和稳定的服务收入流;InterCo 获得可预测收入的途径为承包大块的项目,并通过自身完成高增值业务而将剩余业务分包给 OffshoreCo 来使自己的盈利最大化。

原则上来看,这一过程已经非常清晰明了,但在实际操作中,还需要吸取一些残酷的经验教训。AeroCo 当然设想并形成了自己的商业模式,并选择与 InterCo 合作,因为 InterCo 是唯一"明白"的公司(即能理解其商业模式)。但要能足够准确地界定"工作包"还是很困难的,这意味着对劳动的巧妙分工——即 Baldwin 与 Clark(2006)所指的"窄点"——事实上并不是那么巧妙。如之前所述,AeroCo 先前使用的方法是,通过雇用

英国专业机构的设计人员来应对工程设计服务的需求高峰期。① 与我们现在的讨论形成批判性对比的是,这些"座位"以及"加座"位于 AeroCo 在英国的设计部门。AeroCo 所设想和界定的商业模式是一种"离岸"商业模式,其总体目标是将商品形式的设计工作转移到低工资的经济体。AeroCo 觉得自己并不能直接完成这些工作,因此它利用了其在英国(或欧洲)的设计部门,将它们作为中介。一些从前的"加座"供应商,即在英国的专业设计机构,被 AeroCo 当成了这种中介机构的候选,但与 InterCo 不同的是,这些机构并不"明白 AeroCo 的商业模式"。然而,在起初的 6 到 12 个月中,InterCo 发现在某种程度上,有必要将许多位于 AeroCo 的设计员工调配到那些"加座"中去。

虽然这一离岸商业模式的初衷是将低技能业务转移到离岸公司,而将高技能业务保留在 AeroCo 内部完成,并把 InterCo 当作是这一过程的"打包商",但现实却与初衷有所出入。在发现 OffshoreCo 缺乏预期所想的较高能力后,InterCo 开始自己承担大多数的工作——由原先设想的"业务打包"转为"自己完成大量工作"。同时,AeroCo 原先的宗旨是将较简单的低技能工作外包出去;但是现实中,AeroCo 的许多设计师却倾向于将这些简单的低技能工作留给自己完成,而将较新的、更具挑战的工作外包出去,这与 AeroCo 的初衷背道而驰了。许多设计师已经在 AeroCo 任职多年,他们已经到了职业生涯的末期,向往简单的生活。此外,他们是唯一知道有关具体项目的具体工作量的人群,这反过来使他们具备了能力,可以筛选出他们不想做的那些工作量大的设计工作。这样一来,InterCo 所面临的局面是,他们收到了比预期更多的工作任务,其中高技能活动的比例也比预期要高。这导致了 AeroCo 与 InterCo 之间关系危机的事件,最后通过增涨固定小时薪酬才得以平息。从 Baldwin 与 Clark

---

① 这被称为"飞机上的加座"(bums on seats),可能这就是彭罗斯在写"可测量的同质产品数量"(measureable homogeneous quantities)这一句时所设想的概念。在美国,人们也称此为"seats on chairs"。

(2006)的视角来看,实现交易任务的标准化是困难的。

同时,在其他许多方面,AeroCo 的企业边界都是非常模糊的:InterCo 的一名员工曾就职于 AeroCo(网络中这样的员工有许多);在下游, AeroCo 将其员工"嵌入"在波音与空客公司内。在上游,引擎设计与制造项目,以每一引擎项目为单位,通过与"风险—收入共享的合作商"合作来完成。这些方面的复杂性可以成为未来有关商业模式的收入与风险因素分析的重要领域。

6.5 讨论：商业模式在理解复杂服务采购方面是否真的有用？

以上案例表明,我们探讨的商业模式思维中的各因素以及各因素之间的交互作用,对于项目的产生是至关重要的。对一个成熟稳定的供应链来说,商业模式的应用并非简单的"自制或外购"决策,而是更为彻底和颠覆性的思维模式的改变,我们需要重新思考"需要做什么""由谁来做"以及"如何设计与管理一个新型的网络"。在最后这一讨论部分中,我们将简要说明商业模式方法与企业战略之间的关系,并探讨更为一般性的"商业模式思维"在管理实践与研究中的作用。

6.5.1 服务商业模式与战略

由案例分析可见,基于制度的对产品、服务及商业模式的分析方法所具备的结构、交易、支付与能力知识 4 个共同要素之间似乎存在着互相作用,这种互相作用不仅体现在"服务化"方式最初的"设计"上,还体现在接下来的动态变化中。此外,这些要素很大程度上解释了服务化的演化过程中所发生的事情,即这些要素是综合各种观点的简单集合。

虽然新的商业模式起源于 AeroCo 对市场的审视,但它是三家企业共同努力的产物。商业模式的建立,需要投入相当大的努力来确定每个成员各自的角色,业务打包方式,找到适合所有成员的收入分配方式,并且考虑和发展各成员直接和间接的能力。这样的投资是一种制度性资本的投资(Langlois,2006),只有在可能具备较长的"投资偿还期"的情况下才是值得的。当然,随着这类活动的市场日趋成熟(Langlois,2004),产业内的其他企业可以更为便利地取得这些市场中的各类设施:因为在最初确立工程设计活动的各项标准、清点方式和补偿方式时,一部分的普通交易成本(MTCs)已被早期进入市场的企业(更确切地说,是那些市场创造者)所承担(Baldwin & Clark,2006)。

我们可以通过参照 Morris 等(2004)有关商业模式的特有性水平(proprietary level)的观点,来理解这类初始项目的战略重要性,即我们可以通过那些难以被效仿的资源来理解和控制基础要素之间的交互方式。在对 AeroCo 的案例分析中,商业模式为我们提供了战略性的视角,帮助我们理解"谁将成为网络的专业管理者"以及"谁将最能理解和最好控制四个要素(结构、交易、支付与能力)之间的交互方式"等问题(见图 6.3)。

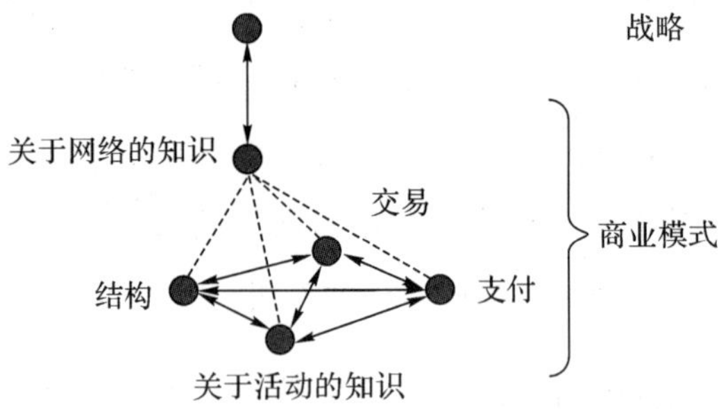

图 6.3　商业模式及与战略的关系

在这种背景下,那些占有和控制着 Jacobides 等(2006)所指的"产业架构"(industry architecture)中关键点的企业,可能更能取得战略优势。Teece(1986)提出的问题(谁在创新中获利)在此指的并不是技术创新,而更多的是制度创新。根据较近的研究(Giesen et al.,2007),至少在一些产业中(与技术创新相比),制度创新更能为企业提供更多的获利可能;因此,制度创新是未来研究的一个重要领域(如 Chesbrough & Rosenbloom,2002;Teece,2007)。

6.5.2　最后的想法：管理者始终在谈商业模式

在许多管理学的研究中，我们往往将现实世界与我们认为有意义的理论框架和构想联系起来，但这些框架和构想对那些与我们并肩作战的管理实践者来说并不一定也同样有意义。例如，我们也许会在思考"动态能力"的概念时，试图在管理实践中"寻找它们的踪影"，然而我们的实践者却完全不知道 David Teece，Kathleen Eisenhardt 或他们的同行。抑或者，我们也许会与一些管理者合作，通过使用已经通过理论论证的框架来开发他们企业的制造战略。商业模式领域有它的特殊性——我们几乎看不到太多已发表的有关商业模式的文献，特别是在电子商务领域之外；然而，管理实践者们却在广泛而频繁地使用这一术语。在运营管理领域，学术滞后于实践的现象并非罕见，但这往往涉及对起源于特定企业（如：丰田生产系统）或特定咨询项目和领袖项目（guru initiatives）（如全面质量管理）的特定管理实践的学术检验和批判。如之前所讨论的，商业模式的概念起源于电子商务领域，但已在多个产业被管理者以一种较为一般化的方式所采用。因此，在本章的案例中，我们相信对于 AeroCo 的管理者们来说，他们需要有意识且积极地在工作中使用商业模式的概念，这无论对于实践方面还是理论知识方面都是非常重要的。例如，不同于"战略"概念，商业模式概念的内涵中包括了网络的视角。

这体现了一种有趣的认识论与本体论的挑战，并使我们想到了Giddens(1976)有关双重诠释(double hermeneutic)的观点，即在很大程度上，社会人知晓社会理论对其行为的塑造方式，同时也受到这一方式的影响；因此，当我们在研究管理实践时，需要对此有所意识。所以，我们并不仅是在学习管理者的商业模式，也在学习管理者们对商业模式的理解方式以及对商业模式的总体理解方式。

本章致谢

我们由衷感谢 AeroCo、InterCo 和 OffshoreCo 3 家公司的受访者对本研究的参与及支持。我们曾在兰卡斯特大学管理学院的"实践性战略"（Strategy as Practice）系列研讨会、斯德哥尔摩经济学院以及 IMP 与 EurOMA 会议中探讨过一些与本研究相关的材料。非常感谢以上研讨会、会议的出席者对本研究提出的意见与建议，同时，也感谢 Keith Blois 向我们提出的宝贵建议。本研究适用一般免责声明。

本章参考文献

Amit, R. and Zott, C. (2001). Value creation in e-business. Strategic Management Journal, 22: 493-520.

Araujo, L. and Spring, M. (2006). Products, services and the institutional structure of production. Industrial Marketing Management, 35 (7): 797-805.

Baldwin, C. and Clark, K. B. (2006). Where do transactions come from? A network design perspective on the theory of the firm. Harvard Business School Press, Boston, MA.

Baldwin, C. Y. (2008). Where do transactions come from? Modularity, transactions, and the boundaries of firms. Industrial and Corporate Change, 17 (1):155-195.

Bellman, R. and Clark, C. (1957). On the construction of a multi-stage, multi-person business game. Operations Research, 5 (4): 469-503.

Bowen, J. and Ford, R. (2002). Managing service organizations: does having a "thing"make a difference? Journal of Management, 28(3).

Callon, M. (2002). Writing and (re)wriring devices as tools for managing complexity. In: Law, J. & Mol, A. (eds.), Complexities: social studies of knowledge practices. Duke University Press, Durham and London.

Callon, M., Meadel, C. and Rabeharisoa, V. (2002). The economy of qualities. Economy and Society, 31(2): 194-217.

Chesbrough, H. and Rosenbloom, R. (2002). The role of the business model in capturing value from innovation: evidence from Xerox Corporation's Technology spin-off companies. Industrial and Corporate Change, 11(3): 529-555.

Chesbrough, H. and Spohrer, J. (2006). A research manifesto for services science. Communications of the ACM, 49(7): 35-40.

Coase, R. (1992). The institutional structure of production. American Economic Review, 82(4): 713-719.

Cusumano, M. A. (2008). Changing software business: moving from products to services. Computer, 41(1): 20.

Demsetz, H. (1993). The theory of the firm revisited. In: Williamson, O. E. & Winter, S. G. (eds.), The nature of the firm: origins, evolution and development. Oxford University Press, New York.

Dimaggio, P. and Powell, W. (1983). The iron cage revisited: institutional isomorphism and collective rationality in institutional fields. American Sociological Review, 48(2): 147-160.

Dosi, G., Nelson, R. and Winter, S. (2000). Introduction: the nature and dynamics of organizational capabilities. In: Dosi, G., Nelson, R. & Winter, S. (eds.), The nature and dynamics of organizational capabilities. Oxford University Press, Oxford.

Gadrey, J. (2000). The characterisation of goods and services: an alternative approach. Review of Income and Wealth, 46(3): 369-387.

Giddens, A. (1976). New rules of sociological method. Hutchison, London.

Giesen, E., Bergman, S., Bell, R. and Blitz, A. (2007). Paths to success: three ways to innovate your business model. IBM Global Business Services—IBM Institute for Business Value.

Hill, T. P. (1977). On goods and services. Review of Income and Wealth, 23(4): 315-338.

Hill, T. P. (1999). Tangibles, intangibles and services: a new taxonomy for the classification of output. Canadian Journal of Economics, 32(2).

Jacobides, M. G., Knudsen, T. and Augier, M. (2006). Benefiting from innovation: value creation, value appropriation and the role of industry architectures. Research Policy, 35(8):1200-1221.

Johnson, M. W., Christensen, C. M. and Kagermann, H. (2008). Reinventing your business model. Harvard Business Review, 86(12).

Johnston, R. (1998). Service operations management: return to roots. International Journal of Operations and Production Management, 19(2): 104-124.

Jones, G. (1960). Educators, electrons and business models: a problem in synthesis. Accounting Review, 35(4): 619-626.

Langlois, R. N. (2004). Chandler in a larger frame: markets, transaction costs, and organizational form in history. Enterprise & Society, 5(3): 355-375.

Langlois, R. N. (2006). The secret life of mundane transaction costs. Organization Studies, 27(9): 1389-1410.

Linder, J. and Cantrell, S. (2000). Changing business models:

surveying the landscape. Accenture, Cambridge, MA.

Loasby, B. (1998). The organisation of capabilities. Journal of Economic Behaviour and Organization, 35(2): 139-160.

Lovelock, C. and Gummesson, E. (2004). Whither services marketing: in search of a new paradigm and fresh perspectives. Journal of Service Research, 7(1): 20-41.

Magretta, J. (2002). Why business models matter. Harvard Business Review, 80(5): 86-92.

Manzini, E. and Vezzoli, C. (2003). A strategic design approach to develop sustainable product service systems: examples taken from the 'environmentally friendly innovation' Italian prize. Journal of Cleaner Production, 11(8): 851-857.

Mason, K. J. and Leek, S. (2008). Learning to build a supply network: an exploration of dynamic business models. Journal of Management Studies, 45(4): 774-799.

Morris, M., Schindehutte, M. and Allen, J. (2005). The entrepreneur's business model: toward a unified perspective. Journal of Business Research, 58: 726-735.

Nie, W. and Kellogg, D. (1999). How professors of operations management view service operations. Production and Operations Management, 8 (3).

Oliva, R. and Kallenberg, R. (2003). Managing the transition from products to services. International Journal of Service Industry Management, 14(2): 160-172.

Osterwalder, A., Pigneur, Y. and Tucci, C. (2005). Clarifying business models: origins, present and future of the concept. Communications of the Association for Information Systems, 15: 2-40.

Pandza, K., Horsburgh, S., Gorton, K. and Polajnar, A.

(2003). A real options approach to managing resources and capabilities. International Journal of Operations and Production Management, 23(9): 1010-1032.

Penrose, E. T. (1959). The Theory of the Growth of the Firm, Oxford, Basil Blackwell.

Roth, A. V. and Menor, L. (2003). Insights into service operations management: a research agenda. Production and Operations Management, 12(2): 145-164.

Sampson, S. and Froehle, C. (2006). Foundations and implications of a proposed unified services theory. Production and Operations Management, 15(2): 329-343.

Sasser, W. E., Olsen, R. and Wyckoff, D. (1978). Management of service operations: text, cases and readings. Allyn and Bacon, Boston.

Schweizer, L. (2005). Concept and evolution of business models. Journal of General Management, 31(2): 37-56.

Simon, H. (1962). The architecture of complexity. Proceedings of the American Philosophical Society, 106: 467-482.

Slack, N. and Lewis, M. A. (2008). Operations strategy. FT/Prentice-Hall, London.

Teece, D. (2007). Explicating dynamic capabilities: the nature and microfoundations of (sustainable) enterprise performance. Strategic Management Journal, 28: 1319-1350.

Teece, D. J. (1986). Profiting from technological innovation. Research Policy, 15(6): 285-305.

Timmers, P. (1999). Electronic commerce. John Wiley, Chichester.

Vargo, S. and Lusch, R. (2004). The four service marketing

myths: remnants of a goods-based, manufacturing model. Journal of Service Research, 6(4): 324-335.

Weill, P and Vitale, M. R. (2001). Place to space: migrating to ebusiness models. Harvard Business School Press, Boston, MA.

Wise, R. and Baumgartner, P. (1999). Go downstream—the new profit imperative in manufacturing. Harvard Business Review, 77(5): 133.

Zipkin, P. (2006). The best things in life were free: on the technology of transactions. Manufacturing & Service Operations Management, 8(4): 321-329.

Zott, C. and Amit, R. (2007). Business model design and the performance of entrepreneurial firms. Organization Science, 18(2): 181-199.

7　学习采购复杂绩效:英国与荷兰路政机构的比较研究

安德里亚斯·哈特曼(Andreas Hartmann),安德鲁·戴维斯(Andrew Davies),

拉尔斯·弗雷德里克森(Lars Frederiksen)

7.1　引言

几十年前,在发达的工业化国家,公共和私营组织受到越来越多来自经济和政治上的压力,迫使它们重新思考和改变服务提供方式(Borins, 2002;Betts & Holden,2003)。这一持续改革的核心在于,由之前的单一产品或服务的采购转变为整体产品—服务包形式的复杂绩效的采购(Davies & Hobday,2005;Lewis & Roehrich,2009)。伴随着产品与服务组合的出现,许多组织面临着新型采购战略的开发和贯彻以及与此相关的新型契约和组织方式及新型组织结构的建立(Davis,2007;Zheng et al. , 2008)。对于这些组织来说,其面临的一大挑战来自理解与构建一个学习过程,以创造和建立采购、签约及组织复杂绩效产品—服务包的能力。

目前来看,学术界在一定程度上忽视了开发和贯彻新型契约和组织能力所遇到的学习挑战(Lam,2005)。虽然前人的研究显示,企业内部技术创新的引进尤其需要组织在职能、技术及能力方面的巨大改变(Attewel,1992;Bessant & Buckingham,1993;Fichman & Kemerer, 1997),但很少有研究涉及组织在建立新的采购途径时的能力构建。虽然有学者指出,有些能力(如那些嵌入在组织惯例中的能力)需要在特定的组织背景下培养,因此具有路径依赖性(Nelson & Winter,1982;Dierickx &

Cool,1989；Andreu & Ciborra,1996)，但是，学习轨迹，或者说学习过程演化的方式，却具有特定的结构和支持方式，但对于这方面的研究仍然较少。

本章讨论组织在采购和管理复杂绩效服务结构过程中的能力构建。我们探讨组织在开发和执行新产品—服务包提供方式时所遵循的学习过程。这种学习同时发生在项目及组织层面，并同时具有战略和运营导向。不同类型的学习来回交互转换，创造了组织能力构建的独特轨迹。组织需要特别注意学习的动态特征以及由此带来的对于能力的路径依赖，这样，组织才能成功地将开创性项目中探索得到的新型采购方式，在组织上全面贯彻。我们的研究涵盖了两个来自建筑产业的公共机构的案例，它们分别是英国的高速公路管理局(HA)与荷兰水运局(RWS)。我们研究了这两个组织在开发和贯彻创新性的公路网络整体维护承包项目(integrated maintenance contracts)时，所经历的学习轨迹。

7.2节概括了组织在引进新型复杂产品—服务采购和组织方式时，在学习方面所面临的挑战。在7.3节，我们构建了旨在分析组织学习轨迹的框架，以此来探讨这些组织中能力构建的动态特征。我们在7.4节提出了研究设计。7.5节以应用分析框架来讨论两家公路管理机构在引进两类新型的维护承包项目时所经历的学习轨迹。本章的结尾为管理实践和未来研究启发提供了一些建议。

7.2 采购复杂绩效的能力

为了采购复杂绩效，组织需要通过建立新的契约和组织形式，来重构其产品和服务的提供方式。换言之，组织需要获得新的契约能力和关系能力①(Zheng et al.，2008)。契约能力指的是识别出复杂绩效包

---

① 沿袭 Penrose(1959)、Richardson(1972)及 Helfat & Peteraf(2003)的传统，我们所说的"能力"(capabilities)指的是组织中存在的用来整合与协调特有资源、技能与能力(competencies)，以使组织执行各类活动的知识。

(packages of complex performance)中意外事件发生的可能性的能力,以及识别这些意外事件对服务提供效率效益所产生影响的能力。具备契约能力的组织能够预见在与其他组织的关系中可能存在的机会主义行为所导致的重大威胁,并且可以通过合同文件的起草、投标和谈判来解除这些威胁。这些组织能够建立契约方面的保护措施,以减轻由于对单个供应商的长期依赖所导致的交易不确定性。然而,正如交易成本经济学所指出的,出于合同参与各方的有限理性特征,想要预见合同各方通过机会主义行为产生的所有可能的意外事件,是不切实际的(Williamson,1985,1996)。

学者们不断提出,仅凭合同本身并不能吸收复杂交易的所有不确定性(Mayer & Argyres,2004)。虽然合同代表了契约各方在合同规定交易中相关的责任和债务分配的法律框架,但是,如果对合同各方地位的理解过于死板僵化,可能会阻碍不可预见事件发生时的灵活、快速应变能力。为了防止冲突和对抗行为的发生,并促进问题解决和信息交流,我们可以利用关系机制中的信任和认知结盟(cognitive alignment)机制,来与合同治理机制中的控制和监督系统形成互补效应(Poppo & Zenger,2002;Schoorman et al. ,2007)。除了建立契约能力,采购复杂绩效的组织还需要构建关系能力。关系能力指的是将社会复杂惯例、流程及政策应用于组织间关系的能力(Johnson et al. , 2004)。具备关系能力的组织投资于关系型资产(relation-specifi assets),与其他组织进行充分的知识交流,整合具有互补性且稀缺的资源,并有效治理各类关系(Dyer & Singh,1998)。虽然培养关系需要花费大量的时间和资源,但可以通过在组织间形成共同认知和对可接受行为的各项指标达成共识,来促进组织间互动的协调(Jones et al. , 1997)。

7.3　组织学习轨迹的分析框架

基于 Brady 与 Davies(2004)的研究,我们将契约能力与关系能力的开发视为一种动态的学习过程,这一过程需要组织探索新的有关契约和组织模式的机会,决定组织应用这些新模式的适用性,并将其建立为新型的组织采购惯例。这是一个在组织各个层面出现的互动型的学习过程,长期来看,这一过程有着不同的侧重点(Nevis et al.,1998;Prencipe & Tell,2001;Brady & Davies,2004)。

我们开发了一个2×2的理论框架,来分析组织在采购复杂绩效时构建能力的动态过程(见图7.1)。分析框架的纵向维度描述了学习的焦点,并区分了学习的战略导向与运营导向。通过战略导向的学习,可以获得相关知识,来了解发生改变的环境所带来的机遇以及未来提供产品—服务所需培养的技术与能力(Dodgson,1991),这可以被视为一个新的商业机遇的概念化过程。运营导向的学习适用于新型产品—服务集合供应的工作流程的改变(Fiol & Lyles,1985),以实现服务交付过程中有效率的资源协调与利用(Andreu & Ciborra,1996)。分析框架的横向维度指明了学习可以发生的组织层面。这里,我们区分了发生于项目层面和组织层面的学习。项目是一种学习迅速响应变化环境,并在短期内创造知识的组织架构,而组织作为一个整体,需要通过学习将其结构与过程适用于特定的响应机制,并在长远过程中积累知识(Brady & Davies,2004;Bresnen et al.,2004)。项目可以支持新商业机遇的探索,而在组织层面,这些商业机遇将被开发利用(Frederiksen & Davies,2008)。

学习层面

		项目	组织
学习导向	战略	探索性概念化	开发性再概念化
	运营	探索性应用	开发性再应用

图7.1 组织学习轨迹的分析框架

结合以上两类维度,我们可以得出四种组织学习模式。我们推导出的框架可用来识别这些不同种类的学习模式如何随着时间而改变。也就是说,能力构建是一种有意识的学习过程,这一过程在项目和组织层面同时发展,并具有各自的战略和运营导向。对于在组织中出现的特定学习轨迹来说,存在着组织层面之间以及学习导向之间的转换和交互。我们的分析框架强调了不同学习种类之间随着时间演进而产生的动态关系(Levinthal & March,1993)。以下将对四种学习展开进一步的分析。

7.3.1 探索性概念化

第一类学习模式在项目层面发生,并且具有战略导向。它多数由外部环境变化所驱动,例如财务和政治压力,这些变化需要组织对其服务提供方式进行重新定位和建构,抑或这些环境变化会给组织的产品—服务供应提供新的机遇。组织往往利用项目来探索各种战略方案,以适应变化的情境并应对组织战略决策所产生的结果。这类学习模式产生的结果首先从性质上来看是概念性的,因为组织开发了将要交付的新产品—服务包,同时确定了与这一新产品—服务包相关的总体目标。产生各类政策、规划和工具的目的,在于引导和支持新产品—服务包的提供,而非将战略落实到具体行动。战略项目学习模式涉及采购战略的开发,这是确定复杂绩效提供的契约和组织方式的基础。

7.3.2 探索性应用

这一类型的学习仍然与特定项目相关,只是学习的焦点从战略转向了运营。换言之,对新机遇的理解被转化为实际的工作流程,组织将对这些工作流程进行试验性的执行和测试。通过单一的试运行项目来对新开发的服务进行运营层面的项目学习,组织可以创造出一种环境,这种环境可以将被测试的新型实践操作与组织主流的日常关注点区别开来。这种学习模式可以把组织从"业务惯例"(business as usual)这件"紧身衣"中解脱出来,从而提供有关不同工具和方法所产生绩效的新见解、新知识,可以导致不同实践操作之间的互动,反映学习对人们行为产生的效应,而这种学习效应很难在事前被准确预测。具体来讲,组织通过定期的项目或交易来引入新的采购战略。在受控制的、可预知的环境条件下,很难测试这些新的采购战略。因此,在某种程度上,对复杂绩效采购的学习总是受到定制的契约和组织方式的驱动,这种定制的契约和组织方式的建立,通常旨在应对一项交易的潜在突发情况或一个项目的特定情境。

7.3.3 开发性再概念化

分析框架中的第三类学习模式在组织层面发生,并且具有战略导向。这种学习模式的目标是使一项新产品—服务包的采购成为组织内部的日常活动。这体现在高管为寻求结构改变的战略考量和决策,也体现为组织作为整体在开发新服务中对所需资源的创造及这些资源的可获得性的实现(Brady & Davies,2004)。这一学习模式涉及从特定项目层面习得知识的有效复制。与战略性项目学习相比,战略性组织学习需要整个组织为其组织单元和员工开展新活动、执行新过程及承担变化的责任,对此组织要做好充分准备。组织重新形成并改良各项政策、规划和工具,以促进新产品—服务供应在组织范围内的执行,并改进各项开发性活动的效率。例如,这种学习模式的结果可以是一项采购复杂绩效战略的改善,这种战略包含了可重复使用的各类契约,因此,这些契约可以在今后的合同关系中被广泛使用。

7.3.4 开发性再应用

最后一种类型的学习模式结合了组织层面和运营导向。其目标是在组织内部增加一项新实践操作的应用,并获得绩效改善和增值带来的利益。组织建立其新的运营惯例及过程,采用以 IT 工具为例的支持性措施以使新知识嵌入组织记忆,并在未来为组织产生效益(Brady & Davies,2004)。然而,只要对一项新采购战略的再应用涉及特定的情境(如:特定的项目情境),在一定程度上,组织总是需要通过探索具体的交易来开发相应的实践操作模式。这是因为,项目之间一定会有不同,组织在进行下一个项目时,不可能完全重复前一项目的每项活动(Prencipe & Tell,2001)。

7.3.5 各类学习模式之间的交互和转换

我们认为,以上介绍的四类学习模式,对于组织在采购复杂绩效方面能力的构建是至关重要的,并且这些模式在同一组织情境中可以同时出现。此外,这四类学习模式之间存在着相互联系,随着时间的推移,各模式之间的交互和转换在组织内部形成了特定的学习轨迹。我们提出的分析框架通过这种基于轨迹的能力构建方式,拓展了前人的研究;而之前的研究往往将学习定义为一个由项目到组织,抑或由战略到运营的单向过程。

人们尤其关注将"经验教训"从一个项目传递到更为广泛的组织时所面临的困难。虽然我们认为项目是促进高层次创新和学习的一种理想组织结构(Hobday,2000;Ayas & Zeniuk,2001),但是项目与主流运营组织的分离往往会阻碍项目的知识和见解在项目和其他组织单元之间的共享(Keegan & Turner,2001;Grabher,2002)。有人认为,由一个项目产生的新实践可以在一个组织中建立起一种强大的实践隔离,这种隔离机制将不同的工作模式和逻辑分离开来。人们声称,这将限制项目与组织之间的知识交换(Bresnen et al.,2004;Scarbrough et al.,2004)。此外,由项目带来的创新工作方式可能会与嵌入组织的根深蒂固的实践方式产生竞争甚至冲突(Engeström,2001)。新旧实践之间的差异越大,对新工作方式的抵制越强。学习倾向于最先在新实践与以往的经验、知识密切相关的情况下发生(Cohen & Levinthal,1990;Levinthal & March,1993)。对于采购复杂绩效的学习是否会扩展到其他项目及更大范围的组织中,取决于组织渠道是否充足,这些组织渠道又将影响填补这一知识鸿沟的可能性。组织可能会在个体、项目及组织层面采纳和执行一系列学习机制,例如组织日志有利于发展组织记忆,专业的社会网络有利于利用项目执行过程中获取的经验和知识(Prencipe & Tell,2011)。

相似地,人们认为,知识鸿沟还会阻碍战略导向性学习转向运营导向性学习。然而,造成此类学习阻碍的,往往并非新旧实践之间的行为差异,而是抽象和宏观性的长期目标计划与详细、具体、务实的短期活动过程之间的认知差异(Scarbrough et al.,2004)。这一点是很重要的,因为:一方面,运营导向性学习看似受到整体的组织规范、目标和结构的管理(Fiol & Lyles,1985);另一方面,战略导向性学习为通过工作实践建立起来的能力提供了意义,但它同时也改变了那些工作实践的目的(Andreu & Ciborra,1996)。

7.4 研究设计

我们应用案例研究的方法分析新契约方式和组织方式的开发与执行,并调研有关采购复杂绩效的学习过程。案例研究方法尤其适合分析现实世界情境中的整体性质及鲜有探究的现象(Eisenhardt & Graebner,2007)。由于组织中的复杂绩效采购属于刚萌芽的研究领域,而为了采购复杂绩效而需要的能力构建更是一种具有多方面属性的现象,案例可以为我们的研究提供丰富的数据,以使我们对于组织内萌芽的新型采购实践产生较为详细的洞见。

我们选择了两个公共组织作为案例调研对象:英国的高速公路管理局与荷兰水运局。选择它们的两大原因是:第一,作为各自国家运输部的执行机构,两个案例组织都负责国家战略性公路网络的运营、维护和升级,同时,它们都推出了有关采购复杂绩效的战略。两个组织在许多方面进行的活动都非常相似,并且,它们目前都在积极培养自身的采购能力,这一点反映了两个案例组织对本章分析过程的重要作用。第二,由于我们的研究焦点在于组织的学习轨迹,这两个案例组织可以在组织内部培养采购能力方式的异同点方面提供重要线索。我们选择案例样本并非基于随机原则,而是基于理论抽样,以此来探讨两类不同的学习轨迹,进而展示出我们提出的分析框架所具备的解释力。

在每个案例中，我们都选择了一种新型的公路养护合同作为分析单元，因为它们可以最为具体地展示所属机构的采购战略。我们研究的重点在于探讨合同开发和执行过程中遭遇的挑战以及获取和利用合同执行过程中习得知识所经历的各种尝试。在历时 7 个月的时间里，我们与相关人员进行了 30 多次半结构式的访谈，这些人员来自两个组织中的采购部门、运营项目团队以及相关的私营承包合作组织。每次访谈历时 1～2.5 小时，我们都在现场录音并在访谈后转录为文字，以便后续分析。为了确保研究结果的效度，我们通过多次焦点小组会议来对照与补充所搜集的数据。在会议上，我们展示和探讨最初的研究结果，并一起分析所搜集的相关组织文件，这些文件包括组织战略书、项目报告、会议记录以及新闻报道等。数据搜集与理论开发之间需要经历多次的往复验证，为此我们建立了一个理论框架(见 7.3 节)来分析、理解和解释新养护合同执行过程中所涉及的学习过程。

7.5　学习轨迹的跨案例比较

7.5.1　案例背景

两个案例组织都是各自国家运输部的执行机构。HA 负责英国战略性公路网络的运营、维护和升级，这一公路网络包括了全长 10500 公里的分线或不分线公路车道，以及两车道、三车道与四车道高速公路。目前，HA 有 2700 名员工，1 个核心管理总部、7 个地区控制中心、1 个国家级控制中心，覆盖 14 个区域。采购是 HA 的一项核心能力，其 95％的服务提供都是通过外部供应商来实现的。HA 的采购实践包括了对管理代理合同(managing agent contract，MAC)的开发和执行，合同中涵盖了某一地区公路网络①中所有资产的基于绩效的养护工作。因此,MAC 体现了整体产品—服务中复杂绩效的交付。

RWS 管理着荷兰的主干道网络、水路网络及主要供水和排水系统。主干道网络包括了全长 3102 公里的主干道及全长 1259 公里的高速公路进出口岔道与接驳道路,主要水路网络覆盖了全长 1685 公里的水路。2007 年,RWS 内部有来自 10 个地区的 9019 名员工,这些员工分别就职于 20 个公路地区、16 个水路地区、5 个管理总部及 3 个项目指挥部。2004 年以来,RWS 一直致力于成为一个专业的公共导向的网络管理组织,为此,RWS 聚焦基础设施使用者的需求,并逐渐使私营机构参与到基础设施的设计、建造和管理当中。通过一系列的努力,RWS 开发和执行了旨在养护公路网络的整体绩效合同(integrated performance contract, IPC)。② 与 MAC 类似,IPC 展示了具有复杂绩效的新型的产品—服务采购组合。

7.5.2 遵循不同学习轨迹的组织

案例数据表明,组织在开发和执行新型的复杂绩效产品—服务包时,四类学习类型都得到了体现。然而,通过比较 HA 与 RWS 我们发现,在

---

① 在传统维修保养采购模式下,HA 业务事实上是遵照两个合同展开的:一个是与管理代理(managing agent, MA)签署的合同,一个是与定期保养承包商(Term Maintenance Contractor, TMC)签署的合同。2001 年,采购部门成立了管理代理合同(MAC)。MAC 将 MA 与 TMC 的角色整合到一起,创造了一个名为"MAC 供应商"的一级承包商角色。有了 MAC 之后,传统模式下的双重监督机制被取消;现在,实现前线保养服务只需承担单一的责任,并基于 HA 的要求拟定一个有关质量的计划。MAC 承包商们可以更积极地投身于对其活动的自我认证与自我控制等事宜中。

② IPC 合同的核心意图在于从功能上描述承包商所需开展的工作。工作规范中并不会具体陈述维修柏油马路的具体时间要求和工作量,仅会提出对柏油马路铺设所能容忍的最大不均匀程度和裂缝宽度。承包商们负有责任来鉴别和消除这些绩效标准可能存在的偏差;与此同时,承包商们也有充分的自由来优化自己的工作过程。RWS 员工不再需要测量承包商们所完成的工作量,他们只需检查任务是否按照正确的方式来完成。IPC 更进一步地将过去在合同中相互独立的几项维修保养活动整合到了一起。

能力构建过程中,学习发生的层次和导向,体现了不同的次序和侧重点
(见图7.2与图7.3)。组织在开发契约和关系能力时,可能遵循不同的学
习轨迹。

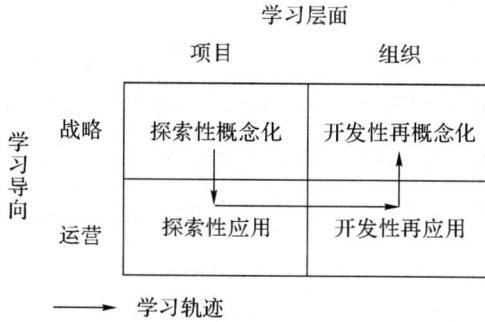

图 7.2　英国高速公路管理局的学习轨迹

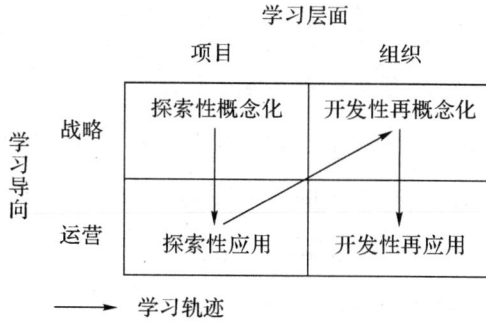

图 7.3　荷兰水运局的学习轨迹

　　这一结论与过去的研究结果一致,过去的研究也强调了能力构建的
路径依赖性与学习在演进过程中的引导作用(如:Eisenhardt & Martin,
2000;Kale & Singh,2007;Helfat et al.,2007)。然而,我们的研究拓展
了前人的工作,展示了学习如何随着时间而演进,以及学习过程取决于组
织内不同学习类型之间的转化与交互。在英国的案例中,转化与交互的
时机主要由总部采购部门来创造,并通过例如审计制度这样的正式结构
和机制来支持。学习过程首先由战略性的集中决策来驱动。在荷兰的案
例中,我们观察到一种更为运营导向的分散化(decentralized)的学习方

式。在这一案例中,拥有高度自主权的地区单位推进了学习进程,采购部门主要起到联结性和支持性组织元素的作用。

7.5.3 以政治压力为起点

两个案例的学习过程都起始于探索性概念。合同的签署是为政府政策及随后的政府资助报告寻求解答的结果,政府表明意愿,希望改进公共部门的采购,加强与能力强的供应商合作并减少建筑行业的废物排放。为了完成政府目标,实现采购过程的改进要求,并通过回应一些政府资助报告[如依根报告(Egan Report:Egan,1998)和尼克尔斯报告(Nichols Review:Nichols,2007)]中提出的问题来改变与供应商的关系,HA 部署并检验了许多不同的战略。类似地,受国民内阁发布的政策所驱动,RWS改变了其采购战略与组织结构,逐渐转型为委托承包管理机构。RWS 积极寻求与市场更为密切的关系和更多的知识共享,并力图通过供应链激励措施来开发创新性的基础设施方案。HA 与 RWS 都起草并形成了新的公路养护合同,合同条款与组织整体规划及采购战略保持了一致性。市场竞争往往是私营机构改革的一大驱动力;相比之下,有数据表明,公共机构的变革往往由政治因素驱动。先前有关公共组织创新的研究证实了这一发现。例如,Walker(2006)指出,社会、政治及经济情境的改变以及政治家的更迭促成了公共组织中的组织创新。

7.5.4 契约能力的演进

两个组织间的一大区别来自总部与地区单位在开发新合同过程中所起到的作用。HA 的总部采购办公室对 MAC 合同的开发过程,几乎独立于各地区单位。采购小组通过雇用建筑行业顾问,借助其来自其他行业和前沿客户的各类知识来辅助合同的起草。对于 HA 来说,其契约能力主要存在于采购办公室内部及其组织外部。

相比之下,IPC 合同的开发是 RWS 采购部门与地区员工一起努力的结果。虽然总部的采购部门为了开发标准绩效合同组建了一个工作小组,但是组员多数来自于 RWS 的各个地区单位。换言之,总部采购部门的员工与地区单位的中层管理者一起积极参与到了绩效采购合同的开发过程中。基于部分对工作积极热情员工的努力,北布拉班特省成了 RWS 各地区中积极投身新合同开发的区域。因此,2000 年,该省被选为项目试运营区域,人们通过试运营,对新的公路养护合同进行测试和学习。起初,现有的针对不同领域的单个合同被逐渐转换成历时 3 到 4 年的绩效合同。然而,为了进一步减轻行政工作,人们提出可以将不同领域的常规养护工作整合到同一个合同中(例如,柏油修复、废物处理及绿地养护等)。北布拉班特省成了首次执行这一整体绩效合同(IPC)的地区。此后不久,其他地区纷纷效仿,同样,新合同的执行仍然是在总部采购部门的合作下完成的。这些地区对于采用 IPC 的决策具有很大的自主权,它们可以根据需要和地区特色,自行对合同进行修改。RWS 的契约能力是通过组织的集中和分散单元的共同努力来实现的。此外,我们的数据显示,RWS 各地区单位拥有的高度自主权促进了中层管理者的创新行为,这也是驱动公共行业创新的一大因素(Bartlett & Dibben, 2002; Borins, 2002)。然而,这些创新行为的出现及其表现出的积极性,其背后是政治上的变革压力,正因为此,这些创新努力才有了其合法性。

7.5.5 关系能力的演进

我们观察到一个非常有趣的现象,两个案例都显示,在探索性应用和开发性再应用过程中,合同的执行都需要合同小组进行大量的行为学习。在 HA 的案例中,其中一个原因在于,新的合同项中(例如有关对承包商自行认证和自我监控的条款),迫使团队成员改变自身在交流、合作与激励方面的决策、活动和行为。另一个原因体现在组织在概念化与实际应用之间存在的清晰界线。尤其在 MAC 合同执行之初,相关学习过程的转变几乎不受其所嵌入的组织结构的影响。在起始阶段,启动合同所需的学习几乎全由地区团队自主完成,总部采购部门并没有提供太多相关支持。例如,虽然 2001 年在 8 号区域进行了 MAC 合同的首次尝试性执行,但总部采购部门并没有等待这一试运行项目的经验总结汇报。2002 年 7 月,首轮 MAC 合同的正式执行在 HA 的其他 3 个地区全面展开,其中一个地区是 9 号地区。与其他地区相比,在工作和行为方式方面,HA 的 9 号区域员工在 MAC 的执行上展现出非常大的改变。起初,MAC 团队在确定执行这一新的 MAC 合同的具体方法上,体现出了相对较强的自主性。在执行 MAC 的前几个月,9 号地区并没有获得来自总部采购部门的有关执行和理解这一新合同的充足知识或支持。总部默认地区团队具备必要的知识,因此为其提供的培训都是最基础的。对于 9 号地区的项目团队来说,他们在这个阶段的学习并非开发性的,而是探索性的。由于缺乏执行合同所需的具体关键性知识,为了把 MAC 的执行落到实践层面,9 号地区的团队(HA 与 MAC 供应商)必须团结一致、自力更生地学习。团队成员们通过浏览 MAC 采购文件及内部讨论的方式展开学习。除了一到两名来自总部的采购人员之外,其他成员对 MAC 的理解都不够深刻和全面。许多对传统客户驱动的项目方式具有丰富经验的员工,在将客户作为合作伙伴这一新角色而融入整体项目团队的过程中遇到了困难。HA 和 MAC 供应商在合同执行的前 6 个月都花费了大量的时间来举行工作讨论会,以培养项目承包团队成员之间的合作氛围。

通过总部与地区员工之间在合同开发期间的密切合作,荷兰案例中的学习过程从探索性概念形成阶段顺利地过渡到了探索性应用阶段。然而,在 2005 年对 IPC 合同的评估中,人们发现 IPC 合同的执行同时导致了 RWS 员工在行为上的巨大改变,这些员工为了对承包商进行直接的监管和指导,必须首先抛弃之前习得的知识。尤其是,项目不再具体规定验收承包商工作的时间节点,RWS 员工还以不同的方式来监控项目。此外,合同并不总是对承包商需要实现的绩效水平提供清晰的描述。这导致了对于承包商所交付的绩效水平的不同理解,并造成了对承包不同具体工作的承包商的紧张担忧,而对这些承包商的管理工作分别由总部或区域员工来负责。为了对各承包商的绩效按较为统一的标准进行评估,项目团队必须通过学习来寻求恰当的监控流程和评估指标。基于 2005

年的评估,总部采购部门意识到,为了对合同展开更进一步的应用,确实需要对员工进行针对性的 IPC 培训。培训的第一批课程旨在对新合同的各项技术问题进行学习。然而,仅有这些培训课程还是不够的,随后,关系方面的问题(relational issues)产生,导致了 IPC 项目的执行遭遇巨大的困难。因此,之后的培训增加了相关课程,来解决与承包商关系中产生的态度和行为问题。即使有了这一系列的培训,在 2007 年进行的第二次评估中还是发现了问题,在各地区中,合同监控还是以与培训所学截然不同的不恰当方式进行着。一些地区并没有使用清晰的监控规划,另一些地区并没有跟进处理那些与承包商关系中产生的问题。

两个案例都说明,新的合同通过探索性概念化的学习过程,都捕捉和储存了所获得的知识,但并没有涵盖为了建立成功的契约关系所需的所有知识。根据 Mayer 与 Argyres(2004)的观点,我们认为,合同代表了两个组织所拥有的知识或契约能力。人们为了完成各项公路养护活动,而在与合同团队的交互过程中,将合同作为一种工具来使用。然而,各个地区需要将合同概念转变成具体的工作流程,人们通过团队互动和任务的完成来创造有关合同应用的知识,这也为组织培养了关系能力,并同时产生了新的契约知识。不足为奇的是,即使意识到了人们对关系问题缺乏重视,并在培训中增加了有关课程,两个组织中所提供的培训仍然不足以使员工获得充足的准备以适应新合同环境下的工作方式,这是由于培训分离了学习过程与实践操作过程(Cook & Brown,1999)。

7.5.6 契约能力与关系能力之间的相关性

在两个案例中我们都发现,后续承包项目能够从早期项目中学到的东西都很有限。这就呼应了相关文献中的观点,学者们认为:通过项目来学习往往会受到阻碍而变得困难。两个案例中,组织都不太重视不同学习种类之间交互与过渡的时间段,也不重视这些关键节点对于契约能力与关系能力的建立所具有的重要意义。在英国的案例中,据来自 9 号地区的一位 HA 经理称,MAC 合同只不过是一个沉溺于变革的组织发起的又一个项目,这些项目有时并不能从之前的经验中吸取教训。员工们觉得,他们所习得的知识并不太可能应用于后续的合同开发或改进中。在荷兰的案例中,在组织内全面执行 IPC 项目 1 年及 3 年后对采购部门所进行的评估中,都显示出:在试运营阶段体现出来的无效和非计划中的行为,在接下来的合同执行过程中都仍然存在。案例分析结果表明,不同学习类型之间过渡的不顺利,来自两个组织的总部采购部门都开发了标准化合同,并试图在所有地区以同样的方式对合同进行应用和执行。人们普遍忽略了一个问题:每个合同的具体执行方式,是需要根据每个地区的不同环境而量身定制的,而每个地区都具有不同的道路结构、交通拥挤程度、交通方式及地理特征。地区层面的学习将每个合同的执行方式进行了很大程度的修改,即使在同一个地区,不同的项目之间所采用的具体合同执行方式也截然不同。此外,伴随着各个地区内部项目团队的互动,关系能力也在不断演进。另一个原因在于,那些周期长达 3~5 年的项目,在现实中不断被终止,或者被其他项目所替换。因此,两个组织都没有通过等待获得试运营完成所提供的经验教训。例如,在 8 号地区的试运营刚刚开始时,HA 的总部采购部门就已经将原始的 MAC 合同原封不动地应用于 9 号地区及其他地区。RWS 的采购部门甚至支持地方区域根据自己的需求对 IPC 合同进行调整。换言之,虽然在一开始,人们对从过去合同应用中的知识转移采取了限制,但是学习过程渐渐地过渡到了开发性再概念化类型和开发性再应用类型。最终,两个组织为了迅速执行新合同,都强行促进了学习的进展。在这方面,我们的案例结论提供了有趣的见解,之前的研究强调了项目学习向组织学习过渡所面临的阻碍,但忽略了学习可能在平行进行的项目中继续,并且在某种程度上,学习可以发生在互相隔绝的实践中。

7.6 本章小结

本章的一个重要结论为,采购复杂绩效的学习起源于战略和运营学习导向之间以及项目和组织学习层面之间的强度关系，并受到这些强度关系的驱动。学习过程以及由此产生的本章讨论的学习轨迹，是组织的持续关注点和活动，因此，学习本质上是一个演进的过程。虽然从项目到组织的学习、从战略到运营的学习，看似是组织能力构建过程中最具逻辑性的步骤，但是，我们的两个案例都表明，这些学习轨迹的反向进行，对于组织能力的持续改进和升级也同样重要。对复杂绩效采购的学习不仅可以通过对新型合同和组织方式的概念化和应用来进行，也可以通过对这些新方式的再概念化和再应用来实现。在对新的采购实践进行更大范围应用的过程中，组织在与供应商的交易关系中，会经历各种缺陷、矛盾和干扰。虽然合同代表了对新型复杂绩效采购实践的最具体的概念化，但出于交易的复杂性，对合同的应用会产生许多模糊性，这就导致了对合同的不同理解，这也是在后续交易中对现有合同进行调整的基础。基于人们认识到的目标结果与实际结果之间的偏离以及所设想的合同调整方式，下一轮采购实践会再次通过试运营的方式被执行。相似地，运营层面的实践通过指出组织在采购复杂绩效时具体取得的能力，来为战略学习提供信息。此外，复杂绩效采购合同只能实现部分的标准化。合同必须符合产品—服务集合的特殊性，同时，合同团队的关系能力必须能够填补鸿沟，以解决交易中合同文件无法涉及的其他因素。契约能力与关系能力是同一枚硬币的两面，它们通过 Cook 与 Brown(1999)所谓的"衍生舞蹈"(generative dance)而演化。由此，我们得出如下有关构建契约能力与关系能力的管理启示：

• 采购部门应该以之前的合同为蓝图，来协助合同团队根据其具体实践情境，对合同做出调整。

• 组织中的事业部门也应辅助新采购实践的执行。这些部门不仅包括采购部门，也应该包括如人力资源管理等部门。

• 组织中的事业部门应该在运营单位之间起到"别针"般的联系作用，协助运营单位学习和扩散经验教训。

• 例如审计一类的结构性手段的使用，可能有利于组织学习到与合同相关的经验教训,通过这些经验教训,可以改进新的合同。

• 例如演练小组(community of practices,也称"实践社区")一类的解构性手段的使用,可能促进合同团队之间交流与关系相关的经验教训。

我们的研究仅仅基于同一行业的两个组织,未来的研究可以包含来自其他行业的案例,以此与我们的研究结论形成对照,从而增强研究的外部效度。探讨哪些组织遵循相似的学习轨迹及其原因,将会成为一个有趣的议题。我们猜测,某些组织特征(即成立年限、组织规模与技术水平等)或国家限制条件(即监管制度与规范制度)可能对组织设计和其他活动产生影响,而这些组织设计和活动是与独特的学习轨迹相联系的。此外,如果组织展现了相当的学习能力,是否也意味着这些组织拥有着采购复杂绩效所需要的同样能力。

本章参考文献

Andreu, R. and Ciborra, C. (1996). Organisational learning and core capabilities development: the role of IT. Journal of Strategic Information Systems, 5(2): 111-127.

Attewell, P. (1992). Technology diffusion and organizational learning: The case of business computing. Organization Science, 3(1): 1-19.

Avas. K. and Zeniuk, N. (2001). Project-based learning: building communities of reflective practitioners. Management Learning, 32(1): 61-76.

Bessant, J. and Buckingham, J. (1993). Innovation and organizational learning: The case of computer-aided production management. British Journal of Management, 4(4): 219-234.

Betts, J. and Holden, R. (2003). Organisational learning in a public sector organisation: a case study in muddled thinking. The

Journal of Workplace Learning, 15(6): 280-287.

Borins, S. (2002). Leadership and innovation in the public sector. Leadership & Organization Development Journal, 23(8): 467-476.

Brady, T. and Davies, A. (2004). Building project capabilities: from exploratory to exploitative learning. Organization Studies, 25(9): 1601-1621.

Bresnen, M., Goussevskaia, A. and Swan, J. (2004). Embedding new management knowledge in project-based organizations, Organization Studies, 25(9): 1535-1555.

Cohen, W. M. and Levinthal, D. A. (1990). Absorptive capacity: a new perspective on learning and innovation. Administrative Science Quarterly, 35: 128-152.

Cook, S. D. N. and Brown, J. S. (1999). Bridging epistemologies: the generative dance between organizational knowledge and organizational knowing. Organization Science, 10(4): 381-400.

Davies, A. and Hobday, M. (2005). The business of projects: managing innovation in complex products and systems. Cambridge University Press, Cambridge.

Davis, P. (2007). The effectiveness of relational contracting in a temporary public organization: intensive collaboration between English local authority and private contractors. Public Administration, 85(2): 383-404.

Dierickx, I. and Cool, K. (1989). Asset stock accumulation and sustainability of competitive advantage. Management Science, 35(12): 1504-1511.

Dodgson, M. (1991). Technology learning, technology strategy and competitive pressures. British Journal of Management, 2(3): 133-149.

Dyer, J. H. and Singh, H. (1998). The relational view: cooperative strategy and sources of interorganizational competitive advantage. Academy of Management Review, 23(4): 660-679.

Egan, J. (1998). Egan Report (Rethinking Construction). HMSO, London, UK.

Eisenhardt, K. M. and Graebner, M. E. (2007). Theory building from cases: opportunities and challenges. Academy of Management, 50(1): 25-32.

Eisenhardt, K. M. and Martin, J. A. (2000). Dynamic capabilities: what are they? Strategic Management Journal, 21(10/11): 1105-1121.

Engeström, Y. (2001). Expansive learning at work: toward an activity theoretical reconceptualization, Journal of Education and Work, 14(1): 133-156.

Fichman, R. G. and Kemerer, Ch. F. (1997). The assimilation of software process innovation: An organizational learning perspective. Management Science, 43(10): 1345-1363.

Fiol, C. M. and Lyles, M. A. (1985). Organizational learning. Academy of Management Review, 10(4): 803-813.

Frederiksen, L. and Davies, A. (2008). Vanguards and ventures: projects as vehicles for corporate entrepreneurship. International Journal of Project Management, 26: 487-496.

Grabher, G. (2002). Cool projects, boring institutions: temporary collaboration in social context. Regional Studies, 36(3): 205-214.

Helfat, C. E. and Peteraf, M. A. (2003). The Dynamic resource-based view: Capability lifecycles. Strategic Management Journal, 24(10): 997-1010.

Helfat, C. E., Finkelstein, S., Mitchel, W., Peteraf, M. A.,

Singh, H. , Teece, D. J. and Winter, S. G. (2007). Dynamic Capabilities. Understanding strategic change in organizations, Oxford, Blackwell Publishing.

Hobday, M. (2000). The project-based organisation: an ideal form for managing complex products and systems? Research Policy, 29(7): 871-893.

Johnson, J. L. , Sohi, R. S. and Grewal, R. (2004). The role of relational knowledge stores in interfirm partnering. Journal of Marketing, 68(3): 21-36.

Jones, C. , Hesterly, W. S. and Borgatti, S. P. (1997). A general theory of network governance: exchange conditions and social mechanisms. Academy of Management Review, 22(4): 911-945.

Kale, P. and Singh, H. (2007). Building firm capabilities through learning: the role of the alliance learning process in alliance capability and firm level alliance success. Strategic Management Journal, 28(10): 981-1000.

Keegan, A. and Turner, J. R. (2001). Quantity versus quality in project-based learning practices. Management Learning, 32(1): 77-98.

Lam, A. (2005). Organizational innovation. In: Fagerberg, J. , Mowery, D. C. and Nelson, R. R. (eds.), The Oxford handbook of innovation. Oxford University Press, Oxford.

Levinthal, D. A. and March, J. G. (1993). The myopia of learning, Strategic Management Journal, 14:95-112.

Lewis, M. A. and Roehrich, J. K. (2009). Contracts, relationships and integration: towards a model of the procurement of complex performance. International Journal of Procurement Management, 2(2): 125-142.

Mayer, K. J. and Argyres, N. S. (2004). Learning to contract:

evidence from the personal computer industry. Organization Science, 15(4): 394-410.

Nelson, R. R. and Winter, S. (1982). An evolutionary theory of economic change. Harvard University Press, Cambridge, MA.

Nevis, E. C., DiBella, A. and Gould, J. M. (1998). Understanding organizations as learning systems. In: Smith, D. E. (ed.), Knowledge groupware and the Internet. Butterworth-Heinemann, Woburn.

Nichols, M. (2007). Review of the Highways Agency's major roads programme: report to the secretary of state for transport. The Nichols Group, March 2007.

Penrose, E. T. (1959). The theory of the growth of the firm. John Wiley, New York.

Poppo. L. and Zenger, T. R. (2002). Do formal contracts and relational governance function as substitutes or complements? Strategic Management Journal, 23(8).

Prencipe, A. and Tell, F. (2001). Inter-project learning: processes and outcomes of knowledge codification in project-based firms. Research Policy, 30(9): 1373-1394.

Richardson, G. B. (1972). The organisation of industry. The Economic Journal, 82(327): 883-896.

Scarbrough, H., Swan, J., Laurent, St., Bresnen, M. and Edelman, L. (2004). Project-based learning and the role of learning boundaries. Organization Studies, 25(9): 1579-1600.

Schoorman, F. D., Mayer, R. C. and Davis, J. H. (2007). An integrative model of organizational trust: past, present, and future. The Academy of Management Review, 32(2): 344-354.

Walker, R. M. (2006). Innovation type and diffusion: an empirical analysis of local government. Public Administration, 84(2): 311-335.

Williamson, O. E. (1985). The economic institutions of capitalism. Free Press, New York.

Williamson, O. E. (1996). The mechanisms of governance. Oxford University Press, New York.

Zheng, J., Roehrich J. K. and Lewis, M. A. (2008). The dynamics of contractual and relational governance: evidence from long-term public-private procurement arrangements. Journal of Purchasing and Supply Chain Management, 14(1): 43-54.

Zollo, M. and Winter, S. (2002). Deliberate learning and the evolution of dynamic capabilities. Organisational Science, 13(3): 339-351.

8 海军防御领域的供应管理：复杂绩效采购案例

米基·霍华德(Mickey Howard)，乔·明斯克(Joe Miemczyk)

在西方国家的国防产业中，供应管理有着举足轻重的地位，武装部队面临着为捍卫国际安全而对抗不对称战争的威胁，这需要部队具备信息技术、现役支援及产品灵活性等方面的综合能力。我们以未来号航空母舰为案例，来分析英国国防领域在合同获得和早期建造阶段所面临的采购和供应挑战。在此背景下，我们基于复杂绩效采购视角，来探讨供应网络范围内的交易复杂性与关系复杂性问题。我们将讨论的主题包含管理、政策制定过程与实践过程、任务分工及外包等。我们采用了扩展的资源基础观来区别互补性组织能力与独特性组织能力，以此帮助采购商与供应商理解供应网络中利用供应技能，加强合伙人合作及改进项目绩效的途径。我们发现了四项有待进一步研究的良好实践，分别是：公共政策与私营实践的联结机制、企业之间契约管理与关系治理、在供应网络内共享企业资源的联结机制以及在整个平台生命周期都重视管理创新的联结机制。

8.1 引言

近 10 年来，英国武装部队在非洲、巴尔干半岛各国、伊拉克及阿富汗地区驻扎，这意味着英国军队的发展速度已超过原有的计划(Barker，2007)。这给英国国防部(Ministry of Defense, MoD)带来了巨大的压力，首先是预算的大幅攀升；其次是为了保持前线军队的响应能力，国防部与国防产业之间的关系发生的变化;再次是新政策和实践对组织能力提出的新要求。英国国防企业遵循着现行的政府战略评估(SDR,1998,2002)、白皮书、一系列纲领(智慧采购、后勤改革、全生命周期能力管理等)以及国防产业战略书(Defence Indsutrial Strategy)(NAO,2003;MoD,2005,2006)的指导而探索前进,随之而来的却是日益加剧的挫败感,这主要来自采购新设备的缓慢速度及对正在变化的需求及威胁的适应能力不足(Prins & Salisbury,2008)。

本章并不探讨长期以来有关国防预算与国防设备的争论(Kirkpatrick,1997a,1997b;Freeman,2007)。毕竟,自第二次世界大战以来,英国上将们一直在抱怨,军事规划者总是基于历史上发生的国家冲突事件来部署国防力量(Croft et al.,2001)。在国防后勤与采购组织(the DLO and DPA)成立仅8年后,英国国防部在布里斯托尔的比伍德市完成了新一轮的采购与供应设备整合。本章将研究复杂绩效采购对国防产业供应管理发展的意义。从理论角度来看,本章还提出了一个新的概念,即扩展的资源基础观(the extended resource-based view)(Mathews,2003;Lavie,2006;Arya & Lin,2007),它指出为了实现世界级的绩效所需具备的企业内部的能力及企业之间的能力,对于国防产业来说,这意味着为了抵御全球恐怖主义威胁所需具备的"接洽能力"(jointery)。传统的资源基础观关注的是,企业边界内为实现可持续的竞争优势所需具备的独特技能与能力,当今日益激烈的全球竞争、迅速发展的外包业务以及技术成本的急剧增长,意味着对联盟与合伙的形式日益重视。在这种情形下,竞争力也来源于企业之间合作与共享技能的能力。因此,本章的主旨在于强调英国国防产业在应用PCP过程中所面临的各种挑战,并以此为视角来探讨整个英国海军国防供应网络的结构复杂性。

PCP的应用意在解决当今在各行各业的采购领域日益增强的交易复杂性与关系复杂性,这些行业包括并远不止医疗、建筑、汽车制造及国防行业。虽然人们十分关注一些复杂长期项目,如英国希斯罗机场5号航站楼(Heathrow Terminal 5)项目、NHS医院项目、劳斯莱斯引擎项目以及欧洲战机—台风(Eurofighter/Typhoon)等项目,但也越来越关心如何在项目所有发展阶段(设计与建造)及项目产品使用过程中(产品支持与报废)保持高绩效。这引发了英国由制造转向服务灵活性的产业导向的探讨,这种灵活性体现在对维护、修理、升级的全生命周期管理上 (Oliva & Kallenberg, 2003; Araujo & Spring, 2006)。这些议题呼应了新的研究兴趣,即为了管理复杂产品与系统的创新过程所需具备的组织间技能与能力(Davies & Hobday, 2005)。

英国国防领域早期的采购项目通常由国防部自上而下地发起,或多或少地涉及一级供应商(prime/tier 1 manufacturers)的参与,并雇用大量使用精益制造方法的私营顾问。在过去并不显山露水的上述两个利益相关者,成了产品(即海陆空军事能力)的接收者(NAO, 2006, 2008),并成为外围国防供应商(如中小企业)(Howard et al. , 2007, 2008)。我们认为,对这一产业的进一步研究,不仅需要探索影响采购与供应过程的各个维度,还需要分析跨越整个网络的多个结构层次或机制。这就意味着,我们需要超越传统的将产业采购视为两两对应的、交易性的、基于价格的视角,而转向一个更为战略性的、长期的供应关系管理视角(Cousins et al. , 2008),同时,我们需要研究产品或服务生命周期中的所有阶段。目前来说,一辆装甲车、一艘军舰或一架飞机的平均寿命为30~50 年,这意味着冷战后对军用设备的运营要求变得越来越多样,从而使国防产业面临巨大的挑战。

下一部分讨论绩效与供应管理之间的关系,探讨的议题包括复杂性、管理、政策与实践过程、任务分工与外包。随后通过案例分析得出主要研究发现,并对国防 PCP 领域新近出现的议题进行讨论。本章的结尾将提出实践建议与理论贡献。

8.2 复杂绩效与供应的关系

虽然公共采购领域——如英国的国民医疗保障领域(Knight et al. ,

2007)——已经出现显著的改进迹象,但在国防领域,"供应管理"(supply management)这一术语仍未广为人知。军事人员倾向于将"供应"等同于物流(后勤)与采购,并将它简单地视为采购过程的一部分(MoD, 2005)。然而,从文献来看,虽然在演化初始阶段,供应管理主要关注战略关系、总成本及与供应商之间的合作和整合,但供应管理属于一个新兴的领域(Counsins et al. , 2006;Guinipero et al. , 2006)。为了促进其发展,对国防采购与供应的理解必须超越一般的精益合伙(lean partnerships)与供应链合作(supply chain collaboration)概念(MoD, 2006),而需将其理解为全生命周期和面向产出的绩效所驱动的复杂过程及系统技能的组合。因此,我们的初衷是,围绕 PCP 的核心议题展开讨论,识别出英国高端国防网络的组织间关系模式。

冷战后的 20 多年来,总体来说,国防产业变得越来越碎片化。现在,在英国国防部、英国企业及海外合作商中,随处可见外包、合资企业、公私合营、离岸业务及共享服务。在这样的环境中,竞争优势不再仅仅来自企业内部的资源,而将来源于依赖组织间合作而生的互联互通的供应网络资源。这一点在以技术驱动为主、强调灵活性与响应性的国防领域显得尤为重要(Tatham, 2005;MoD, 2006)。在这一领域,互补性资源将对供应链绩效产生长期性的推进作用(Lavie, 2006;Jacobides & Billinger, 2006)。

虽然有关竞争优势的常见观点一般是基于组织层面的,但这些观点强调的却是那些难以被对手效仿的独特技能和能力(Penrose, 1959;Wernerfelf, 1984)。全球化的发展使市场中产生了越来越多的合作联盟与延伸供应链的可能性,这也对人们提出了重新理解企业资产划分的要求。简单地用扩展的资源基础观(eRBV)的术语来说,即 eRBV 提出了这样的问题:什么资源、技能或知识在企业之间是互补性的(Das & Teng, 1998)? 其余的哪些资源、技能或知识可以用来界定企业的独特性或企业边界(Mathews, 2003;Lavie, 2006;Arya & Lin, 2007)? 21 世纪国防采购政策的当务之急在于,需要理解国防设备采购方与供应商之间是如何通过整合资源、利用供应能力以及在复杂产品与服务绩效的实施中,达成合作并实现竞争优势。

8.2.1 绩效的定义

绩效及其衡量与改进过程是运营及供应管理文献中的永恒主题,传统上说,它包含了产品、项目、团队与组织等各种情境(Katz & Allen,1985;Clark,1989;Kaplan & Norton,1992)。近年来,研究人员的兴趣转向了交付大规模产品与复杂服务的供应网络的全球化效应,就此产生了一系列围绕着所谓"供应链绩效"的研究(Gunasekaran et al.,2004)。然而通常情况下,"将运营实践与战略层次的结果联系起来是比较困难的,因此,将运营实践与企业财务结果相联系也变得困难";此外,运营过程改进往往会导致成本升高,这使得管理者们很难为这些高额的成本进行辩护(Bendoly et al.,2007)。这反映了国防产业所处的窘困局面,以往供应商仅承担特定生命周期中硬件装备的供应(如轮船、飞机与坦克);然而,现在这些硬件装备的设计往往也要着眼于全生命周期能力的绩效(即保养、维修及升级的简便性);甚至对于这些绩效的要求也会随时间而改变,以应对新兴的安全威胁。

有关绩效、运营实践与战略间关系的模糊性表明,在战术层面界定度量标准时要格外小心,所选择的度量标准必须在公司层面或网络层面对战略绩效加以支持。虽然多层次的"战略匹配"(strategic fit)模式现在已很常见(如:Kaplan & Norton,1992),但"开发一个包含于核心组织战略愿景与运营中的全面的供应衡量标准集",仍然属于较新的思想(Bendoly,2007)。这一分析层次的转变并不意味着平衡计分卡绩效衡量方式的终结,而是体现了对衡量标准的重新界定,以此来反映更为灵活和网络层面的活动,这些活动使上游运营商与客户间形成了更为有效的沟通与响应。

8.2.2 复杂性的评估

在国防及其他传统的以硬件为核心的产业中,对复杂性的探讨往往基于产品、服务、过程或系统层面的评估,这些评估围绕着每一主体中所包含的部件、种类、流向或零件的数量来进行。Lamming 等(2000)基于复杂产品供应过程中通常存在的界面多样性与关系多样性,使用了"复杂性"这一概念作为供应网络分类所依据的要素之一。当被应用于"能力"或"绩效"等术语时(如 Davies & Brady,2000),"复杂性"假设了多个维度的要素,这些要素包括了上述元素及这些元素随着时间的流逝所产生的相应结果。Hobday(2000)识别出了一类被忽略的经济活动,即对高成本的复杂产品和系统(CoPS)的创造和开发。由于 CoPS 属于高度定制化和工程密集型(engineering-intensive)的产品,它往往需要多个生产者同步合作,因此,CoPS 的创新动态可能与大规模生产的产品大相径庭。CoPS强调多种多样的创新路径与项目创新点,而不是将单一的企业视为创新管理和竞争者分析的主要分析单元。这类以飞行模拟器与航空交通控制系统为例的高科技、高价值的资本产品,代表了许多国家中一个重要的成长型产业。在这些产业中,对产品的大规模生产方式已日渐消亡(Davies & Hobday, 2005)。

8.2.3　管理类型

提供复杂产品和服务的供应网络的管理模式一般可分为两类:由交易成本经济学所定义的正式契约管理模式(Williamson, 1979),或者基于人际交往与组织间合作的关系治理模式(Dyer & Singh, 1998)。契约协议试图通过法律机制来防止机会主义行为,将与外界组织合作时面临的风险最小化;合作关系与契约管理模式不同,它依赖企业之间的信用等因素,来形成"当合作各方整合、交换或投资于异质性资产、知识和资源(能力)时……所可能产生的关系租金"(Dyer & Singh, 1998)。管理供应网络的一个核心问题是随着时间的推移,一个项目的正式契约或关系治理是否以互相替代或互补的形式来发挥作用(Poppo & Zenger, 2002)。根据 Willamson(1979)的观点,交易成本可以通过涉及信用方或"第三类"(the credible or "type C")的混合缔约(hybrid contracting)形式,将两种管理模式融会贯通①,这样,可以通过对契约的合作性调整而降低风险。这对于国防产业来说是至关重要的,因为该产业需要供应伙伴之间形成更为前瞻性及响应性的工作方式,以此来克服项目交付过程中所面临的特有挑战,这些挑战来源于对传统成本加成式会计实践的颠覆,以及以"按图生产"(build-to-print)为代表的传统生产机制的阻碍。

8.2.4 政策/实践过程

公私伙伴关系是一种将企业能力与长期政府需求联系起来的常见过程或机制(如:Broadbent & Laughlin,2003)。PPP 的典型模式为:公共部门与私营部门一起,以各种形式的合作方式来交付政策、服务及基础设施,例如:火灾消防救援服务、英国国民医疗保障制度(NHS)医院建造工程、伦敦地铁保养工程以及国防产业的设计、建造与现役支持服务等。在英国,在交付公共服务的过程中涉及私营机构投资的领域,最为常见的PPP 形式是 PFI(HMT,2008)。PFI 是政府交付公共服务所采用的小规模但很关键的一种战略。为了评估 PFI 的适用性,政府往往考量"特定的PFI 是否关注效率、公正与责任,是否遵守公共领域改革的各项原则"。只要符合以上条件,PFI 应该能产生一些重要的效益。通过要求私营机构投

---

① "所谓第三类缔约或混合缔约,指的是缔结长期合约。长期契约有两个共同特征:一是契约筹划时期留有余地;二是无论是留有余地还是力求严格筹划,契约筹划者所使用的程序和技术本身可变范围就很大,导致契约具有灵活性。在解决争端、评价绩效方面,第三方的介入常常有利于通过法律诉讼来实现契约的灵活性和补充留下的余地。但如果不是双方当事人均信任第三方协调机构的话,则根本不能诉诸法律。"上述文字引自陈郁编.企业制度与市场组织——交易费用经济学文选[M].上海:格致出版社、上海三联书店、上海人民出版社,2009:26.

提到混合缔约(长期缔约)的隐含前提假设是,传统契约管理模式强调的是单次缔约,而关系治理模式则强调契约模式因合约延期性和复杂性的巨增而失灵,转而运用非契约模式,即带有除交换及其中间程序之外的大量规范的小社会特性的关系治理。由此可见,混合缔约模式确是介于两者之间的第三类模式。

本章 8.2.5 小节所提及的"自供、购买或结盟"中的结盟,也属于第三类缔约(混合缔约)。只不过自供属于组织内层次结构,可以看作关系治理的一种极端情况(无缔约需要)。——译者注

入自有资金来承担风险,并要求其长期向公共机构提供质量清晰界定的服务,PFI 有助于创造高质量的公共服务,并确保公共资产按照预算按期交付。然而,对现实情况的批判却反映出,纳税人往往会为最终的账单支付过多,因为合同中对私营建筑企业的过度优惠条款,意味着它们可以很早收回项目成本,进而从政府拨款中持续获利(BBC,2008)。为了避免这种现象的发生,现在,人们越来越多地采用一体化合同的形式来完成设计、建造与维护的各阶段,这样可以确保由一个阶段过渡到下一个阶段时的延续性。

8.2.5 任务分工与外包

任务分工与外包指的是,将产品和服务通过归类分为不同的部门、平台或组合,并做出有关内部生产或外部购买的战略选择。从传统意义上讲,有关内部生产或外部采购零部件的决策,就是交易成本经济学所描述的"自供或购买"(make or buy)决策。在这里,交易成本指的是:相对于由企业自供某些产品或服务,通过市场取得这些产品或服务所需花费的成本(Coase,1937)。交易成本是除了购买产品或服务所产生的货币价格以外的其他成本。在交易能够发生之前,交易一方必须首先确定可能有一家企业能够实现其所需的特定交易,他必须寻找一个或多个此类潜在交易伙伴,将交易机会告知他们,并与他们就交易条款进行协商。以上这些活动都涉及时间、精力及金钱方面的机会成本。重要的是,在比较"自供"或"购买"两种决策时,企业几乎很少能够计算出真实的交易成本(Ghoshal & Moran,1996)。基于客户与供应商之间的传统边界,近来又出现了"自供、购买或结盟"的决策组合(如:Jocobides & Billinger,2006),这样,两个或两个以上的企业结为合作联盟,结盟各方根据分担风险的比例获取一定的股权。Willamson(2007)再次承认,考虑到系统层面产生的结盟效益(比如更低的缓冲库存量及声誉的提升),企业会不顾传统承包模式(比如低资产专用性)的条件限制,而选择采取结盟类型的关系,这也属于混合缔约包或第三类。

20 世纪 70 年代,在英国造船业衰落之后,汽车制造产业成为最早实施持续性外包的制造产业之一。本国的高额利率以及国外日益激烈的市场竞争,使东欧一些新兴国家和地区成为制造业外迁的目的地,这些国家和地区为企业提供了相当大幅度的财政激励,同时,其廉价的本国劳动力多数也受过大学教育,这导致了 20 世纪 80 年代英国汽车零部件产业的"空心化",在英国本土运营的仅剩下汽车装配工厂。除了产品开发轨迹的一些不同之处,我们认为,目前的海军与空军国防产业面临着与以上相似的威胁。英国政府正在紧锣密鼓地出台一系列规划,并通过国防产业战略白皮书做出有关指示,要保护英国的关键战略能力(例如先驱级别的核潜艇维修能力),并在下一个 10 年确保英国造船厂能够抵御预期的产业高峰与低谷(MoD, 2005)。

8.2.6 创新的发展

尽管 20 世纪的企业组织发展成效显著 (Hamel, 2006),但就创新来看,其道路还是曲折的。创新有着这样的名声,它"每 6 年作为促进发展的因素出现一次",但一般只带来平凡的结果,并最终又不了了之、销声匿迹(Kanter, 2006)。直至目前,长期来看,英国面对的主要冲突来自北爱尔兰,因此,在国防研究领域需要相当大量的再次投资,来学习应对最新出现的极其恶劣的全球恐怖主义。这种新型的恐怖主义基于不对称作战原则,恐怖主义者愿意通过牺牲自己来作战(如自杀式爆炸)。为了应对这类恐怖主义威胁,英国国防产业在研发方面的投入是一个关键问题,而过去,这类投入多数由政府来负责。目前,英国国防部的总研发投资额占国防预算的 8%,而私有企业通过自筹资金进行的研发投入,平均来看,仅占国防总投入的 2%,相比之下,私有企业在民用市场的研发投入占总投入的 6%(MoD, 2006)。有趣的是,《2006 年英国国防技术战略白皮书》提出了一个使命,旨在增加民间研发投资,而这些研发投资部分受到与英国大学合作的企业的支持,并可通过向技术战略董事会(Technology Strategy Board)申请拨款来获得研发资金。

当今世界的反恐活动具有情报驱动的特征,这就意味着,在新型的国防项目中,与电子战争和信息技术相关的内容具有十分重大的意义;在一个典型的国防项目中,有将近一半的项目成本与信息技术相关,对于典型的国防产品供应商来说,其角色也正转向"系统集成商"(Hall, 2007)。系统集成商出现在欧洲漫长的兼并收购时期的后期,这也对英国在整合海陆空平台能力方面造成了影响[如:韦斯兰特公司(Augusta Westland)与英国航太系统(BAE Systems)]。然而,随着国防技术成本以每年约10%的速度持续增长(Kirkpatrick, 1997a; Hall, 2007),西方国家越来越重视产品的多用途、灵活性设计。企业需要寻求超越供应链等级的更为有效的合作方式,这对小型的技术复杂型供应商来说尤其重要,因为这类供应商在设计过程中的早期介入,对持续创新和产品寿命起着至关重要的作用。人们需要设计具有高度灵活性的新型平台,以推进产品升级和服务周期的延长。对下游运营响应性的重视,强调了如"全生命周期能力管理"(through-life capability management)等概念的重要性(MoD, 2005),项目一开始就应考虑现役支持服务(in-service support),这就需要核心团队和供应商对工作投入长期和一致的努力(见图8.1)。

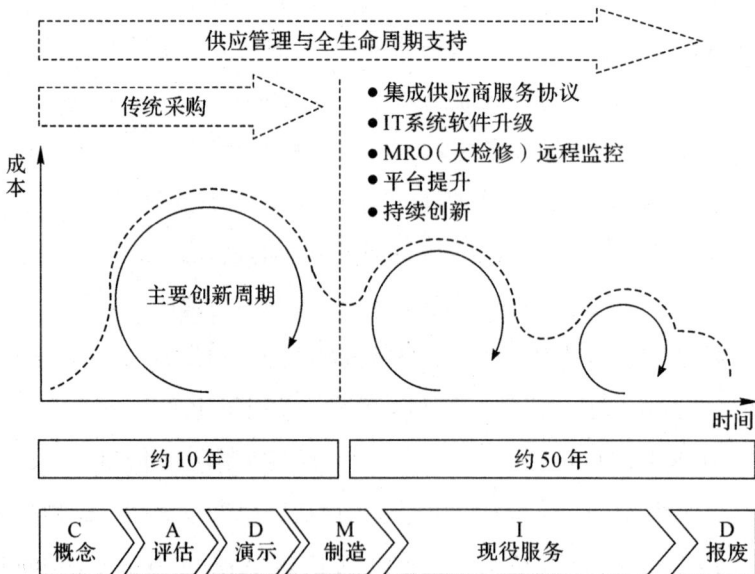

图8.1 国防平台生命周期

资料来源:Howard et al. (2007)。

8.3　案例分析：伊丽莎白女王级航空母舰

人们一直在争论大型军舰在冷战后的作用(Benbow，2008；Till，2008)。20世纪英国海事技术演化历程中发生过几次争论，人们认为鱼雷及导弹等的开发使大型海军水面舰艇显得不堪一击，因此不宜继续对其进行投资。然而，旨在支持皇家海军发展、培养其击毁敌方舰队、封锁敌方港口、保护英国商业航道与领土能力的海军条例，至少在外行人看来，自从无畏舰时代(dreadnought era)甚至特法拉加(Trafalgar)时代(1805)以来，并没有发生太大改变。海军条例的基本原则仍未改变，这些原则表现在海上控制、海上封锁及海上力量预测等方面，其中海上力量预测反映了海军影响陆上事件的能力正在与日俱增。以航空母舰为例的大型舰艇并不是独立作业的，它需要驱逐舰与护卫舰陪同护卫，这在相当程度上加大了纳税人的负担，因为两艘伊丽莎白女王级(QE)航空母舰的造价高达40亿～50亿英镑。当英国进入了严重的经济衰退及史无前例地强调军事投入的时期，有关伊丽莎白女王级航空母舰(正式称号为"未来航母"或"CVF")的工作，已经从设计阶段转入制造阶段(DE&S，2009)，见图8.2。

图 8.2　伊丽莎白女王级航空母舰

来源：英国泰雷兹集团(Thales UK)。

在近期中东地区的冲突中，航空母舰成功地得到运用，海外作战时它可以在那些传统陆地上空缺乏战场的情况下,为强制战斗力的发挥提供灵活且便于迅速部署的基地。目前皇家海军拥有的三艘无敌级航母是专为北大西洋冷战中的反潜水艇战争而设计的。它们有限的空运能力意味着其并不能应对日益艰巨的来自新战略环境的挑战,同时,它们也接近了预期寿命。1998 年的战略国防评估报告揭示了有关未来航母(the future aircraft carrier)的规划,两艘更为巨大、性能更优、可以承载更为强大的空军部队的航母,将替代现有的航母(本章的第一作者曾于 1988 年服役于皇家方舟号)。伊丽莎白女王级航母的体积是英国现有航母的 3 倍,总排水量达 65000 吨,与 QE2 游轮相似(MoD, 2007)。

就作业能力来看,伊丽莎白女王级航母的设计可使其全方位地协助未来战斗,展开空中攻击。空中战斗由联合部队空军团队发起,团队主要由一批可以在任何天气情况下昼夜作业的联合攻击战斗机与海上空中监视与控制系统组成,可以进行航母突击行动,并为航母提供空中防护,为岸上的地面部队提供攻势支援。航母还能承载和运行不同功能的直升机与无人机,这些直升机或无人机主要执行反潜、反地面战争(anti-surface war)、进攻和支援等任务。

伊丽莎白女王级航母在英国研制,它代表了一种复杂的设计理念,不仅包含了飞行甲板、吊架甲板、航空武器管理系统及其他飞机支持功能,同时还满足了高强度空中作业所需的严格舰船稳定性及适航性要求。初始的设计研究囊括了不同的备选设计方案,就不同领域的性能和飞机型号建模,并最终基于英国国防部的短距离起落与垂直着陆(short take-off and vertical landing, STOVL)标准,选定了最佳的联合攻击战斗机型号及最优的飞机出动架次状态。航母的设计体现了独特的环境适应性,设计过程涉及大量机载空中作战模拟研究,同时也涉及传统的舰船设计研究及模型试验,以确保舰船的水上性能及其他如生存能力(survivability)等指标的实现。航母的设计中体现了如下创新:

- 独特的适应性设计可使航母在运行 STOVL 飞机后 40～50 年的预期服役年限中,被改造为可应对飞机弹射器与避雷器的舰船,用于运行承载老式的载体变体飞机(carrier variant aircraft)。

- 双岛设计(twin island design)可令飞行甲板效用最大化,同时将装卸引擎对航母可用运载体积的影响最小化。航母的燃气涡轮被设置在双岛附近的高处,进一步减少了卸载大型引擎和船体深处废气排放导致的损害。

- 独立的分区系统可在最后组装航母之前,确保独立建造的船体各部分之间完全匹配并对其进行测试。这样的设计,可使不同造船厂先行制造出主要的船体各部分,最后再进行统一的装配,借此,英国可以通过现有的造船设施来完成航母的建造。这种分区设计还能实现航母较高的生存能力。

- 为了达到未来的环保标志,伊丽莎白女王级航母是皇家海军首艘具有集成废物处理系统的航母。

伊丽莎白女王级航母这一采购项目的特殊性体现在其承包方式与产业结构上。人们成立了一个名为"航母联盟"的领导组织,来管理和交付这一航母项目,组织成员来自英国国防部、BAE 系统、泰雷兹集团(Thales)、沃斯珀桑尼克罗夫特公司(Vosper Thornycroft)及巴高克公司(Babcock)。这些公司过去都完成过与海军相关的项目,拥有英国国内最强的技术与能力,代表了"英国国内可以降低项目风险且拥有最高技能与最丰富经验的团队"(国防项目承包商)。为了确保包括英国国防部在内的各方之间的合作,该组织出台了一系列涉及联合绩效激励机制的措施。值得注意的是,CVF 方案的成败主要取决于采购联合攻击战斗机的绩效,这意味着较高的绩效风险,英国国防部接受了这一挑战,并采取了与产业联盟伙伴共担项目风险的方法。这一做法同时也避免了影响过去重要国防平台采购所存在的敌对行为,这种敌对行为发生在英国国防部采购发展过程中通过国防生产局(Defense Production Administration, DPA)及现在的国防装备与保障局(Defence Equipment and Support, DE&S)等机构进行智慧采购(smart acquisition)的总承包时代。总体上讲,伊丽莎白女王级航母代表了英国政府支持本国造船产业的重大决心,航母的建设与装配在英国的朴次茅斯、克莱德与罗塞斯完成,同时项目还被分包到提塞德、贝尔法斯特(位于北爱尔兰)及阿普尔多尔等地。英国国防部声称,联盟团队"竭尽所能来实现项目的性价比。从最终的项目设计来看,伊丽莎白女王级航母可以承载运行的飞机大小和重量是无敌号航母的 2 倍,且只需与无敌号相同的船员数量就能实现比其更大的战略机动能力"(MoD,2007)。

从更具国际性的视角来看,伊丽莎白女王级航母设计方案的开发(评估阶段)所遵照的未来航母(future carrier)概念,来自 2006 年英法政府所达成的谅解备案录。英法两国最初的合作形式为对设计开发研究的共享,随后,法国为了能够使用英国早先的设计能力,投入了财力支持。与许多此类大型"公共利益"项目[如康科德河项目(concord)与欧洲隧道项目(eurotunnel)]类似,各国政府一般会介入项目以共享财政资源、共担风险,并通过在关键建构性产业(structural industries)中保护就业来维护国家利益。未来航母项目也不例外,然而,此类联合采购项目需要具备各国在政治需求上的一致性。在我们的案例中,法国政府以节约成本为由,在采购未来航母平台的决策过程中一再拖延,但这也给予法国缓冲时间,来审视其在北大西洋公约组织(NATO)及其他世界组织中的战略地位。①

由于需要定期停工检修维护,当时的航母(戴高乐号)无法实现 100% 的可获得性以随时完成作业任务,因此,法国建造了波特军机航母(Porte Avion 2,PA 2)以解决这一问题。具体来说,这艘以核能为动力的航母需要在航母预期寿命期间多次填充核反应堆,这就需要较长的码头停泊时间。投资建造第二艘航母的目标就是为了填补航母的停工期,以确保至少有一架航母随时待命,这也是英国采购两架伊丽莎白女王级航母的用意。法国航母对于舰船尺寸和承载飞机数量的要求与英国的相关要求非常接近。然而,不同于英国的 STOVL 标准,PA2 必须能够支持老式的法国喷气式战斗机。DCNS(法国舰艇建造局)与法国工业合作伙伴英国泰

---

① 2008 年,萨科齐总统在发言中提及了对 PA2 项目的支持。

雷兹集团(Thales)以及圣纳泽尔[原为阿尔斯通(Alstom)]的 STX(世腾泛洋公司)所属造船厂进行了一系列研究,来评估项目的可行性及成本,并建议法国航母平台 90% 的参数设计可以参照英国的同类航母。但是,由于不同国家采购政策(如对一些设备方案的当地产业保护制约等)以及建造要求的不同(如:圣纳泽尔可以在同一地点制造和组装一艘完整的舰船),这项合作项目最终还是付之东流了。

本章开头回顾了"供应"的定义以及国防产业中"供应"的含义,并以采购复杂绩效的视角来探究供应网络中的多维度动态关系。本部分讨论将以上议题应用到未来航母的案例,并指出 PCP 是未来国防供应管理的基础。

8.4 国防供应管理案例

随着成本、产品开发周期、产业关系及有关全球安全的战略决策变得越来越重要,采购与供应链问题也变得越来越明显。相比过去英国国防部将采购与后勤及支持职能相分离的做法,联合的供应管理途径更有可能填补新项目中公私产业投资之间的鸿沟。这证实了在比伍德市采购与后勤支持职能的整合这一做法的正确性,尽管其中仍然存在政府国防委员会(威斯敏斯特)、英国国防部[英国白厅(Whitehall)]与 DE&S(布里斯托)之间的"沟通三角"。假设战略供应管理被视为武装部队采购的未来,为了促进其发展,也许需要像伊丽莎白女王级航母项目一样将 PCP 融入国防政策。

8.4.1 绩效

在航母联盟合同中,基于各参与企业所承担的工作及风险比例来分配利润和损失,这种做法可以在问题发生时有效地将各联盟伙伴团结起来。虽然对英国来说还是件新鲜事,但是澳大利亚政府已经在超过 60 个项目的商业联盟中应用了这种绩效衡量方法(Hall, 2007)。虽然这种做法可以为维持项目动力设定明确的目标,并可避免关键设计阶段企业为了求稳而对创新的抵制,英国国防部还是采用了一项"目标成本激励"(Target Cost Incentive Fee)政策,在持续满足特定绩效标准的前提下,企业可以通过节省成本而获得奖励。

8.4.2 复杂性

在评估复杂性水平时,尤其是在国防项目中,我们必须在衡量绩效时将风险视为一个关键因素。有趣的是,在设计新航母的过程中,产业伙伴可以通过规避风险和节约成本来取得财务利益。航母作为一个复杂的平台型架构[例如船体与上层建筑(superstructure)],包含了互相关联的各类模块(如推进力与动力模块)及系统(如武器、通信与废物处理系统),这反而更便于将不同工作包分配给主要联盟伙伴及次级合作伙伴,从而使整合成本最小化。

8.4.3 管理

在项目进程的几个关键节点上,未来航母项目发生了一些变化。起初,有两个竞标团队参与了投标,他们分别是:BAE 系统公司与泰雷兹集团;它们在向英国国防部递交标书后,共同与英国国防部签署了航母联盟协议(Aircraft Carrier Alliance Arrangement),形成了由泰雷兹设计团队领导的联盟伙伴。这种投标流程(MoD, 2005)与企业行为上的灵活性,与以往的国防项目相比[例如 20 世纪 80 年代的鲍曼军事电台项目(the Bowman army radio project)]有了显著的进步:在鲍曼军事电台项目中,当普莱西(Pressey)公司与雷卡(Racal)公司的标书被拒绝后,两个企业都无缘参加项目,导致项目失去了大量的专家资源。这也揭示了一个长期存在的误区:人们一直认为只有契约关系或基于信任的关系能够驱动供应关系的产生(Poppo & Zenger, 2002)。事实上,在复杂的公私合作采购项目中,招标的过程可能体现为在两家企业之间摇摆不定,也可能体现在项目的进程中,在各个层面上两家企业之间的结合。

8.4.4 政策与实践

英国国防部的采购政策是集结最优秀的团队来实现项目的各项要求(MoD, 2006)。然而,鉴于国防产业内部几十年来的兼并整合,导致很难像往届政府那样完全遵守"购买英国制造"(Buy British)的政策。虽然项目团队尽可能地继续雇用英国劳动力,即使本国许多企业目前都归外国所有,英国国防部还是在其采购政策上对这个具有商业独特性的国防项目进行了权衡。项目团队认识到了工作分流管理的重要性,在特定的时间框架下将订单分摊给各个造船厂,使得本国企业可以在采购周期内接近满负荷运作(MoD, 2005),这有利于给英国本国产业带来利益(MoD, 2005)。虽然这项政策是专门针对英国产业利益的,但这对未来效率与竞争力又意味着什么呢? 另外,这一做法是否可以被进一步延伸到供应链下游,从而可以囊括各个中小企业? 毕竟中小企业雇用了高于 50% 的总劳动力,其在材料和技术方面的研发也占据了全国总量相当大的份额。

8.4.5 任务分工

虽然伊丽莎白女王级航母的建造合同已经尘埃落定,但是有关航母的现役支援[in-service support,如保养、修理及大检修(MRO)]合同却要到 2009 年才开始招标。这对于子联盟伙伴(sub-alliance partner)劳斯莱斯公司来说是至关重要的,因为它将通过其海上与空中总代管服务(total care services),为航母提供核心推动力及动力元件,劳斯莱斯目前的引擎修理利润高于引擎销售利润(O'Grady, 2007)。伊丽莎白女王级航母的任务分工成就了航母的模块化设计,每个合作商对于其负责的工作包都有清晰的界线。① 现在面临的挑战在于,如何将起初的团队凝聚力传承到

---

① 法国人对电动分离舱(electric pods)的设计方案,几乎可以为舰船的推进系统提供"即插即用"的元件,这一技术目前被世腾欧洲(STX Europe)应用于其游轮设计中。

项目之后的各阶段,以确保那些提供关键机上服务(如提供复杂电子系统的服务)的分包商能像主要制造商那样,对项目投入同等水平的努力。

8.4.6 创新管理

在英国国防部有关升级英国武装部队以对抗 21 世纪反恐挑战的政策中,对于侦查监视信息技术的管理已变得越来越重要。因此,伊丽莎白女王级航母项目不仅仅被视为一个独立的移动空中战场,它更是一个全面整合的平台,能够支持目前正在酝酿的各类未来反叛乱措施,比如"未来综合士兵技术"(future integrated soldier technology, FIST)与"未来快速反应系统"(future rapid effects system, FRES)等。国防技术与创新史无前例地通过将重心聚焦于能够高速搜集情报的安全信息系统以及能够实现快速响应实现空运的轻质装甲的开发上。微电子领域的一大创新在于无须替换系统控制的定制设备,就能实现 IT 系统软件的升级与"即插即用"(plug & play)。对于英国国防部及其他产业采购巨头来说,他们面临的一大挑战来自将这些技术创新与组织过程的灵活性相匹配,以维持前线稳健的绩效改进。

对于组织与过程灵活性的要求反映了前文所述有关扩展的资源基础观的观点。人们很容易认为,对于更高项目绩效的要求等同于对企业间合作与联盟的进一步加强。但是,目前国防领域的相关背景是否预示着更进一步的公私合作与共享呢?或者,它是否预示着我们需要更进一步地理解其间潜在的合作机制呢?对于英国国防部来说,在整个项目团队中贯彻明确的"合作"政策,可能会导致对个体企业独特商业边界和文化边界的忽视,而这些边界定义了每个企业的特性,并创造了将企业研发与创新战略整合的环境。就目前看来,航母联盟采取的方法是正确的:通过标准化的契约与清晰的团队间绩效激励机制,来识别合作所需的互补性技能,与此同时,也要认清每个合作方带给项目团队的独特过程与技术优势(与挑战)。

8.5 本章小结

伊丽莎白女王级航母是 40 年来为皇家海军设计和建造的最大项目之一,我们通过供应管理和 PCP 视角对其进行了简要的分析。本案例规模之大、复杂程度之高,为我们的主要议题展开和 PCP 分类分析提供了良好的基础;同时,我们也能够借此对复杂国防采购项目中更广泛的供应管理问题进行研究(见表 8.1)。我们的案例分析具有以下实践与理论贡献:

首先,本章不仅展现了英国国防部与产业伙伴如何形成紧密的合作关系;也展示了一系列更为明智的方法,来实现响应性的产品—服务供给,以满足产品特定规格与能力的需求。这意味着需要将产品生命周期作为一个持续性的过程来看待,也就是说,即使遭遇国防产业中公私基础设施的整合与重组,也必须保持服务提供的连续性。

表 8.1　伊丽莎白女王级航母项目中的 PCP 元素

PCP 元素	伊丽莎白女王级航母项目相关能力
绩效	基于项目合作伙伴所承担风险水平与工作量份额的灵活性契约。 通过"目标成本激励费用"政策来明确目标,保持项目动力。
复杂性	通过识别产业伙伴所承担的风险,将风险作为评估复杂性的关键因素之一。 将航母概念设计为一个由相互联系的实物模块与多种系统组成的平台型结构。
管理	成立包括英国国防部在内的风险共担的航母联盟。 起初的竞标企业被允许加入成功竞标团队。 契约管理与关系管理的结合。
政策与实践	在"购买英国制造"的同时,实行"组建最佳团队"的政策。 将工作分摊到一定时期中(即 10 年),并分配给多家造船厂。
任务分工	模块化设计使企业明确各自的工作任务包。 将早期项目团队的凝聚力传承给提供现役服务支持的供应商。
创新	空中作战仿真模型驱动的舰船定制化设计,以满足独特的操作封装要求。 将未来航母视为一个灵活的平台,以支持由专业供应商提供的多种高科技方案,这些方案包括了 STOVL 或 CV 航母标准的配置。 将系统软件升级作为全生命周期能力管理的一部分。 应用集成全电子推进技术(发电站理念)为未来升级提供最大化平台灵活度,其中包括将航母改装为 CV 标准飞机运行平台所需的飞机弹射器。

其次,PCP避免了人们在项目层面或运营层面将采购与供应看作两个独立的职能,强调了驱动供应网络形成的核心机制,即绩效、复杂性、管理、政策与实践、任务分工及创新管理等方面。虽然以上一些术语在现有文献中已很常见,但我们还是将它们作为对伊丽莎白女王级航母项目的影响因素来研究。

再次,本章强调,在复杂绩效采购情况下,需要将公私实践结合起来,以理解驱动绩效的因素。技术成本的螺旋上升及对维护技术(或工作)的日益重视,对英国工程与制造产业产生着越来越大的冲击,这使得公私实践的结合显得尤为重要。有趣的是,有关"主权"的问题强调的是国防技术能力可能会向海外流失,但英国国防部并不将其当作问题,而更多考虑的是,如何最好地利用可获得的能力以便在项目团队或联盟中产生最佳的效果。① 这在竞争优势与企业边界方面提出了重要的问题,在伊丽莎白女王级航母的项目中,起初相互竞争的企业被鼓励重组,并作为核心团队的一员进行信息共享。这一项目体现了一种(至少目前为止)成功的风险共担与利益共享的契约与关系结构,这种结构也许对未来的项目结构具有一定的借鉴意义。这一项目也体现了对成本加成会计法及相应的"与供应商保持臂长距离"(arm-length treatment of suppliers)的做法的进一步摒弃。

最后,PCP在供应管理领域提出了一些问题。在其他行业,供应链技能可能会被视为影响未来竞争力的关键,但是,在将一些特殊的传统职能(例如后勤、采购与研发职能)结合在一起,并将它们融入一个更广泛的领域中时,可能更需要一种强烈的有关"如何将事情做好"的文化及与之相关的更多努力。伊丽莎白女王级航母项目需要对合作供应与开发活动做出大量的预先投资。为了将本案例的做法与其他国防项目的做法相比较,我们还需进一步理解其中相关的工具与机制,比如:交付总貌

---

① 正如法国国防部有关设计研究共享的观点所支持的那样。

(delivery profile)、创新类别与平台灵活性。相比之下，伊丽莎白女王级航母项目的优异性有多大，仍是一个未知数。但是，我们可以通过纵向的、多产业之间的比较来探究，是否存在一些通用做法、这些做法应如何被应用，或者是否存在一种更为合适的 PCP 权变方法。

总之，本研究通过对 PCP 概念的探讨，识别出以下可作为未来研究重心的议题：(1)统一公共政策与私营实践的纽带或机制；(2)企业之间契约型治理与关系型治理的相互作用；(3)跨越供应网络的企业资源共享；(4)贯穿平台生命周期的持续性产品—服务创新。通过研究以上思想如何影响国防产业继续发展其战略采购模式，可以为国防领域创造一个更为安全稳定的未来，从而实现新旧采购模式的更替。

本章致谢

感谢采购与供应特许学院 (Chartered Institute of Purchasing & Supply, CIPS)、泰雷斯英国海军部门 (Thales Naval Division UK) 及 Tim Ash RN 指挥官对本研究的支持。

本章参考文献

Araujo, L. and Spring, M. (2006). Services, products, and the institutional structure of production. Industrial Marketing Management, 35(7): 797-805.

Arya, B. and Lin, Z. (2007). Understanding collaboration outcomes from an extended Resource-based View perspective: the roles of organizational characteristics, partner attributes, and network structures. Journal of Management, 33(50): 697-723.

Barker, A. (2007). £15bn sought for military: flattering to deceive on defence spending. Financial Times, 12 December.

BBC. (2008). http://news.bbc.co.uk/l/hi/uk/1518523.stm.

Benbow, T. (2008). Naval power and the challenge of technological change. Defence Studies: The Journal of the Joint Services Command and Staff College, 8(2): 207-226.

Bendoly, E., Rosenzweig, E. and Stratman, J. (2007). Performance metric portfolios: a framework and empirical analysis. Production and Operations Management, 16(2): 257-276.

Broadbent, J. and Laughlin, R. (2003). Public private partnerships: an introduction. Accounting, Auditing & Accountability Journal, 16(3): 332-341.

Clark, K. (1989). Project scope and project performance. Management Science, 35(10).

Coase, R. H. (1937). The nature of the firm. Economica, 4(16): 386-405.

Cousins, P., Lamming, R., Lawson, B. and Squire, B. (2008). Strategic supply management: principles, theories and practice. FT Prentice Hall, New York.

Cousins, P., Lawson, B. and Squire, B. (2006). Supply chain management: theory & practice-the emergence of an academic discipline? International Journal of Production & Operations Management, 26(7): 697-702.

Croft, S., Dorman, A., Rees, W. and Uttley, M. (2001). Britain and defence 1945-2000: a policy re-evaluation. Longman, Harlow, UK.

Das, T. K and Teng, B.-S. (1998). Resource and risk management in the strategic alliance making process. Journal of Management, 24(1): 21-42.

Davies, A. and Brady, T. (2000). Organizational capabilities and learning in complex product systems: towards repeatable solutions.

Research Policy, 29(7-8): 931-953.

Davies, A. and Hobday, M. (2005). The business of projects: managing innovation in complex projects and systems. Cambridge University Press, Cambridge, UK.

DE&S. (2009). Work kicks off on the carriers' next phase. Desider: The magazine for defence equipment and support, February, Issue 10.

DE&S/MoD. (2006). Establishing an integrated defence procurement and support organization. Defence Equipment & Support internal document, 2 October.

Dyer, J. and Singh. H. (1998). The relational view: cooperative strategy and sources of interorganizational competitive advantage. Academy of Management Review, 23(4): 660-679.

Freedman, L. (2007). Constant combat is draining our forces and their budget. The Times, (Nov. 24): 7.

Ghoshal, S. and Moran, P. (1996). Bad for practice: a critique of the transaction cost theory. Academy of Management Review, 21(1): 13-47.

Guinipero, L. , Handfield, R. and Eltantawy, R. (2006). Supply management evolution: key skill sets for the supply manager of the future. International Journal of Production & Operations Management, 26(7): 822-844.

Gunasekaran, A. , Patel, C. and McGaughey R. E. (2004). A framework for supply chain performance measurement. International Journal of Production Economics, 87(3): 333-347.

Hall, P. (2007). Defence procurement, innovation and the national innovation system. Manchester Business School Working Paper no. 526.

Hamel, G. (2006). The why, what and how of management

innovation. Harvard Business Review, 84(2).

HMT. (2008). http://www. hmtreasury. gov. uk/documents/ public_private_part-nerships/ppp.

Hobday, M. (2000) The Project-Based Organisation: An ideal form for managing complex projects and systems? Research Policy, 29(7-8): 871-893.

Howard, M., Miemczyk, J. and Johnsen, J. (2007). Exploring supply strategy and through-life management in the UK defence industry. Supply Chain Practice, 9(2): 34-53.

Howard, M., Squire, B. and Kumar, N. (2008). Future capabilities study: technology and innovation resources for SME firms in south-west aerospace. Private report for West of England Aerospace Forum, University of Bath.

Jacobides, M. and Billinger, S. (2006). Designing the boundaries of the firm: From 'make, buy or ally' to the dynamic benefits of vertical architecture. Organization Science, 17(2): 249-261.

Kanter, R. (2006). Innovation: the classic traps. Harvard Business Review, 84(11): 72-83.

Kaplan, R. S. and Norton P. D. (1992). The balanced scorecard: measures that drive performance. Harvard Business Review, 70(1): 71-79.

Katz, R. and Allen, T (1985). Project performance and the locus of influence in the R&D matrix. Supply Chain Performance, 28(1): 67-87.

Kirkpatrick, D. (1997a). Rising costs, falling budgets and their implicantions for defence policy. Institute of Economic Affairs. December.

Kirkpatrick, D. (1997b). The affordability of defence equipment. The RUSI Journal, June.

Knight, L., Harland, C., Telgen, J., Thai, K., Callender, G.

and McKen, K. (2007). Public procurement: international cases and commentary. Routledge, London, UK.

Lamming, R., Johnsen, T., Jurong, Z. and Harland, C. (2000). An initial classification of supply networks. International Journal of Operations & Production Management, 20(6): 675-691.

Lavie, D. (2006). The competitive advantage of interconnected firms: an extension of the resource-based view. Academy of Management Review, 31(3): 638-658.

Mathews, J. (2003). Strategizing by firms in the presence of markets for resources. Industrial and Corporate Change, 12 (6): 1157-1193.

MoD. (2005). Defence industrial strategy. Ministry of Defence (MoD) White Paper, December.

MoD. (2006). Defence technology strategy. Ministry of Defence (MoD) White Paper, December.

MoD. (2007). http://www. royal-navy. mod. uk/server/show/ nav. 2226.

NAO: National Audit Office. (2003). Through-life management. Report by the Controller and Auditor General HC 698 Session 2002-2003.

NAO: National Audit Office. (2006). Ministry of Defence— Delivering digital tactical communications through the Bowman CIP programme. HC1050 Session 2005-2006, 25 July.

NAO: National Audit Office. (2008). Ministry of Defence-Chinook Mk 3 Helicopters. HC512 Session 2007-2008, 4 June.

O'Grady, S. (2007). British legend could hit even greater heights. The Independent, (7 July): 10.

Oliva, R. and Kallenberg, R. (2003). Managing the transition from products to services. International Journal of Service Industry Management, 14(2): 160-172.

Penrose, E. (1959). The theory of the growth of the firm. Basil Blackwood, Oxford, UK.

Poppo, L. and Zenger, T. (2002). Do formal contracts and relational governance function as substitutes or complemenrs? Strategic Management Journal, 23(8): 707-725.

Prins, G. and Salisbury, R. (2008). Risk, threat and security: the case of United Kingdom. Royal United Services Institute, 153 (1): 22-27.

SDR. (1998). Strategic defence review white paper. Report produced by the House of Commons Defence Select Committee, October.

SDR. (2002). A new chapter to the strategic defence review. Report produced by the House of Commons Defence Select Committee.

Tatham, P. (2005). Efficient in peace but effective in war: meeting the challenge of the military supply chain. Supply Chain Practice, 7(2): 42-57.

Till, G. (2008). A cooperative strategy for 21st century seapower: what's new? what's next? A view from outside. Defence Studies: The Journal of the Joint Services Command and Staff College, 8 (2): 240-257.

Wernerfelt, B. (1984). A resource-based view of the firm. Strategic Management Journal, 5(2): 171-180.

Williamson, O. E. (1979). Transaction cost economics: the governance of contractual relations. Journal of Law Economics, 122(2): 233-261.

9 在医院设计中开展创新：财务、契约与制度背景

詹姆斯·巴罗(James Barlow)，玛蒂娜·科波拉-盖斯亚(Martina Köberle-
Gaiser)，雷·莫斯(Ray Moss)，安·诺布尔(Ann Noble)，彼特·谢尔
(Peter Scher)，德雷克·斯托(Derek Stow)

9.1 引言

当今世界，医疗技术与政策的变革步伐很快，这意味着支持医疗服务
的基础设施必须具有一定的适应性，以不断迎合新的需求。20世纪六七
十年代的英国，非常注重在建造医院时突出设计和建造方面的适应性。
这种适应性得以实现的基础，来自各级政府支持理性规划的制度框架。

自20世纪90年代以来，英国国民医疗保障制度经历了一次大规模
的基础设施现代化工程(NHS Executive，1999)。为了刺激投资，多种多
样的PPP模式应运而生，这样，私营机构组成联合，在一定时期内为政府
客户开发和运营大型项目。

作为PPP多种模式中的一种，PFI是医院项目的主要融资机制，并自
1997年以来在英国的各类项目中得到广泛应用。在PFI模式下，几个私
营合伙人组成联合体——即SPV，基于长期合同为一家NHS医院托拉斯
建造大型资产并提供某些服务，典型的工程一般持续30年或更长的时
间。此类项目一般包括融资、设计、建造与设施管理等职能，有时也包括
一些"软性设施管理"服务，比如清洁与餐饮服务。医院托拉斯对所有临
床服务付有独立责任。

对于政府来说，引进PFI有以下一些好处：第一，比起传统的由政府

出资建造的模式，PFI 可以更快地实现 NHS 设施的更新。第二，PFI 所包含的长期契约关系可以确保医院设施在整个生命周期中得到良好的维护。然而，另一个引进动因在于，政府感知到 PFI 可以将创新注入医疗行业(Shaoul & Stapleton, 2003; Dixon et al. ,2005)。正如卫生部一位部长所说，PFI"不仅仅是一个新医院建造项目……它必须成为将新设计方案带入 NHS 的主要机制，创新不仅体现在建成的大楼上，也应该体现在建造大楼的过程中"(Hutton, 2004)。财政部称，创新是实现 PFI 项目高质量设计目标的关键原则，它可以"打破公共部门所采取的传统或标准设计方法的枷锁"(HM Treasury, 2000)。

在 NHS 中应用 PFI 是极具争议的。学术文献与政府报告探讨的几乎全部都是 PFI 的财务特征，特别是其对医疗服务运营方来说所需承担的长期成本。本章探索在设计具有适应性的医疗基础设施过程中，PFI 与创新之间的关系，并将当前的项目放到历史传统的制度情境中加以考察。这一点非常重要，因为 20 世纪六七十年代的医院建造项目(hospital building programme)(Ministry of Health,1962)展现了创新实现的途径。当代创新存在缺陷，这些缺陷导致人们很难从过去的系统中复制设计领域的创新。

9.2　研究背景

本研究的总体目标是，探讨 PFI 实施机制能在多大程度上应对未来用途或功能的改变，尤其体现在大楼的建造及相关服务的提供上。

研究涉及定性方法的研究，即对几个选定医院项目的案例研究。我们对来自 PFI 和 LIFT①联盟的 78 个随机样本展开了问卷调查，并与来自卫生部、NHS 房产商、承包商、建筑师、律师与法律顾问领域的 10 名主要专家进行了非正式访谈。进过初步研究，我们选定了两组医院作为案

---

①　LIFT 是初级保健行业中对较小项目所使用 PFI 的一个版本。

例研究对象:通过非 PFI 模式融资和建造的医院及通过第一波 PFI 规划和建造的医院。接着,我们就第一组医院①进行了简短的案例研究。我们尽可能取得各方面资源,对医疗界的建筑师与规划者展开了非正式访谈、走访了医院,并对有关项目背景的文件进行了评估。

第一阶段对第一组医院的研究结束后,我们就第二组中的 6 家医院②进行了详细的案例研究。就这些项目的规划与建设过程,与主要利益相关者进行了 41 次半结构化访谈;我们还走访了医院,并对项目背景文件进行了分析。受访对象包括了医院托拉斯项目负责人及医院规划人员、联合体管理者、建造承包商的管理者、设施管理服务经理以及多名建筑师。

在最后阶段,我们将研究发现呈现给项目指导小组(由医疗建筑设计与建造专家组成),并在由其他学术研究者及来自医疗政策、医疗服务与建筑供应链领域的 45 名代表组成的讨论会中汇报了研究发现。

9.3　主要研究发现

本研究得出了 4 个主要发现。更详细的内容请见 Barlow 与 Köberle-Gaiser 的文章(2008, 2009)。其中 3 个发现指出了 PFI 过程中存在的阻碍创新的严重问题,分别是:项目沟通欠佳、风险规避偏好及过于严格的资本支出控制。第 4 个发现与总体的知识共享有关,关注的是从 PFI 中习得的知识有多少能被扩散到特定项目之外,并为项目之外的创新提供指导。

9.3.1　建筑师与医院之间的沟通障碍

一个 PFI 项目的主要合同是在医院托拉斯与联合体之间签署的。我

---

①　格林尼治区医院、诺斯威克公园医院、西萨福克医院、居伊与圣托马斯医院、哈默顿医院与圣玛丽医院。

②　匿名医院。

们的案例研究发现,联合体的存在导致了医疗运营系统与项目交付系统之间的沟通障碍。PFI模式并没有形成更为团结协作的工作方式。建筑师觉得自己不得不为两个"客户"服务,这两个"客户"分别是联合体及传统意义的"客户"——医院及其用户。在多个案例中,联合体都小心谨慎地处理医院托拉斯医疗规划者与建筑师之间的关系,以免他们走得太近。仅有一个PFI案例在描述联合体时声称它起到了支持和促进沟通的作用。在其他案例中,我们均发现项目在沟通方面存在困难,并且,这妨碍了项目规划与建设过程中的团结协作。我们还发现,由于联合体在契约方面的干预,NHS托拉斯与项目分包商之间也出现了问题。

9.3.2　风险规避减少了创新的采用

NHS的主要目标是为病人提供医疗设施,而为医院建造项目出资的私营机构却将项目作为投资渠道。这种目标的不匹配导致了人们对与创新有关的风险采取更为谨慎的态度。以下三方面因素导致了人们对风险的规避:竞争性的投标环境、PFI出资者保护投资的需求以及托拉斯将风险转嫁给私营机构的需求。

在项目投标阶段,人们倾向于推销创新(将之视为一个重要的"销售"卖点),但在PFI联盟内部却存在规避风险的心态,这样的矛盾就产生了问题。竞标过程中的PFI联盟只愿意为了完成任务而仅完成最底线的工作,他们在投标时,就项目所需(但没有明确表明的)与项目"适应性"(adaptability)相关的条款的陈述非常模糊。相关的访谈引文如下:

契约关系对医院托拉斯、联合体与分包商间沟通的阻碍

托拉斯并未被(联合体)视为客户,反而被视为一种障碍。……由于存在潜在的投资工具,以及紧张的建造预算和时间限制,各方之间的关系都相当紧张。(项目主管)

风险、激励与创新方案

PFI扼杀了创新性方案。投资商与出资方对创新并不感兴趣;他

们不愿意承担风险。(项目主管)

我们实现了一项合理的有关灵活性的设计方案。这个方案也许不止具有 PFI 性质,因为人们对初期的资本成本非常看重。联合体就认为:如果我们不能收回投资成本,那为什么要花钱去投资呢?(建筑师主管)

这是典型的公共领域与商业逻辑的矛盾。这会导致过低的预算,这样的预算并不足以实现创新的思想。(联合体项目主管)

9.3.3 PFI 项目有限的知识转移与学习

从各种项目的实际操作经验中学习,有利于创新思想的开发。医院的 PFI 项目多为大型的一次性项目,每个项目之间有很长的空档期,这一特征可能会削弱每个医院托拉斯积累最佳采购知识的能力。他们一般缺乏对 PFI 项目经验的系统性捕捉。此外,人们发现医院托拉斯之间的知识转移也是非常有限的。由于这种扩散性学习的缺失,缺乏经验的医院托拉斯所设计的项目方案也会有许多不足。

所有私营机构的合伙人在受访时都声称他们采用了多种战略,以便从以往完成的 PFI 项目中学习经验。然而,竞争性的环境导致经验一般都被封锁在单个企业中,只有在 PFI 联盟内部才有一些经验上的共享。"单个托拉斯之间的知识转移是非常有限的,知识都留在了联盟与建筑师团体内部"(医疗建筑师主管)。

9.3.4 资本成本与保守心态对创新的阻碍

基于"公共部门成本对比参考标准"(public-sector comparator),每个经过审批的项目都有其对应的成本承受能力底线,为了匹配这一底线而产生的降低资本成本的要求,形成了另一个阻碍创新的因素。在其中几个案例中,相应的成本承受能力底线低到有些不切实际。医院的创收取决于收治病人的人数,虽然这一点并没有在我们的案例中被深入挖掘,但

(基于我们访谈中获取的信息)人们认为这种结果导向的支付机制(payment-by-result mechanism)进一步加强了有关成本承受能力的约束。正是鉴于这一有关成本承受能力的考虑,项目无法包含实现未来适应性的措施。在其中一个案例中,出于承受力的限制,医院只能实现零碎的未来改造升级,但无法完成结构性的大楼加层增高。

据一些受访者称,一种"公共机构的心态"阻碍了 NHS 利益相关者们主动采取"盒子外"(outside the box)的(份外)行动,这也对创新造成了障碍。有一些重组的 NHS 组织更大程度地扼杀了"未来聚焦";人们发现,NHS 的文化是短期的,它所关注的是"满足今天的需求",而不会进行长远考虑。

9.4 PFI 在医院设计与建造中实现了创新吗?

PFI 似乎在以下两个方面对医院设计与建造的创新产生了影响:一是风险分摊,二是与整个供应链整合不足。

医院托拉斯自身对创新的阻碍

(医院托拉斯管理层)满足于一幢新大楼的建设,不会首先考虑建筑过程的重新设计……大楼的建造仅为了满足近期的工作任务需求。(医疗建筑师主管)

(联合体)希望提前 5 年预知项目(的需求),但这并不符合 NHS 的文化。NHS 的文化是短期的,仅立足于满足今天的需求。(医院托拉斯护理部主管)

9.4.1 聚焦风险

对风险分析和风险分摊的严格规定被视为 PFI 的优势之一,这代表了公共机构采购方法在文化上的一大转变(Pricewaterhouse Coopers,2008)。在 PFI 项目中,一些传统上由客户(在本案例中,客户即为医院托拉斯)承担的运营方面的风险,被转移至联合体,相关风险主要包括维护与运营成本增长带来的风险,以及无法按预期标准实现项目绩效的风险。而那些来自技术过时、规制变化及无法识别的未来医疗需求方面的风险(包括服务需求的降低),仍然由医院托拉斯承担。

对风险分摊的清晰界定,加上定期向联合体支付的担保费用,可能会减少承包商面临的财务与法律不确定性,从而有利于创新活动的进行(Leiringer, 2006)。同时,医院托拉斯意识到预测未来需求风险的困难可能造成其未来对联合体付款的不可持续性(Froud, 2003; Ball et al., 2003; Froud & Shaoul, 2001),这可能会激起他们对创新的适应性设计方案的重视。这一点体现在财政部的指导建议上,文件称:一份反映客户对潜在变化需求的完善的产品规格说明书,对于实现最优风险分摊来说是至关重要的(HM Treasury, 2000)。

然而,在引进 PFI 项目的初期,批评者指出,最大限度地将风险由医院托拉斯转嫁给联合体(以及随后继续转嫁给供应链下游)的做法,可能不利于建筑项目的创新,因为这可能会减少供应商之间合作与“合伙关系”的产生(Grout, 1997)。许多学者很早就强调了基于各方风险承担比例来分配创新收益机制的重要性(例如:Barlow et al., 1997; Winch, 1998; Barlow, 2000; Slaughter, 2000)。

将 PFI 作为主流采购方式引入,无疑看重的是其项目风险分析方式及风险在客户、医院托拉斯及联合体之间的分摊模式。客户仍需承担较长期的来自需求变化的风险。然而,虽然 PFI 关注未来变化对服务需求的潜在影响,并在项目中包含一定程度的适应性,但是,我们在新设计方案方面,几乎没有发现任何创新思想。我们的案例研究指出,PFI 并没有对创新起到支持性作用,这是由于联合体非常注重最大限度地降低可能出现的风险,同时,客户需要减少项目成本,以此满足项目的高性价比要求。现有 PFI 模式下所设计的合同,保证了设计过程中最大程度的确定性及最快的项目投产时间,以此来最小化项目风险。这就减少了项目开展后期创新性行为的可能。同时,项目资助商并不愿意承担与创新相关的不必要风险。

在投标阶段,客户(即医院托拉斯)的目标是激励竞争以最大化项目的性价比。医院托拉斯所提供的"招标协议文件"(invitation to negotiate document, ITND)中包括了项目产品规格的细节、建议参考的协议条款、支付方式、风险分摊方式以及投标项目评估标准等。其中项目评估标准涉及一些包括性价比与设计兼容性在内的强制性规定以及包括创新在内的非强制性规定。在此阶段,联盟进行初始投标后,经过筛选进入下一竞标阶段,此时,需要就设计、运营服务、绩效及其他合同条款提供完整的项目策划。然而,由于合同条款与风险分摊模式需要在 ITND 阶段被界定,而此阶段是竞争性投标的阶段,因此,投标者会谨慎对待,避免创新想法的泄露。

9.4.2　整个供应链的整合

高价值、工程密集型及一次性项目往往涉及较高程度的风险,越来越多的文献开始关注这类项目的创新过程。大型医院建造工程往往展现了以上这些特征。在此类项目中,系统整合能力、紧密的合作与开放式沟通被视为创新成功的重要因素(Geyer & Davies, 2000;Barlow et al. ,1997; Barlow, 2000; Dulaimi et al. , 2003; Leiringer, 2006; Winch, 1998)。

一些评论者在早期声称,PFI 模式下整合型采购的出现,可能为合作式的工作方式提供支持性环境(Green et al. ,2004),在这一模式下,联合体起到了系统集成商的作用(Davies & Salter, 2006)。在项目开发与建造阶段,出于自身利益的考虑,联合体需要确保建筑师、顾问及承包商们在共同的目标下携手并进。这可能加速设计过程,同时,更高水平的合作可能会激励创新。有关 PFI 对优质设计的作用,财政部在相关指导建议中指出,需要在激励创新的过程中形成投标商之间的协同,这与设计者和最终用户之间的直接沟通一样,都是至关重要的(HM Treasury,2000)。从更为长远的角度来看,出资方因而将工作加以整合,这样,他们就可能通过整合各项技能来实现其投资资产的保值。然而,另一些人却认为,典型的 PFI 项目具有多重利益相关者,而利益相关者之间往往具有相互冲突的利益,这可能会降低他们之间关系的质量(Teisman & Klijn, 2004; Tranfield et al., 2005; Koppenjan, 2005)。

我们的案例研究并不能明显地表明 PFI 确实促进了更具合作性的工作方式,也不能明显体现出联合体作为系统集成者的角色。事实上,联合体(在第一波 PFI 项目中所形成)的角色似乎导致了 PFI 医院项目中项目方与临床运营方之间责任与沟通的碎片化。虽然想要确定 PFI 项目下联合体的财务与声誉责任对整合的长期影响还为时尚早,但是我们可以假设,除非绩效激励结构有所改变,否则很难改善这种整合的缺失,它正是源于联合体与临床运营(而非设施管理)之间的分离。换言之,虽然具备某种激励机制使人们努力避免因不能提供服务而带来的惩罚,但是并没有任何促使他们为改进服务结果而创新的激励机制。

因此,第一波医院项目的概况支持了这样一个论点,即在大型基础设施项目中应用 PPP,将可能把协调性规划、设计、建造和运营方面的责任由公共机构转移给私营机构,这一过程中并不会形成不同项目阶段之间更进一步的整合(Brady et al., 2005)。

9.5 以史为鉴

虽然 PFI 有各种不足之处,但它有着明确的在医院鼓励设计创新的愿望与意图。政府、医疗服务提供者以及设计与建筑产业仍然十分重视建造那些适应医疗服务未来发展趋势的设施。从 20 世纪六七十年代的医院建造项目中,从医疗基础设施大规模现代化的上一阶段以及从为了保证适应性而强调设计创新与建造创新的项目中,我们能学到些什么呢?

回顾战后时期,我们可以很明显地看出,新思想的成功获取和扩散需要人们具备远见与规划。在一些情况下,逆境给予我们获取和扩散新思想的机遇。20 世纪 50 年代缓慢的经济复苏过程,意味着早该开始的医院大楼建设项目由于资金不足而一直被搁置,而当终于有了充足的资金可以开始项目时,新的医疗服务模式已经问世十多年之久。这一建造工程的漫长延期给了建筑师与规划者反思的时间。在 NHS 成立后的 10 年空隙时段,极具影响力的《医院功能与设计研究》(*Nuffield Provincial Hospitals Trust*, 1955)一书得以出版。书中探讨了相关领域的优秀研发成果,更为重要的是,它向人们介绍了几近完美的研究方法。这本著作及其创作团队 Nuffield 研究小组,成为卫生部及 1964 年成立的医疗建筑研究所(Medical Architecture Research Unit, MARU)开展医院项目的基石。书中的前言部分将 Nuffield 的研究方法简明地描述为一种"日常工作、医院或医院设计人员所积累的知识和经验"与"外界新鲜思想与方法"之间的平衡关系。

创新思想的另一个驱动力来自最终建造大楼的超大规模,这需要卫生部的项目团队致力于创新以交付这一空前规模的国家级医院建造项目。在 NHS 全面开展项目之前,项目团队就不同的初步项目方案进行了一系列研究、试点和专业评估。每一个项目都参考了上一项目取得的经验。其中包括了以医院建筑产业技术的协同应用(coordinated use of building industrial technology for hospitals, CUBITH)与制造商数据库(manufacturers data base, MDB)为例的过程创新以及以格林尼治地区医院(Greenwich District Hospital)、百思买医院(the "Best Buy Hospital")、"驾驭"系统(the "Harness" System)、"原子核"医院(the "Nucleus" hospital)以及低能耗医院(low energy hospitals)为例的创新性设计。借此,几十年来英国的医疗建筑领域一直欣欣向荣,世界领先。

在 1955 年的 Nuffield 研究中,有一段有关灵活性的简短讨论,这一讨论为随后发展而来的医院设计"成长与变革"(growth-and-change)理论播下了种子(Cowan & Nicholson, 1965)。人们深入研究和开发了这一方法,其在设计伦敦诺斯威克公园医院(Northwick Park Hospital)时的应用达到了登峰造极的境界(Weeks, 1964)。此类医院设计方法主要聚焦于发展,并将发展视为变革的驱动力,虽然其对适应性的探讨仍欠深入。然而,卫生署的建筑师确实进行了一些有关适应性的研究,例如他们对公共设施运营能力灵活利用的研究以及在给定框架结构中灵活使用不同模式的探索。医疗建筑研究所应用数学建模的方法研究了住院病区病房数量[弦长(string length)]与病房需求之间的关系(Moss et al.,1970)。这一研究对格林尼治地区医院的住院病区设计产生了影响,设计方案基于医院生命周期不同阶段病房需求与使用率的变化,配套不同系列的相连咨询室与检查室组合,最终取得了优异的效果。格林尼治地区医院的设计试点应用了许多创新,为医院内部重大调整提供了灵活性,以此缓解城市中心地段有限空间对医院发展造成的压力。

总体上,人们有关适应性的理解已经大幅度退化。如前所述,在 PFI 案例研究中已很难找到有关适应性的例子。此外,我们的研究强调了在 NHS 医院中缺乏有关适应性现状的系统性数据与正式分析,虽然早在 PFI 项目被引进前,就已存在这方面的缺陷。

20 世纪六七十年代的经验向我们展示了成熟建立的适应性机制可以发展成怎样的模式以及我们从新建楼房中识别出适应未来变化需求的潜力。大量研究围绕着如何评价和测量特定项目的适应性以及如何提前识别"潜在"的适应性而展开,包括非承重内隔墙(non-load-bearing internal partitions)在内的一系列技术方案很久以来一直被人们直接使用,以辅助实现空间的灵活性,这些技术在 Nuffield 研究中也有涉及。对于任一给定的房屋内部空间来说,人们可以通过可拆卸分隔墙与图板(drawing board)的方式规划出多种多样的假设布局,以探索实现适应性的各种方案。大伦敦市议会(the Greater London Council)在泰晤士米德新址建造了一个开创性和高度创新的社区医疗中心,Stow(1972)在其案例分析中引用了该医疗中心的设计过程。在医疗中心的设计尚未得到批准时,建筑师被要求展示建成后的医疗中心将如何在将来被圆满改造成一个公立图书馆。

然而,从根本上说,从前规划和实施新建医疗基础设施及推动有关领域学习的制度背景,与 21 世纪早期相比是截然不同的。这说明,成功的前提是要有一项连贯性的尊重结构与基础设施之间协同关系的政策,人们可以基于这一政策进行战略规划。

我们可以从 1955 年的 Nuffield 研究中看到由多领域专家组成的项目团队给医疗设计项目带来的益处,团队成员包括了医疗与护理专家代表以及设计与建筑专家代表。这项研究对于发展中的 NHS 来说具有重要价值,同时研究本身以及由此延伸出来的思想,也是设计知识与战略规划发展领域的一项卓越成就。Nuffield 团队随后还为卫生部出谋划策,并为刚进入医院设计领域的建筑师提供高级培训。此类基于研究的知识所产生的效益和价值成了卫生部与 MARU 建筑师开展工作的基础。在这一时期,来自各领域的专家联合起来开展研发,并不受竞争市场政策与商业机密性的约束。例如,DHSS 的医院设计研究所(the Hospital Design Unit)、东南大都市地区医院(the South East Metropolitan Regional Hospital Board)、MARU 及国王基金会(the King's Fund)联合出版了有关格林尼治医院项目的研究细节(Green et al. ,1971)。

从严格意义上讲,老式的战略规划模型并不适用于改革后的 NHS 基础设施。苏格兰、威尔士及北爱尔兰现在有着本地区的医疗服务;英国有 10 家战略性医疗权威机构来指导、管制及监控着多种独立的医院、初级护理托拉斯及其他 NHS 部门。这一模式已经取代了之前更为协调的、包含了地区医院董事会(Regional Hospital Boards, RHBs)的模式。在之前的模式中,该董事会负责在其管辖区域内提供医疗服务。其团队由临床、健康管理、工程与建筑等不同领域的专家组成,他们共同负责由单个医院管理委员会发起的医院发展事宜。卫生部通过研究和指导支持了地区医院董事会在政府集中资助的医院项目中所起到的协调性作用。此外,MARU 还提供专业培训与研究服务(Rawlinson, 1985)。在这一模式下,旨在缓解压力的创新方案由医疗需求的改变而来,并由医院设计研究所部分驱动,且单个医院管理委员会在这一过程中起到了中介作用(Francis et al. ,1999)。

当代的模式导致了训练有素、经验丰富的多领域团队的解体。因此,卫生部不再设有成熟且经验丰富的多领域规划与设计专家组成的有效组织,也不再为创新服务的基础设施研发提供资源。学术机构有关医疗设计的研究变得零散,且面临资源匮乏的境地。

9.6 本章小结

英国 NHS 的历史政策文件表明了其在医疗基础设施领域培育创新的愿望。政府提出,PFI 是将新设计方案带入 NHS 的关键载体(Hutton,2004),可见其立场坚定和雄心壮志。但本研究的结论指出,近年来,在 PFI 模式下这一雄心壮志并未得以实现。事实上,人们今天面临的局面与 1960 年在卫生部与地区医院董事会即将建立新医院建设小组之前遭遇到的问题非常相似。研究发现,多数(如果不是所有的话)受访利益相关者都对创新性建议持开放态度。然而,PFI 的性质决定了它不但不会减少,反而会形成对创新思维的障碍。人们规避风险的意识增加了,与现有 NHS 指导思想的冲突带来了一系列困难,同时,项目受到了过度的低成本限制。除此之外,还存在保守的"公共机构心态"导致的对变革的抵制、频繁 NHS 重组所带来的问题以及医疗服务机构内部缺乏远见的思维模式。

在分析了一组当代及早前的医院项目后,我们发现,PFI 模式在激发设计创新方面未必能超越或取代老系统。老系统涉及更多贯穿 NHS 独立项目与运营系统之间的协调。本章案例研究所选对象均为较为早期的 PFI 医院项目。之后的项目可能在创新成果方面有所改进,但当代项目的受访者仍表示,事实上这方面的改变并不大。主要的结构性问题在于,项目供应方(私营机构联盟)与通过 NHS 开展的运营服务之间存在分离,这一问题尚未得到解决。

未来基于 PPP 的模型可以包含某种激励机制,以促使合作伙伴,即使在 PPP 模式下也能考虑医院护理服务质量与效率的提升。这可以更为有效地鼓励私营机构在医疗基础设施建设上实现其创新潜能。

然而,这并不仅仅关乎医院项目在契约机制与财务机制方面的调整。

20世纪六七十年代的经验教训向我们展示了制度背景的同等重要性。本研究为我们提供了机会,以重新审视设计与规划团队所取得的成绩以及项目运营所处的制度背景,以便我们重新开始新一轮全国范围内医疗系统的基础设施建设。借此,我们探索了促进医院新设计方案蓬勃发展的创新环境。

将来的大背景也许不如20世纪六七十年代及更近期的医院建造时期广阔。由于公共及私营部门所面临的财务压力,NHS基础设施建设将面临相当大程度的再投资约束。目前,仍有还在进行中并将于近几年内投产运营的项目,但是,在可预见的将来可能不再有新的重大项目得到批准。因此,人们会将重心放在对现有基础设施的节约使用和最大化利用上。这当然会包括当需求改变时,通过探索各种可能方案来对现有设施进行重新规划和重新装配,以对空间与服务做出必要的适应性调整。

尽管如此,当今的规划者面临着许多方法上的问题,而半个世纪之前,人们对此类问题的处理相当成功。若能很好地吸取不远的过去的经验教训,今天的政府与其医疗规划者也将能很好地解决相关问题。

本章致谢

本章的研究由 NHS 地产、Catalyst 公司、Alfred McAlpine 公司、St. Bartholomew's 公司提供的霍华德·古德曼奖学金,以及伦敦皇家慈善基金会资助。同时,本研究也得到了 ESPRC 医疗保健基础设施创新中心(Health and Care Infrastructure Innovation and Infrastructure Centre, HaCIRIC)的支持。我们要感谢在 IRNOP 会议上(2007 年 9 月)及在巴斯大学举办的复杂绩效采购专题座谈会上(2007 年 12 月)对我们的研究提出意见与建议的同仁。最后,我们还要感谢众多来自案例研究与更广大社会的受访者对我们研究的支持,大家为我们的研究提供了充满价值的观点与评论。

本章参考文献

Ball, R., Heafey, M. and King, D. (2003). Risk transfer and value for money in PFI projects. Public Management Review, 5: 279-290.

Barlow, J. (2000). Innovation and learning in complex offshore construction projects. Research Policy, 29: 973-989.

Barlow, J., Cohen, M., Jashapara, A. and Simpson, Y. (1997). Towards positive partnering: revealing the realities in the construction industry. Policy Press, Bristol, UK.

Barlow, J. and Köberl e-Gaiser, M. (2008). The private finance initiative, project form and design innovation. Research Policy, 37: 1392-1402.

Barlow, J. and Köberl e-Gaiser, M. (2009). Delivering innovation in hospital construction. Contracts and collaboration in the UK's Private Finance Initiative hospitals program. California Management Review, 51(2): 126-143.

Brady, T., Davies, A. and Gann, D. (2005). Can integrated solutions business models work in construction? Building Research and Information, 33: 571-579.

Cowan, P. and Nicholson, J. (1965). Growth and change in hospitals. Transactions of the Bartlett Society, Volume 3 1964-1965. Bartlett School of Architecture, University College London.

Davies, A. and Salter, A. (2006). The great experiment: the impact of PPP on innovation in the procurement and production of capital goods. In: McKelvey, M., Smith, K. and Holmen, M. (eds.), Flexibility and Stability in the Innovating Economy. Oxford University

Press, Oxford, UK.

Dixon, T., Pottinger, G. and Jordan, A. (2005). Lessons from the private finance initiative in the UK: benefits, problems and critical success factors. Journal of Property Investment and Finance, 23: 412-423.

Dulaimi M., Ying, F. and Bajracharya, A. (2003). Organizational motivation and inter-organizational interaction in construction innovation in Singapore Construction Management and Economics, 21: 307-318.

Francis S., Glanville, R., Noble, A., and Scher, P. (1999). 50 years of ideas in health care buildings.

Froud. J. (2003). The Private Finance Initiative: risk, uncertainty and the state. Accounting Organizations and Society, 28: 567-589.

Froud, J. and Shaoul, J. (2001). Appraising and evaluating PFI for NHS hospitals. Financial Accountability & Management, 17: 247-270.

Geyer, A. and Davies, A. (2000). Managing project-system interfaces: case studies of railway projects in restructured UK and German markets. Research Policy, 29: 991-1013.

Green, J., Moss, R. and Jackson, C. (1971). Hospital research and briefing problems. The King Edward's Fund for Hospitals, London.

Green, S., Newcombe, R., Frenie, S. and Weller, S. (2004). Learning across business sectors: knowledge sharing between aerospace and construction. University of Reading Press, Reading, UK.

Grout, P. (1997). The economics of the private finance initiative. Oxford Review of Economic Policy, 13:53-66.

HM Treasury. (2000). Taskforce, Technote 7: how to achieve design quality in PFI projects. Available at www. ogc. gov. uk.

Hobday, M. (2000). The project-based organization: an ideal form for managing complex products and systems? Research Policy, 29: 871-893.

Hutton, J. (2004). Innovation in the NHS. Speech. 9 June. Available at www. dh. gov. uk/en/News/speecheslist/DH4084088.

Klijn, E. and Teisman, G. (2003). Institutional and strategic barriers to public-private partnership: an analysis of Dutch cases. Public Money & Management, 23: 137-146.

Koppenjan. J. (2005). The formation of public-private partnerships: lessons from nine transport infrastructure projects in the Netherlands. Public Administration, 83: 135-157.

Leiringer, R. (2006). Technological innovation in PPPs: incentives, opportunities and actions. Construction Management and Economics, 24: 301-308.

Ministry of Health. (1962). A hospital plan for England and Wales. Cmnd. 1604. HMSO, London.

Moss, R., Anderson, T. and Thunhurst, A. (1970). A study of one aspect of flexibility in outpatient department planning. Medical Architecture Research Unit, Polytechnic of North London, London, UK.

Nuffield Provincial Hospitals Trust. (1955). Studies in the function and design of hospitals. Oxford University Press, London, UK.

Pollock, A., Shaoul, J. and Vickers, N. (2002). Private finance and 'value for money' in NHS hospitals: a policy in search of a rationale? British Medical Journal, 324: 1205-1209.

PricewaterhouseCoopers. (2008). The value of PFI: banging in the balance (sheet)? PwC Public Sector Research Centre, London, UK.

Rawlinson, C. (1985). The medical architecture research unit:

Past, present and future, Health Service Estate, No. 56 (London: HMSO).

Shaoul, J. and Stapleton, P. (2003). Partnerships: for better, for worse? Accounting, Auditing and Accountability Journal, 16: 397-421.

Slaughter, E. (2000). Implementation of construction innovations. Building Research and Information, 28: 2-17.

Stow, D. (1972). Lakeside Health Centre, Thamesmead. The Architectural Review, 62(906).

Teisman, G. R. and Klijn, E. H. (2004). PPPs: torn between two lovers. EBF Debate, 18: 27-29.

Tranfield, D., Rowe, A., Smart, P., Levene, R., Deasley, P. and Corley, J. (2005). Coordinating for service delivery in public-private partnership and private finance initiative construction projects: early findings from an exploratory study. Proceedings of the Institution of Mechanical Engineers Part B-Journal of Engineering Manufacture, 219:165-175.

Weeks, J. (1964). Hospitals for the 1970s. RIBA Journal, (December): 507-516.

Winch, G. (1998). Zephyrs of creative destruction: understanding the management of innovation in construction. Building Research and Information, 26: 268-279.

10　学习开展巨型项目:希思罗机场 5 号航站楼案例

蒂姆·布雷迪(Tim Brady), 安德鲁·戴维斯(Andrew Davies)

多数大型项目都会超期、超预算,并且不能完全满足客户最初的项目
规格要求(Flyvbjerg et al. ,2003)。成本超支 50％的项目比比皆是,而超
支 100％的项目也屡见不鲜。例如,温布利体育场落成时,与最初计划相
比,超出预算 80％以上,并推迟了 4 年。长期以来,希思罗机场 5 号航站
楼看似并没有应验这一趋势:它不仅按时竣工,并且没有超出预算。然
而,2008 年 3 月 27 日举行的官方启用仪式却使这一项目功败垂成,"本应
该是举国骄傲的日子,却成了举国难堪之日"(HC543,2008)。这一项目
在启用仪式上出现了许多问题,包括行李搬运系统故障、员工停车问题以
及员工专用通道的安全流程问题等。相关报纸头条用贬义的语言报道了
这一启用仪式。在一阵阵负面报道的浪潮中,人们总体认为 5 号航站楼
(T5)又是一个失败的项目,而忘却了这个项目值得庆贺的一点:它是按期
并在预算内交付的。

10.1　引言

本章将向大家讲述那些被遗忘的成功故事。我们将用一个案例研究
来展示如何成功地管理一个大型项目,以及希思罗机场的所有者英国机
场管理公司(British Airports Authority, BAA)是如何贯彻一项能力建设
与学习的战略计划,以此来改进大型项目的管理过程,并最终开发出一套
管理 T5 项目的创新性方法的。英国机场管理公司参考并重新整合了各

种其他项目(在 BAA 内部及其他地方)与其他产业现有的实践、技术与观点,形成了自己在项目管理方面的创新。

之前的研究强调了企业在试图通过项目学习并将所学延伸到其更广泛的组织范围时所面临的困难(例如:Middleton, 1967; DeFillippi, 2001; Keegan & Turner, 2002; Grabher, 2003)。与大规模功能性或商业性过程的组织中发生的学习不同,这些一次性、非重复性的项目仅为常规化学习(Winch, 1997; Hobday, 2000)或系统性重复(Gann & Salter, 1998, 2000)提供了非常有限的空间。另一个挑战在于,在项目导向型企业中往往存在基于项目的学习以及公司范围内商业过程之间的分离(Gann & Salter, 1998)。当项目竣工、项目团队解散、项目成员被分派到其他项目中去或被派回组织内部后,从项目中习得的知识或经验往往会被丢弃。除非由一个项目中习得的经验教训被传达到下一个项目中,否则同样的错误还是会重复发生。

与以上基于项目的学习观点形成挑战的是,有学者指出,基于项目的组织绩效可以通过利用性学习(exploitative learning)来改善,因为进行"相似"种类项目的企业在其项目中往往涉及重复性及可预测性的活动范式(Davies & Brady, 2000; Brady & Davies, 2004)。当重复执行所需的能力与常规相同时,可以认为项目是相似的。认为项目仅仅执行独一无二的非常规任务的想法,往往会掩盖许多潜在的经验转移机会。知识创造与学习可以在几个不同层面发生(比如个体、项目、企业或产业层面),并且往往会作为项目活动的无意识副产品而产生(DeFillippi & Arthur, 2002)。

一些研究表明,企业确实可以通过项目来实现组织学习(Prencipe & Tell, 2001)。然而,此类研究倾向于关注单个项目内部或项目之间的学习略影(snapshots),很少有学者研究企业在组织内成功创造和传播所学知识时所进行的长期的"学习方面的持续性努力与重大深度改革"(Ayas & Zeniuk, 2001)。

Brady 与 Davies(2004)提出了一个适用于基于项目的企业能力建设

模型(project capability building, PCB)，这一模型包含了两个层次的学习,这两个层次相互作用并共同演进：第一个层次是自下而上的"项目导向(project-led)型"学习阶段,它发生在企业使用新方法来探索新型不同项目所需的惯例和过程；第二个层次是"业务导向(business-led)型"学习(其中嵌入了项目导向学习),它发生在企业做出自上而下战略性决策时,这些决策聚焦于创造和开发公司的上下资源与能力,以便进行日益可预测的及常规性的项目活动。

在以"独特性"与"重复性"为两个极端的项目频谱上(Lundin & Soderholm, 1995；Davies & Hobday, 2005),上述基于项目的企业能力建设模型被应用于各种类型的项目上,这些项目既包括针对特定单一客户的"首开先河"的项目(以独有特征开始的项目),也包括成熟发展的市场中全系列的重复性项目(日益标准化的项目)。

本章的基础性研究通过将焦点定位在客户组织,将基于项目的企业能力建设模型延伸到单一供应商企业之外,所涉及的项目既有重复性资本项目(repetitive capital project),也有独特的巨型项目(unique mega-projects)。本章研究了英国机场管理公司在改进日常资本项目交付与一次性巨型项目交付(如希思罗机场 5 号航站楼)过程中所采取的深思熟虑的战略举措。为了实现目标,英国机场管理公司贯彻了一个目光长远的战略,此战略的执行不仅改变了其自身的能力,同时也改变了其主要供应商的能力。

本研究的主体部分于 2005 年 6 月至 2007 年 1 月间完成,其中涉及了与项目有关的多数高管的访谈,包括来自英国机场管理公司的前任和现任项目总监与高级项目经理、英国航空公司的前任项目总监以及英国机场管理公司 T5 航站楼项目的客户。有关近期事件的信息来自新闻媒体与网站等公开来源。

10.2 小节将概括 T5 项目的主要特征,10.3 小节将描述 T5 项目在项目管理方面"突破性创新"的五要素。在 10.4 小节,我们将探讨英国机场管理公司如何通过向其他产业学习,来创造管理巨型项目的新方法。

10.5 小节将对本章进行总结,讨论 T5 项目的成功程度,并探讨我们的研究发现对其他巨型基础设施项目在采购与管理方面的借鉴意义。

10.2 T5 项目概况

10.2.1 T5 项目的主要特征

作为欧洲最复杂的建筑工程之一,T5 项目耗资 42 亿英镑,为了绕开 13 公里的暗挖隧道,项目需要对两条河流进行改道,并需要建造:

- 两座航站楼;
- 一条连接 T5 与 M25 的新岔道;
- 一个新的飞航管制塔台;
- 机场基础设施;
- 一个有 4000 个车位的多层停车场;
- 一个有 600 个床位的酒店。

10.2.2 项目组织

T5 项目被视为一个巨型工程,在项目周期各阶段约有 5 万人参与。T5 项目供应链中的主要组织(见图 10.1)包括:

- 英国机场管理公司:T5 项目赞助方、客户、机场所有方与运营方;
- 英国航空公司(BA):主要项目客户、T5 航站楼的使用方;
- 罗杰斯建筑事务所(Richard Rogers Partnership):首席建筑设计商;
- 60 个来自不同领域的一级供应商(first-tier suppliers),比如建筑[如 LOR 土木工程有限公司(LOR Civil Engineering Ltd.)与鲍佛贝蒂(Balfour Beatty)公司]、设计[如英国奥雅纳(Arup)工程顾问公司]、技术顾问[如莫特麦克唐纳(Mott MacDonald)工程顾问公司]、IT[如阿尔卡特电信(Alcatel Telecom)公司]及交通系统领域[如蒂森克虏伯机场系统

(Thyssenkrupp airport systems)公司]。

英国机场管理公司在 T5 项目中充当了多重角色:项目赞助方、客户、整体项目团队成员以及系统集成商。英国机场管理公司与各一级供应商保持着直接契约关系,而这些一级供应商与他们各自的分包商又保持着独立的契约关系,但这些分包商在与一级供应商的合作过程中也将受到T5 项目协议精神的制约(见图 10.1)。

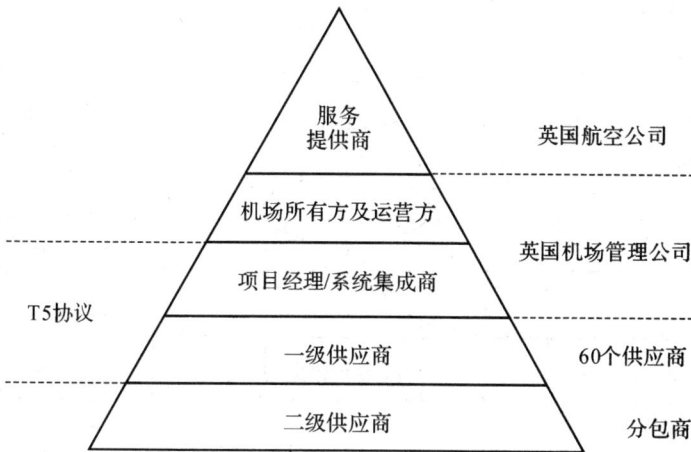

图 10.1　希思罗机场 T5 项目供应链

T5 项目在英国机场管理公司内部享有高规格的赞助与支持水平。T5 项目管理总监是一名英国机场管理公司的执行董事成员,他直接向公司高管团队汇报,并负责 T5 项目的建设管理以及对英国机场管理公司各个合作伙伴与利益相关者的管理,这些合作伙伴与利益相关者包括各航空公司(主要为英国航空公司)、行业监管者及当地社区等。这位项目管理总监的一大职责是确保 T5 项目与希思罗机场的现有运营职能取得无缝整合衔接,因为这一过程一旦出错,希思罗机场将无法承担运营停滞的后果。另一位 T5 项目总监需要负责整个 T5 建设项目在规定的成本、时间、质量与安全范围内实现圆满交付。第三位高管负责将建成的基础设施从建设阶段过渡到由 5 个航站楼组成的运营阶段,从而为英国机场管理公司创造合理的商业回报,并向乘客提供更好的体验。这一被称为"T5

实况"(T5 Live)的阶段,旨在于 T5 航站楼投入使用一周年后的 2009 年 3 月底前,实现各项目目标与绩效指标。

英国机场管理公司的管理者意识到,如 T5 项目这般规模与复杂水平的工程并不能仅通过一个项目来进行管理。基于一个由 4 个主要项目组织共同完成的整体项目计划,该项目被分解成几个便于管理的模块,以此反映系统的复杂性,这 4 个项目模块分别为:航站楼建筑、铁路与隧道、基础设施、系统(见图 10.2)。

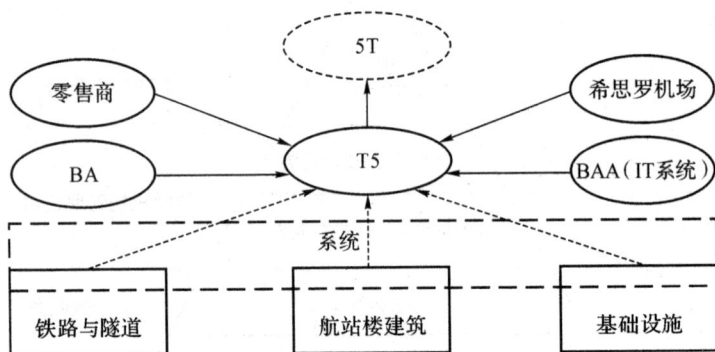

图 10.2　英国机场管理公司的 T5 项目组织

这四组项目模块被进一步划分为 16 个项目和 147 个子项目,其中不但包含了价值 100 万英镑的小项目,也包含了如耗资 3 亿英镑的希思罗机场快线 T5 站台及价值达百万英镑级的大型项目。这种将项目分解成较小的相对自治部分(每个子项目具有各自的目标与约束)的做法,使得英国机场管理公司可以集中精力管理项目与子项目之间的界面。

10.2.3　项目生命周期

T5 项目持续了数年,其中包含了 1989 年漫长的项目规划及设计阶段,当时,罗杰斯建筑事务所被选定为设计主体航站楼的建筑设计方。为了与项目规划调查文件中相关概念呈现一致性,T5 项目很早就开始了。有关 T5 项目的公开调查从 1995 年 5 月持续到 1999 年 2 月,是英国项目规划历史上用时最长的项目。直到 2001 年 11 月 20 日,该项目才取得来自政府的最终批准。这种充分准备的设计工作使英国机场管理公司能够在 2002 年 7 月就开始动工建设。此外,为了取得项目批准而花费的漫长时间给予了英国机场管理公司很好的学习机会,以确保其在设计、项目管理及 T5 项目的交付方面能够使用正确的方法。

起初,该项目计划由两个主要阶段组成(见图 10.3)。

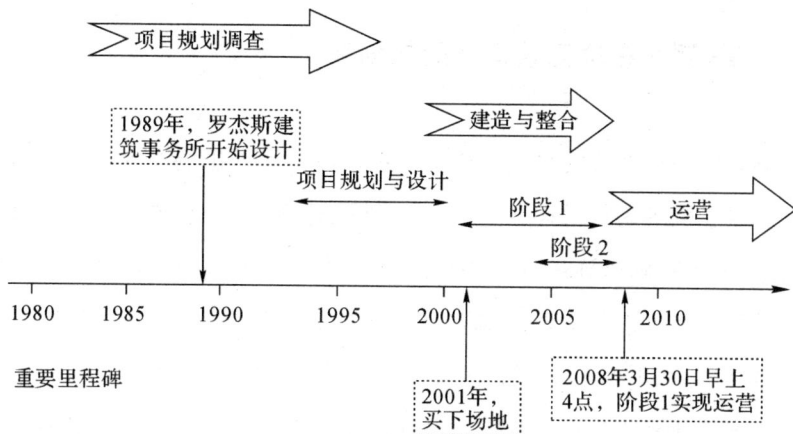

图 10.3 希思罗机场 T5 项目生命周期与各阶段

● 第一阶段:总体目标是提供 47 个停机位置,以此增加 2700 万人次的年运载乘客量。这一阶段最初计划在 2008 年 3 月 30 日完成,届时 47 个新增停机位置将开放使用。

● 第二阶段:总体目标是继续增加 13 个停机位置,以此再增加 300 万人次的年运载乘客量,13 个新增停机位置将于 2011 年开放使用。

然而,2004 年,英国机场管理公司与英国航空公司达成协议,将 B 号航站楼周边停机位置的竣工日期提前至 2008 年 3 月,以便使英国航空公司可以在 2008 年完全使用 T5 航站楼,而按照先前的计划,T5 航站楼将会在 2008—2012 年的 4 年间分阶段投入使用。这一改变迎合了英国航空公司对额外乘客承载量的预估,也符合英国机场管理公司的公司计划,因为英国机场管理公司也计划着能加速完成希思罗机场其他几个航站楼的改造更新。这一工程的前半段重点在于主楼与基础设施的建设,而后半段的工作重心则在于航站楼内部的系统集成、装备配置及内部架构的完成。

为了将项目对机场运营和航班运行造成影响的高昂代价最小化，项目组依据谨慎的计划，将 T5 航站楼的建设与希思罗机场的其他运营职能相整合。整个项目需要负责将 T1 到 T4 号航站楼的各项活动转移到 T5 号航站楼，并同时确保希思罗机场整体服务的连续性。

10.3　T5 系统在项目管理方面的创新

英国机场管理公司共拥有和运营着包括希思罗机场在内的 7 个英国机场。除了机场的日常运营之外，英国机场管理公司还开展许多常规性项目，对机场基础设施进行升级与改造，此外，英国机场管理公司还间歇承担一些旨在改进或扩建机场基础设施的大型项目，比如斯坦斯特德机场项目(Stansted Airport)与 T5 航站楼项目。在 T5 项目的筹备过程中，英国机场管理公司意识到其在项目管理方面需要引入一套与过去截然不同的方法，以应对这一史无前例的巨型项目所带来的管理挑战。这些挑战包括：

• 项目风险。对于一个 2006 年 1 月市值约 68 亿英镑的公司来说，承担一个成本为 42 亿英镑的项目意味着极大的风险。

• 系统整合。T5 项目将多种技术(比如乘客与包裹处理技术)整合进一个由多个系统组成的大系统，并整合了多职能项目团队的各类知识体系(比如土木工程、机械与电气、系统、电信及 IT 领域知识)。

• 公共规划调查。政府规划调查部门对项目提出了约 700 项附加条件，例如，为了将项目对生态环境的负面影响最小化，需要将河流改道。

• T5 项目的场地限制。建造 T5 项目的场地中，只有一条主路用于员工与物料的进出，而这条主路东边是世界最繁忙的机场，西边是欧洲最繁忙的高速公路交汇点(M25/M4)。

英国机场管理公司意识到，现有的建筑行业实践方法及其自身的项目管理流程并不能应对这一项目的复杂性、规模及风险。因此，基于技术、实践与过程等元素,英国机场管理公司创造了针对 T5 项目的创新管理方法：

- 标准化的项目管理流程;

- 由客户承担风险;

- 整体化的项目团队;

- 项目设计与执行的软件工具;

- 实地建造前的预先装配与测试;

- 准时制的物料、部件与系统交付。

以上 6 个元素通过两个步骤来实现(见图 10.4)。第一步涉及 T5 项目开始之前改进其他较小型常规资本项目的项目管理过程,这些小型项目的实施是为了对现有机场基础设施进行升级和维护。第二步涉及创新性方法的创造,从而使英国机场管理公司交付全新、复杂和高价值的大型机场基础设施建设项目。这套创新性方法的提出起初针对的仅为 T5 项目,但英国机场管理公司也可将其再次应用于其他规划内的巨型项目,比如对希思罗东机场的改建。

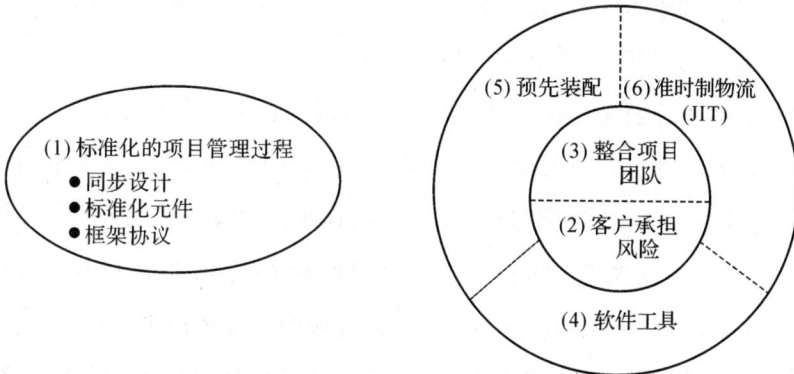

图 10.4　希思罗机场 T5 系统的项目管理

以上几个 T5 系统的项目管理元素在被应用于 T5 项目之前,已经在其他产业中取得了实践与完善。T5 项目的独到之处在于,它是对以上 6 个创新元素在管理巨型项目中的首次同时应用。与传统建筑项目不同,

T5 项目采用的项目管理方法旨在为客户的顾客(the client's customer)交付一个全面运营的航站楼,而传统的建筑项目仅仅将其建造的楼房"隔墙交付给顾客"(handed over the wall to the customer)(National Audit Office,2005)。

10.3.1　第一步:项目管理流程的标准化

20 世纪 90 年代,在 T5 项目的筹备过程中,英国机场管理公司董事长约翰·伊根爵士(Sir John Egan)在英国机场管理公司的项目绩效改革过程中扮演了重要角色。基于过去在汽车制造行业的经验,伊根意识到,英国机场管理公司应该改进成本效率、排除损耗以及开发出一套应对采购项目漫长酝酿周期的更有效的流程,进而从根源上改进其传统的项目交付方式。伊根想要通过创造一种有序、可预测和可复制的项目交付方法,来效仿汽车制造产业中持续改进绩效的方式。

1994 年 10 月,伊根聘请了一位在实施世界各地大型项目上经验丰富的技术总监来监管 T5 项目。伊根给他定下明确的目标,即降低设施提供成本。但是,对于该技术总监来说,他还面临着一些二级目标:使英国机场管理公司成为国内同行中的最佳客户,并创建一个有才华的内部团队来完成一切与 T5 项目相关的规划与筹备工作。为此,项目成立了由来自英国机场管理公司项目组各领域代表组成的特殊任务小组,以获取世界各地现有实践经验的精华。在为期 18 个月的时间里,任务小组访问了 300 多位来自英国机场管理公司内部及其他公司或产业的人员。英国机场管理公司高管们走访了美国加州斯坦福的精益建造协会(Lean Construction Institute),并与来自其他行业的重要客户进行商讨,这些客户包括了零售行业的乐购(Tesco)与麦当劳以及汽车制造行业的尼桑、罗孚(Rover)与尤尼帕特(Unipart)。

这一名为"项目过程持续改进"(continuous improvement of the project process, CIPP)的计划在英国机场管理公司内部和供应商内部形成了一种新的项目管理过程,这一新过程被应用于所有资本价值高于 25

万英镑的项目中。而对价值 1500 万英镑以上的项目，CIPP 计划专门发布了一本介绍标准化与重复性项目管理过程的手册。该手册介绍了如何通过在英国机场管理公司实施的各个项目中应用各类最佳实践，以交付高成本效益的盈利项目。这些标准化流程包括：

- 花费更少成本、时间与精力的可重复性标准化设计；
- 小到独立模块，大到完整楼房的标准化部件；
- 与精选的供应链伙伴达成框架协议以形成紧密合作；
- 应用并行工程实现装配及建造过程与设计过程的同步。

英国机场管理公司精选了少数几家最具实力的主要供应商与其签署框架协议，形成长期的合作伙伴关系。以往，每当英国机场管理公司启动大型项目时，都需要通过招标方式来选取供应商，期间包含了整个资质评估过程。5 年期框架协议的建立，给予了供应商年复一年的学习和绩效改善机会，这对英国机场管理公司与供应商来说都是十分有益的。

框架协议中囊括了多种多样的服务内容，其中包括了专责服务、咨询服务（设计与工程）以及建造服务等。每一项协议依据服务性质不同有细微的结构差别，但所有协议都适用一致的整体概念。通过利用"一次设计、多次建造"模式的学习曲线优势，英国机场管理公司得以在常规项目交付中实现显著的成本节约。标准化设计与模块化元件在重复项目中取得整合与再整合，其中涉及的成本低于定制解决方案的成本。例如，道路铺建团队实现了约 15% 的平均成本节约，同时，零售装备团队的项目工期也缩减了 30%（ContractJournal.com，1998）。

除了引入 CIPP 计划与框架协议之外，1998 年，英国机场管理公司仍然与 23000 家供应商保持着合作关系，同时，英国机场管理公司所有的 7 家英国机场都有着各自独到的供应链管理方式。英国机场管理公司聘请了一个集团供应链管理总监，其职责是调查各供应商概况并将英国机场管理公司的供应商数量缩减至更适合管理的水平（Douglas，2002）。1999 年，这位总监聘用了约 40 位在汽车制造、电子设备、飞机制造与其他产业中有 2~3 年工作经验的 MBA，他们在供应链管理领域具有丰富的管理经验。这一团队花费 2 个月时间走访了多家供应商,对现有框架做了大幅度调整。

基于道路铺建团队的成功经验,英国机场管理公司创建了其他一系列供应商"集群"(clusters)就分散在各地的类似项目展开合作,这些集群有:外壳与核心集群——建造大楼外部框架及内部核心;装配集群——在外壳框架的基础上建造成品大楼;基础设施集群——包括了大楼通路、停车场及各类公共设施的建造;行李处理集群。

元部件的标准化有助于降低单位成本,然而框架协议同时也促进了供应商们改进其产品与绩效。这一初始阶段的改变使大型资本项目在时间与成本的可预测性方面实现了巨大飞跃。虽然英国机场管理公司的标准化 CIPP 过程主要针对的是常规性的大型项目,但这一标准化过程也成为 T5 项目管理方法的关键组成部分,这一方法也被应用于其他大型基础设施项目的管理中。

2002 年前,T5 项目的建设工作尚未开始之时,英国机场管理公司已经开发出了第二代框架协议,旨在实现更为准确的项目成本核算,贯彻项目最佳实践以及与供应商形成更为长期的合作关系。第一代与第二代框架协议的主要不同之处在于,第二代框架协议的设立可以为项目争取到行业内顶尖能力,同时,相比第一代框架协议的 5 年有效期,第二代框架协议的有效期为 10 年。为了给每一个项目挑选最佳合作伙伴,英国机场管理公司设立了严格的标准。它们审视了业务相关的方方面面,包括公司有关质量与人员的所有系统与过程、公司的供应链、财务、研发与业务发展。

基于第二代框架协议,供应商需要与英国机场管理公司的整体项目团队一起工作,以培养密切的合作、挖掘特定项目所需的必要专业技能,并降低成本。英国机场管理公司通过对每个供应商所交付项目绩效的年度回顾与评估,为第二代框架协议注入了严格的商业标准。英国机场管理公司按照事先商定的一整套绩效指标[包括外部基准标杆指标(external benchmarking)]来衡量供应商绩效,若发现其绩效欠佳,英国机场管理公司还会为其创建绩效改进计划。若能实现改进计划中指定的绩效目标，该供应商仍能留在英国机场管理公司框架供应商的大家庭中；若未能实现改进计划中的绩效目标，该供应商将被除名，并被框架供应商名单中的其他企业取代。

10.3.2 第二步：为 T5 项目开发新元素

为了应对 T5 项目的巨大规模与复杂程度，基于以下两大原则，英国机场管理公司为 T5 项目的交付开发出全新的方法：

• 风险一贯由客户承担：英国机场管理公司认为，客户应该始终承担项目的风险，并支付风险所致的相关费用。这涉及识别风险的潜在来源以及为了管理风险而集合最佳能力与资源。

• 整合项目团队：英国机场管理公司成立了一个整合项目团队，以确保应对施加于项目之上的成本、时间、安全及环境方面的约束。这类工作模式需要客户与供应商在同一地点形成密切合作的伙伴关系，这与传统中保持距离的、对立的甚至敌对的关系完全不同。

以上两大原则体现在两个重要的文件当中，以下这两个文件明确了与 T5 项目管理与交付相关的各类过程、关系与行为：

• T5 项目手册：定义了英国机场管理公司基于风险承担而开展 T5 项目的工作方式，包括了对成功的积极奖励以及对失败的容忍等。手册中还包含了有关工作汇报流程的简单指导以及 T5 项目在遭遇问题时的责任追究指南。

• T5 项目协议：这是一份基于 T5 手册所述各项流程的法律文件，协议制定了一套新的行为准则，以使 T5 项目各成员能够在一套协作准则下完成整体项目团队的工作与合作。

T5 协议标志着与现有建筑行业实践做法的根本性脱离。在传统承包形式下，客户将所有项目责任转嫁给承包商，合同基于固定价格签订，以此激励客户与承包商依据最低出价竞标。通过转移风险——即所谓的风险倾卸(risk-dumping，也称为风险转嫁)——客户将项目进行过程中可能遇到问题所涉及的责任转移给了承包商(见图 10.5)。这一做法常常导致许多有关欠款或违约的法律纠纷,合同一方将就另一方的拖延行为或额外产生的成本进行申诉。英国机场管理公司认为,为了以约定金额完成项目而产生的压力,将使最终交付给客户的技术方案在质量上大打折扣。

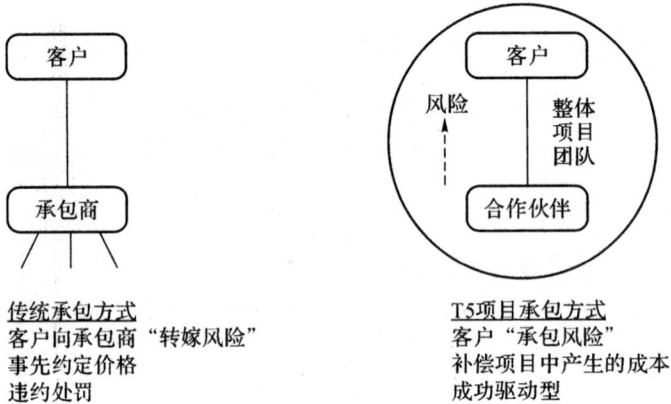

图 10.5　风险转嫁与风险承担的对比

对于英国机场管理公司而言,T5 协议代表了一种全新的非对立型的项目管理方式。英国机场管理公司承担了与项目有关的所有风险,而没有将其转嫁给承包商。在这种模式下,供应商以整合项目小组成员的身份为项目工作,致力于就项目进行过程中遇到的任何问题开发创新性解决方案。表 10.1 概括了传统承包方式与 T5 承包方式的主要区别。

英国机场管理公司并未在与供应商签订的协议中指明具体的工作细节。相反,协议代表了一种来自合作伙伴的承诺,他们将为项目提供最具才能的人员与最具实力的技术。这种方式可以集结各类项目团队来最有效地利用来自各合作伙伴的专长与能力,这些合作伙伴包括了英国机场管理公司、英国航空公司、主要供应商、设计师及主要分包商。项目团队可以做到同地协作,并共享信息与资源。

表 10.1　传统承包方式与 T5 承包方式的对比

传统承包方式	T5 承包方式
风险转移	风险由英国机场管理公司管理
事先约定价格	合理补偿项目中产生的成本
有风险的利润	事先约定的风险水平
违约处罚	成功驱动型
(基于不同工种的)专业能力储备(silos)	整合项目团队
最佳实践	超常的绩效

　　T5 协议创建的激励机制,鼓励并奖励项目团队在项目进行过程中针对不可预见的问题开发解决方案。与传统的固定价格协议相比,成本补偿式合同的使用有助于创造鼓励创新的环境。在这种方式下,供应商将就所有项目中产生的成本获得补偿,并取得一定的利润空间。成本补偿机制多种多样,但一般基于成本产生的各类凭证(如收据或工资单等),或基于预先约定的特定活动费用。包括利润空间在内的所有成本项都以公开、透明的方式记录在案。为了鼓励整合项目团队的所有成员(包括英国机场管理公司自身与主要承包商们)对绩效进行提升,英国机场管理公司还对节约成本与按期完成项目的行为提供奖金。然而,供应商们也需共同承担项目超期及超支所产生的代价。

　　基于以往项目的经验,英国机场管理公司使用标杆信息来设定项目的目标成本水平。若实际成本低于目标成本,则被节省下来的成本金额将在项目团队内与各合作伙伴共享。这就激励了项目团队成员通过共同努力来识别风险和进行创新以解决项目问题。针对项目实现的超常绩效,英国机场管理公司除了支付基础报酬外,还将给予激励性奖金。英国机场管理公司意识到,复杂问题的解决需要使用创新性方案,由此将带来更大的财务风险,且很难或无从找到与此类方案成本相关的标杆信息。为了避免设定过高目标成本所导致的风险,英国机场管理公司聘请了第三方顾问进行详细的成本分析。以此,英国机场管理公司在最终敲定目标成本之前,给予了自己更多的时间和选择。

利润共享协议中设定了计算利润水平的公式,这鼓励了供应商在用时、成本、质量与安全目标等各个方面都取得优异的绩效。这意味着,供应商不能为了实现时间或成本上的节约而在安全方面进行妥协。安全要素是 T5 项目的关键优先级要素之一。英国机场管理公司开展了一项"无事故无工伤"计划,在企业文化转变方面取得了巨大的成功;该计划规定现场作业人员为自身与同事的安全负责,以实现工地的"无事故"。此外,英国机场管理公司在施工现场专门设置了一个专业医疗中心,为大批现场作业人员提供基本的医疗服务,其中包括了健康体检、治疗与急救等。2004 年 7 月,英国机场管理公司实现了首次每百万现场作业工时低于 1 的上报事故率。此后的项目整个生命周期中,又实现了 9 次这样的成绩;此外,英国机场管理公司还实现了 2 次每 200 万现场作业工时低于 1 的上报事故率。虽然创造了以上辉煌,但 2006 年 8 月项目仍然出现了一次工地人员死亡事件。

以下 3 项补充性创新也支持和强化了 T5 系统项目管理的核心元素。首先,英国机场管理公司开发了一种名为"单一模型环境"(single model environment, SME)的电子模型技术(软件工具),为项目相关的电子数据提供中央数据库。在利用单一模型环境技术时,每一项目的设计细节必须在现场施工开始前的 6~9 个月内被敲定,以便留有充分时间来识别和解决可能发生的任何问题。项目团队中的合作伙伴需要在项目设计、生产和建造等各阶段互通信息,单一模型环境技术旨在确保整合项目团队成员在交流信息时不会出现任何出入。英国机场管理公司开发单一模型环境技术的初衷不仅在于协助设计与制图过程,也在于协助建立航站楼的建造规划及未来的维护保养。

其次,进出 T5 航站楼的限制及施工现场有限的工作区域空间,促使英国机场管理公司使用预先装配和标准化的部件。预先装配及场外组件预制技术使 T5 项目供应商得以在将部件及子系统运往 T5 项目现场前对部件进行制造、装配与测试,并进行安装演练。一旦测试完成,子系统(例如：T5 航站楼屋顶、烟囱及飞航管制塔台的部件）又被拆分，并以可行的最大体积运往希思罗现场进行最终装配。项目中约 70％的机械与电子工程元件都是在场地外完成制造的。整个钢筋笼则在控干环境（dry-controlled environments）下实现场外预装配，装配完成后直接运往现场。

最后，为了应对将大量物料与元件通过仅有的通道运往现场而带来的挑战，英国机场管理公司与莱恩公司（Laing O'Rouke，英国机场管理公司的主要承包商之一）联手，开发了一种物流管理方式，它基于精益制造领域中习得的准时制技术，保证了建造过程的排程效率。这就保证了物料仅在现场需要时才被运往工地。T5 项目专门建造了两个分别位于科恩布鲁克（Colnbrook）与希思罗南（Heathrow South）的分货中心，它们与项目现场仅咫尺之遥，确保了大量物料可以在对的时间交付给对的项目团队与作业人员。

10.4　T5 模式背后的客户驱动型学习

本节介绍构成 T5 项目管理创新一部分的英国机场管理公司内部学习过程。T5 项目所在产业是一个众所周知的对创新和变革极其抵制的产业，该产业往往不愿接受来自其他产业的新观点，在这样的行业推广新的项目管理方式，无疑会遭遇巨大的挑战。英国机场管理公司扮演了"知识中介"的角色，从其他项目或产业借鉴高效的成功实践方式，并将其以一系列新方式进行整合，从而开发出应对 T5 项目挑战所需的项目管理领域的突破性创新（Hargadon，2003）。在约翰·伊根爵士的领导下，英国机场管理公司召集了一支由各类人才组成的高级团队，并为 T5 项目的筹备聘请了顶尖顾问。这批人才在其他产业的商业实践中具有渊博的知识与丰富的经验，曾成功完成过巨型项目的管理。

用以实现项目管理创新的知识与经验基于以下 5 个领域的学习：

- 英国机场管理公司内部的项目管理流程；
- 油气产业的项目管理；

- 以往的项目;

- 对巨型项目的研究;

- 单一模型环境(single-model environment)。

10.4.1　从英国机场管理公司日常资本项目中学习

随着 T5 项目一路走来,英国机场管理公司在日常资本项目交付方面取得了根本性的改进。约翰·伊根爵士认为,英国机场管理公司曾错误地假设每个项目都是独一无二或一次性的活动。换言之,英国机场管理公司在完成每个新项目时都以"一张白纸"起步,并且,新组建的项目团队每做一个项目都需重复性地从第一个原则开始对项目细节进行斟酌。在意识到"每个项目都是独一无二的"这一思维有碍系统学习和绩效改进后,伊根鼓励英国机场管理公司重新思考如何对从汽车制造和其他高产量产业中习得的成功实践经验加以利用,并将其应用到公司的项目中去。

这一新型思维方式体现在约翰·伊根爵士所著的《反思建筑业》(*Rethinking Construction*)(1998)一书中,这本由英国政府资助出版的行业报告,成为英国建筑行业改革的宣言书。报告中建议,客户应摒弃竞标的方式,并基于对绩效的清晰衡量,与供应商保持长期合作伙伴关系;同时,供应商应该将聚焦从成本上转离,而更多地关注客户需求、生产过程、团队整合及产品质量。

20 世纪 90 年代末期,基于从汽车制造行业借鉴而来最佳实践,英国机场管理公司已经通过开发和执行 CIPP 项目管理过程,实现了伊根报告中相关原则的实际应用(见本书 10.3.1),这些最佳实践包括了标准化设计、标准化与模块化元件、并行工程以及与供应链中各方形成合作协议。虽然英国机场管理公司的 CIPP 改进计划着重强调对现有日常资本项目成本的削减,但其更为长期的目标则在于为 T5 项目的筹备创造标准化过程。框架协议下的供应商在 T5 项目启动之前已经参与到英国机场管理公司各项目的整体项目团队工作中,这有助于他们更好地为 T5 项目做准备。协议使英国机场管理公司能够理解其供应商的实力,并了解他们是否能够在协作、互信及开放账目（open-book accounting）的环境下与英国机场管理公司形成合作。

10.4.2　向油气产业学习

一些受雇于T5项目相关公司的英国机场管理公司高管、顾问和经理，具备油气产业的工作经验。早在20世纪80年代，油气产业就率先开发和完善了T5项目中所应用的几个核心项目管理方法，例如客户承担风险、整合项目团队及预先装配技术等（Cook，1985）。与近海油气平台建设相关的工期拖延导致的高额成本，意味着油气承包商并不能保证项目能按时、按预算完成，也不能保证项目的运营可靠性。这就导致包括英国石油（BP）、壳牌（Shell）、艾克森（Exxon）及雪佛龙公司（Chevron）在内的石油公司客户需要为项目可能的失败承担责任，这样一来，客户也深入参与到项目的设计和建造阶段。新的方法不再适用传统的总承包方式，而是成立了整合项目团队，团队成员包括了客户与各承包公司及工程公司。

相比陆上平台，近海油气平台项目在管理上难度更大，这是由于即使项目的一个元件或一个部分无法按期完成，也会导致整个项目的延期。各种模块，有时甚至是整个平台单元，需要在被运往近海平台安装之前在陆上完成预先研制、预先装配与调试。T5协议的开发正是英国机场管理公司项目管理者们借鉴了油气行业经验的结果。包括英国艾铭公司（Amec）在内的T5项目供应商利用他们在油气产业的实践经验，实现了T5项目的预先装配与场外预先研制。

10.4.3　从以往的基础设施项目中学习

在加盟英国机场管理公司之前，几位高管（集团技术总监、设计总监与T5项目总监）曾效力于奥雅纳工程顾问（Ove Arup Partners）公司，为葛兰素（Glaxo）公司完成其在英国斯蒂文尼奇（Stevenage）的研究综合体项目，该项目是早期典型的客户应用整合项目团队和补偿性合同（reimbursable contracts）的案例。这一"三人团队"在将葛兰素公司的整

合团队工作经验带入英国机场管理公司的过程中扮演了关键角色。T5
项目的其他成员曾就职于奥雅纳和莱恩公司，并通过参与葛兰素公司项
目获得了"制造型项目管理过程"（manufacturing-style process）的经验，
在此期间他们学到了如何在整合项目团队中根据客户清晰表达的项目概
要来展开项目工作。

其他方面的学习主要基于希思罗机场高速公路项目，该项目因 1994
年 10 月发生的主隧道坍塌事故而陷入严峻的局面。英国机场管理公司
抑制住了控告承包商违约的冲动，而决定与供应链各方达成伙伴关系。
作为客户与顾客，英国机场管理公司与希思罗机场高速都意识到，与项目
风险有关的责任最终都会由他们自身来承担。最终，通过努力，坍塌的隧
道得以复原，项目得以挽回，希思罗机场高速最终实现了紧张的项目复原
工期目标，并于 1998 年正式投入使用。据 T5 隧道与铁路项目主管所言，
英国机场管理公司在希思罗机场高速公路项目中对整体项目团队的应用
"很好地证明了 T5 项目协议的可行性"。

10.3.4 从巨型项目的案例研究中学习

在 T5 项目筹备过程中，英国机场管理公司就英国近 10 年来每一个
超过 10 亿英镑的重大建筑项目及近 15 年来每一个新建国际机场项目都
进行了系统的案例研究（案例研究于 2000—2002 年完成）。这一标杆式
的分析表明，没有一个英国建筑项目得以成功地按时、在预算内并按照合
同最初订立的质量标准交付。同时，几乎没有项目具有良好的安全记录。
研究还发现，近期没有一个新建的机场能够按时交付使用。基于对 12 个
大型机场项目的研究，英国机场管理公司得出结论：若是不采取根本性变
革，T5 项目将超支 70%、延期 3 年并将导致 6 人因事故而死亡。

英国机场管理公司的研究识别出了导致巨型项目绩效不良的两大问
题：项目伙伴之间缺乏合作、客户对承担项目风险责任的抵制。研究发
现，将风险转嫁给承包商的做法事实上并不能对客户起到保护作用，因为
客户终归要对项目的成本、时间、质量与安全问题负责。英国机场管理公

司认识到,要想实现大型项目的既定目标,唯有通过 T5 协议建立一种新型的合作伙伴关系,来改变"游戏规则"。

英国机场管理公司的研究还专门指出,国际机场项目未能按期投入使用的主要原因在于项目执行的最后阶段没能很好地完成系统交付与整合。由 T5 系统整合部主管带领进行的另一项研究表明,在系统交付的最后阶段,高技术元件未经检验就整合进系统的做法(尤其是对于 IT 系统而言),是导致项目失败的一个主要原因。为避免这一问题的发生,英国机场管理公司在系统整合阶段仅采用已经成熟的技术。未经检验的技术需在其被纳入 T5 项目之前,在不同的环境下(比如在一个小型机场中)先进行安装与调试。

10.4.5 旨在创造单一模型环境的跨产业学习

在筹备 T5 项目的过程中,人们认识到,许多项目的失败源于其未能在设计阶段进行充足的投资:"项目设计阶段是最可能赢得胜利的时机——而在项目的建造阶段你将不再具备获胜的机会。"[①]T5 项目的建筑设计需要实现一定的灵活性,以便应对项目在得到政府批准之前所经历的较长酝酿周期中可能出现的航空产业需求的变化。项目的设计需要适应一系列不可预测的事件,如政府规划调查的结果及"9·11"恐怖袭击之后更为严格的安防标准。

英国机场管理公司 T5 项目总监与 T5 项目质量管理部经理都有在原子能产业的工作经验,由于原子能产业有着非常严格的安全与质保标准,因此行业内应用了非常先进的电子建模技术,这两位管理者都建议为 T5 项目也创建一个单一模型环境。单一模型环境旨在为所有与项目相关的设计人员提供一个单一模型,他们可以基于这一模型展开问题探究,可以从模型中抽取任何一部分开展工作,也可以对原有模型进行修改,并将修改的部分重新融合到模型中去。

---

① 引自对 BAA 前任 T5 项目总监的访谈(2006)。

2000年,在T5项目概念设计之初,英国机场管理公司虽有2D与3D的CAD程序,却没有可以将程序整合进单一模型环境的软件。英国机场管理公司(与合作伙伴一起)通过自己开发单一模型环境克服了这一问题,这一版本的软件工具可以辅助航站楼建设的规划与建设及航站楼落成后的维护工作。此外,英国机场管理公司不光从原子能产业吸取经验,还借鉴了劳斯莱斯公司位于德比的飞机引擎设计基地的经验[劳斯莱斯在德比开发了空客A380的特伦特(Trent)引擎]。德比的飞机引擎设计项目具有与T5项目十分相似的组织形式,两者都涉及使用了单一模型的外包供应链;罗孚公司的设计工作室则使用3D技术来开展汽车与引擎部件的实时设计,英国机场管理公司也向罗孚公司学习了相关技术。

虽然在创建单一模型的过程中遭遇了重重挑战,但最终,英国机场管理公司仍为交付T5这一极具复杂性的项目,成功开发出了一个可行的单一模型环境软件工具。

10.4.6 T5项目实施过程中的学习

虽然T5手册与T5协议写明了项目交付的具体流程,但在项目执行过程中,人们很快发现,如果员工及项目供应商不从根本上改变其行为与心态,T5项目的方法很难得到有效贯彻。为了应对这一挑战,英国机场管理公司在产业范围内展开了一个变革计划,旨在克服几十年来根深蒂固的传统建筑行业实践及行为。

为了打破传统的行业实践,英国机场管理公司不懈努力,强化与奖励团队行为,并在供应商之间培养互相学习的文化。这些行为基于与信任及合作相关的"软"技能,只有具备这些"软"技能,才能"建设性地"展开项目工作。相比之下,那些传统承包模式所需的硬性技能主要基于对风险的商业评估以及问题一旦产生后的索赔过程。

将项目分解成若干整体项目团队任务的做法有利于为团队成员创造子项目身份,以便各成员将注意力集中在特定任务的完成上。然而,在一些情况下,太过关注团队内部可能造成与世隔绝的局面,项目团队可能不再关注与其他项目之间的外部界面。英国机场管理公司认识到，每一个子项目都需要在整体大项目中管理其与其他项目之间的依赖关系，同时，还需管理子项目自身的目标与任务。

项目执行阶段需要对单一模型环境进行升级，主要途径为引入 3D CAD 设计技术、开发 CAD 标准、创建新过程并改变行为、开发技能与能力、改进团队成员之间的沟通。这些对单一模型环境的完善使英国机场管理公司实现了设计与建造成本的削减。该软件工具能帮助用户最快速地获得最新的设计资讯，并通过防止作图失误，来帮助协调 T5 项目各设计团队的工作。

10.5　对未来采购的启示

本章展示了作为重大项目的重要客户及长期中间商的英国机场管理公司是如何进行项目交付过程的战略性改革的。事实上，自 20 世纪 90 年代以来，英国机场管理公司已经开始持续不断地改进项目管理过程，其最初的努力方向是使项目取得更大程度的可预测性与可重复性。这催生了 CIPP 计划，并促进了英国机场管理公司在供应链管理方面的最初努力，结果是第一代框架协议的诞生。此后，第二代框架协议在修订第一代框架协议的基础上诞生，它体现了更为有力的商业控制。在意识到 T5 项目需要应用新的项目管理方法之后，项目团队起草了 T5 项目协议，以应对巨型项目中可能出现的主要不确定因素。为了完成 T5 项目协议，人们汇总了其他巨型项目及其他行业的成功理念、实践操作与技术，并将它们以一种新的方式加以整合，以此创造了项目管理领域的创新性突破。英国机场管理公司创造的管理风险与激励创新的氛围成为项目成功的关键条件。然而，创造 T5 项目管理方式的初衷并非为了取代大型项目的 CIPP 过程；它专门针对的是大型、复杂、具有不确定性及高价值的项目，这些项目在一开始就具有不可预知的风险。

2006 年 7 月，在 T5 项目施工期间，英国机场管理公司被西班牙建筑公司法罗里奥(Ferrovial)集团以 103 亿英镑的价格收购。T5 项目筹备过程及项目进行过程中的学习成果体现在 2006 年问世的第三代框架协议中,该框架协议被称为《伙伴价值》(*VIP*:*Value in Partnership*)。在第三代框架协议下,英国机场管理公司摒弃了之前使用框架的单一方式,而将大型资本项目工作分解成 4 个领域的任务:企业项目、复杂项目、技术和业务核心系统及顾问工作。其中企业项目包括停车场、写字楼、简单翻修及那些签署 3~5 年框架协议的供应商所承担的项目(供应商需要承担项目风险);复杂项目需在 10 年框架协议下进行,并涉及一级与二级供应商及设计顾问。复杂项目的风险仍由英国机场管理公司承担,比起企业项目,复杂项目涉及的供应商要少很多。其他两个类型的任务(技术和业务核心系统及顾问工作)一般在 5~10 年的周期内完成,其中技术与业务核心系统包括了火警警报器、行李处理系统、电梯及安防系统等。

英国机场管理公司随后意识到,需要就不同种类的资本项目工作应用不同的采购承包方式。T5 项目似乎可以成为一个模板,指引英国机场管理公司及其他客户和系统集成商,使其在未来成功设计与交付其他巨型基础设施项目。然而,正如我们所见,T5 项目的方法并不能被简单编码和照搬,其成功应用需要更为深远的隐性知识、实践与行为上的改变,以及在传统建筑行业以对立文化与实践为基础的组织形态的变革。英国国内几乎没有客户能与英国机场管理公司近几年来所实现的技能与经验抗衡。除非其他客户也能实现同样的能力,否则,T5 项目采购承包方式在其他巨型项目中的应用只能被局限在少数几家大型全球性客户中。

此外,越来越多的证据表明,英国机场管理公司自身也将放弃对 T5 项目承包方式的再次使用。2008 年 1 月,英国机场管理公司宣布将不再使用 T5 项目采购模式来建造航站楼的第二个附楼。与此同时,据相关新闻报道,英国机场管理公司将于当月月底裁去其建筑项目部的 200 名员工。2009 年 5 月,事态进一步发展,英国机场管理公司宣布即将终止其复杂项目框架协议(然而,有 9 个供应商已经为争取获得签署这一框架协议的资质而努力了一年)。随后的 2009 年 6 月,英国机场管理公司宣布,将重新对大型项目恢复使用竞标过程,除了框架计划内的主要承包商可以参与竞标外,英国机场管理公司也邀请非建筑行业(例如油气、原子能、国防与物流行业)的大型国际企业参与竞标。英国机场管理公司新上任的资本项目总监史蒂文·摩根曾声称其意在使英国机场管理公司脱离建筑项目运营领域,并将取消团队中的项目经理职位(Building, 2009)。事实上,英国机场管理公司内部已不再设有项目管理职能,公司已转向通过外包方式获得其曾在 T5 项目中实现的系统集成职能。表面来看,在法罗里奥集团负债攀升至超过 200 亿英镑的环境下,英国机场管理公司正在寻求削减成本的方式,其对史蒂文·摩根的聘用正是为了执行这一成本削减战略;史蒂文·摩根曾在英国核能(British Nuclear Fuels)公司任职,并成功领导了一个与此相似的项目。

以上情形让我们想起了前文提到的例子,当葛兰素英国研究中心最终落成时,该项目被认为是英国建筑行业的一大成功,但是,此项目之后并没有形成产业整体实践方式的变革。这个例子再次表明,一项复杂建筑项目的成功采购承包方式未必能广泛适用于整个行业;相反,此类承包方式可能只限于被像莱恩公司之类的少数企业所用,这是因为这些企业雇用了许多 T5 项目中的关键成员。

本章致谢

本章作者在此对 David Gann, Jennifer Whyte 与 Catelijne Coopmans 致以衷心的感谢,这三位同仁曾与我们在有关 T5 项目的更为大型的研究中相互合作。我们还要感谢在 T5 项目中工作的、支持我们研究进展的所有受访者。

本章参考文献

Ayas, K. and Zeniuk, N. (2001). Project-based learning: building communities of reflective practitioners. Management Learning, 32: 61-76.

Brady, T. and Davies, A. (2004). Building project capabilities: from exploratory to exploitative learning, Organization Studies, 25: 1601-1621.

Contract Journal. com (1998). "BAA gets capital rewards", 17th June.

Cook, P. L. (1985). The offshore supplies industry: fast, continuous and incremental change. In: Sharp, M. (ed.), Europe and the new technologies: six case studies in innovation and adjustment. Pinter Publishers, London, 213-262.

Davies, A. and Brady, T. (2000). Organisational capabilities and learning in complex product systems: towards repeatable solutions. Research Policy, 29: 931-953.

Davies, A. and Hobday, M. (2005). The business of projects: managing innovation in complex products and systems. Cambridge University Press, Cambridge,UK.

DeFillippi, R. J. (2001). Introduction: project-based learning, reflective practices and learningoutcomes. Management Learning, 32: 5-10.

DeFillippi, R. J. and Arthur, M. B. (2002). Project-based learning, embedded learning contexts and the management of knowledge. Paper presented at the 3rd European Conference on Organizing, Knowledge and Capabilities, Athens, Greece, April.

Douglas, T. (2002). Talking about supply chains. Solutions: Projects and News. WSP Group plc, Spring Issue, 5.

Egan, Sir J. (1998). Rethinking construction: The report of the construction industry task force, Department of Transport,

Environment and Regions.

Flyvbjerg, B. , Bruzelius, N. and Rothengatter, W. （2003）. Megaprojects and risk: an anatomy of ambition. Cambridge University Press, Cambridge, MA.

Gann, D. M. and Salter, A. (1998). Learning and innovation management in project-based, service-enhanced firms. International Journal of Innovation Management, 2 (4): 431-454.

Gann, D. M. and Salter, A. (2000). Innovation in project-based, service-enhanced firms: the construction of complex products and systems. Research Policy, 29: 955-972.

Grabher, G. (2003). Switching ties, recombining teams: avoiding lock-in through project organization. In: Fuchs, G. and Shapira, P. (eds.), Rethinking regional innovation and change: path dependency or regional breakthrough? Kluwer Academic Publishers, Boston, MA.

Hargadon, A. (2003). How breakthroughs happen: the surprising truth about how companies innovate. Harvard Business School Press, Boston, MA.

Hobday, M. (2000). The project-based organisation: an ideal form for management of complex products and systems? Research Policy, 29: 871-893.

Keegan, A. and Turner, J. R. （2002）. The management of innovation in project-based firms. Long Range Planning, 35 (4): 367-388.

Lundin, R. and Söderholm, A. (1995). A theory of the temporary organization. Scandinavian Journal of Management, 11(14): 437-455.

Maclellan, A. and Lyall, S. （2005）. Design for discovery. Architects Journal, 10(10): 1995.

Middleton, C. J. (1967). How to set up a project organization.

Harvard Business Review, (March-April): 73-82.

National Audit Office. (2005). Case studies: Improving public services through better construction. 15 March.

Prencipe, A. and Tell, F. (2001). Inter-project learning: processes and outcomes of knowledge codification in project-based firms. Research Policy, 30: 1373-1394.

Winch, G. (1997). Thirty years of project management. What have we learned? Paper presented at British Academy of Management, Aston, UK.

第三篇

总结篇

11 产品—服务创新:重塑采购方—客户格局

约翰·贝赞特(John Bessant),米基·霍华德(Mickey Howard),

奈杰尔·考德威尔(Nigel Caldwell)

本章探讨产品—服务创新与复杂绩效采购之间的关系,并将产品—服务创新视为一个供应链的重塑过程。为了实现将复杂采购任务与常规采购任务同等对待的新业态,需要应用一种新方式来管理创新,而这种方式正日益依赖于多个利益相关者之间的协同演化。虽然人们对于"与客户和供应商形成合作"的做法并不陌生,但是采用新的创新方法来推进基于服务的绩效确实是一个相当有趣的议题。本章提出了一个概念模型,并通过三个案例来分析产品—服务创新对于 PCP 的重要性。

11.1 产品—服务之争

有关服务化(Vandermerwe & Rada, 1988)及产品的服务生命周期(Potts, 1998; Quinn et al. , 1990)等开创性研究问世已近 20 年,学术文献中有关产品—服务之间的兴趣一直在稳步增长。简单来说,采购界中所谓的服务化(servitization)指的是,企业通过外包或将重心延伸到下游活动,并同时致力于产品(或装备)绩效的提升与支持的价值创造过程。有关服务化,学术界提出了多种视角对其加以解释,比如从代工生产经济学(economics of outsourcing production)与服务产业兴起的视角来看,服务化可以概括为从基于产品的制造模式向营销主导逻辑的转变。正如本章所建议的,这一理念的转变需要通过执行服务战略来实现,即需要与解决方案供应商建立起合作,并通过整合设计、制造与服务运营来实现价值共创。具体来说,与终端客户建立关系的过程包括了终端客户在创新过程中的参与,因此不能将他们拒之门外。

许多文献记载了从制造向服务导向的转变(Potts, 1988; Armistead & Clark, 1992; Mathe & Shapiro, 1993; Hobday, 1998; Mathieu, 2001a, 2001b; Brady et al., 2005),这一转变使企业输出的产品更多地基于知识,而非实物。之前,人们把制造与服务视作一个连续体的两个极端,而目前,管理研究领域的新思想正对这种观点提出质疑(Araujo & Spring, 2006)。实物属性与异质性服务特征的捆绑正在使产品与服务之间的传统边界变得日益模糊(Correa et al., 2007),同时,企业需要通过供应合作伙伴整合并保持重新聚焦或精减人员的灵活性,来提供更高水平的服务。在这一目标的驱动下,企业边界也正在经历着转型(Olivia & Kallenberg, 2003)。"制造商主动"(manufacturer-active)的观点寻求对收入来源概念进行重新定义,并实现对新概念产品的销售,而本章并不采用这一观点;我们将通过3个完全不同的案例,来探讨由传统采购向供应链中PCP的转型,在此过程中,通过采取创新管理领域的新思想,增强客户体验与服务支持。

11.1.1 产品—服务创新

产品—服务创新往往是企业在PCP过程中为了应对协调采购任务挑战所采取的激进式做法。产品—服务创新是执行新型供应链战略的关键因素,其主要特征体现为长期动态性、合作企业之间的紧密关系以及平台或装备生命周期内产品可获得性(availability)需求的改变。对于较成熟的产业部门来说,产品—服务创新显得尤为重要,在这些产业中,专业采购人员把注意力集中在甄选关键供应商以及与承担服务、支持运营责任的企业发展战略合作关系上。

众所周知,企业需要通过创新来实现其在复杂环境中的生存与发展,问题在于,企业是否具备有效组织与管理这一过程的能力。研究表明,创新管理能力(innovation management capability，IMC)，即获取与调动新知识以创造不同产品、服务与过程的能力，在产业内并不是均匀分布的(Adams et al.，2006)。一些组织既不能意识到变革的必要性，又缺乏管理此类变革的能力。而另一些组织虽然在某种战略层面意识到了变革的需要及获取、利用新知识的必要性，却缺乏设定目标的能力，或者在确定目标后，缺乏吸收并有效利用新知识的能力。还有一类组织，虽然具备明确的配置外部知识的战略框架，却缺乏搜寻与获取外部知识的能力。事实上，有些企业可能已经开发出应对以上各类问题的规范，那些欠缺相关经验的企业可以借鉴它们的做法(Hobday et al.，2005)。

产品—服务创新为组织带来的挑战尤其体现在：处理利益相冲突的利益相关者之间的关系，管理客户—供应商网络的复杂结构，应对长期内不断出现的服务支持方面的需求变化等。在这一背景下，需要在复杂的利益相关者系统中通过"共同演进"来实现解决方案，通过个体独立开发并执行解决方案的可能性很小。随着采购方与供应商通过合作实现新型的创新性行为的出现，我们认为，事实上，企业内部的"服务化"挑战更多地体现为"客户参与"(customer-embracing)的形式。

这一转型意味着，即使对于那些具备高水平创新管理能力的企业来说，仍有必要学习新技能、开发新方法，以便应对各类挑战。在转型早期，往往需要通过控制性试验来学习有关转型过程管理的各类规范(Nelson & Winter，1982)。在以下部分，我们将更进一步地探讨建立创新管理能力规范所遇挑战的本质，这些规范包含了搜索和甄选行为的确立。

11.1.2 创新搜寻矩阵

图11.1的概念矩阵描绘了企业寻求创新的各种形式。纵轴为耳熟能详的创新程度的"渐进/重大"两个维度，而横轴有关环境的"复杂性"。沿着横轴越往右侧走，表示所涉及的复杂性因素越多，这些因素包括技术、市场、政治或竞争对手等；同时，越往右侧表示各因素之间的潜在交互方式也越多。没有任何组织可以同时考虑到环境中的所有因素，因此，组

织可以通过这一简化的框架来理解其所在的世界,引导和限制其搜寻活动,并在框架内做出最终的甄选决策。

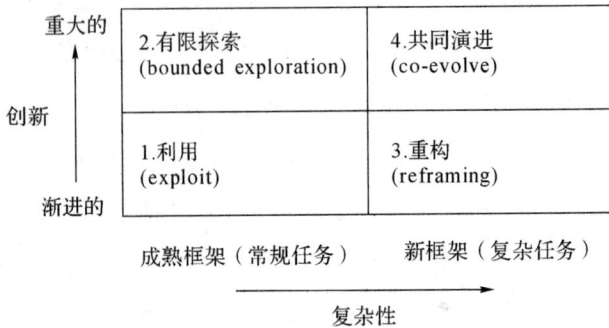

图 11.1 创新搜寻空间示意

"重构"是将新元素和新组合列入考虑范围的过程,本质上,企业家所做的就是"重构"这件事:关注到未被满足的市场、未被充分利用的技术等,同时创造新组合来迎合相关需求及利用有关机遇。企业家们引入了一个更多考虑外部多样性的新框架,这一框架能与其面对的复杂性形成更好的匹配。

"利用"搜寻行为涉及系统性的适应和渐进性的开发,是在一个清晰和成熟的框架内收获各种创新可能的过程。成熟建立的惯例得以编码,这些惯例涉及各类技术和市场研究的改良与强化工具以及与现有关键市场参与者建立更为深化关系的规则。

"有限探索"涉及推动已知世界的边界,并在此过程中探究不同的搜寻技巧;但是,以上这些都是在一个公认的框架内进行的,这个框架即"商业模式"。虽然技术搜寻(R&D)涉及很大的赌注,但是其过程事实上是沿着一个业已建立的技术轨迹的。例如,半导体企业利用摩尔定律为其开展的活动制定目标,并使用专利和其他知识产权策略帮助其明确对新发现领域的所有权。类似地,市场研究旨在通过移情设计与潜在需求分析等途径来促进对客户的理解,以此实现边界的推进。

左侧区域的活动在一个框架内进行,这个框架限定了人们对相关重要事件的感知,即:组织经常提及的其想要跳出的"框框"(box)。"重构"涉及搜寻可能产生其他架构的空间,探索环境中不同的元素排列与组合。这是典型的创业领域,是一个冒险的领域,但它也可以带来新型而强大的替代性模式。从本质上看,它涉及各类未被成熟商业模式所界定的环境因素,如:极端用户(extreme users)或边缘市场(fringe market)(Prahalad, 2006；Christensen et al. ,2007)。

"共同演进"涉及市场、技术及其他元素共同形成且以不可预测的方式发生的根本性转变,创新的形成是多种独立元素之间复杂交互的结果。扩大与反馈过程强化了最初方向性的小转变,这一过程对发展轨迹的定义仅仅是渐进的。这与创新生命周期中的"流动"状态很相似(Abernathy & Utterback, 1975)。因为根据定义,人们不可能预测什么将变得重要,或最初的变化将从哪里开始,或反馈与扩大过程将围绕着哪项活动发生。因此,在这一区域,创新搜寻与甄选规则需要以完全不同的形式来表现。"试探性学习"(probe and learn)可能成为其中一个应对策略,这种方式试图将组织置于争论的中心位置,尽早发现可能的趋势,并开始对相关争论及可能出现的任何创新轨迹施加影响。

11. 1. 3　新创新方式的搜寻

图 11. 1 中的模型说明,企业与供应商(客户)合作型网络将需要尝试和开发新方法,以适应图中右侧区域所代表的复杂搜寻与甄选环境。而对于左侧区域,已形成了成熟的工具包。例如,在研发管理中,已经形成了多种战略支持工具,其中包括了复杂组合方法(sophisticated portfolio methods)与基于期权的方法(options-based approaches)(Roussel, 1991)。市场研究领域也有着可以借鉴的丰富工具资源,以引导人们进行系统性探索,这些工具包括了联合分析(conjoint analysis)、客户之声方法(voice of customer approaches)以及复杂心理与行为分析工具等(Kotler, 2003)。在这一框架中,我们可以应用这些工具与技术来支持优秀的供应链管理实践。

　　然而,服务化带来的挑战促使我们转向模型右侧,这一区域并没有现成可用的系统性搜寻与分析工具。正如一位管理者所言:"你又该如何去研究一个以往不存在的市场呢?"因此,我们需要一个补充性工具包来展示新的可能性,给予之前并未包含在创新公式中的参与者以发言权,并形成原型来促进"探索和学习"——基于发现的学习方式及突发性方法(emergent approaches)的实现。例如,在尚未满足需求的市场中,试图将用户需求引入创新过程时,我们可以借鉴用户领先创新(user-led innovation)与其相关方法,来开发出一套新方法(IJIM,2008)。这一过程可能包括了使用各类技巧、给予之前未被关注的群体以发言权并提供相应机制,使该群体可以自信自如地表达自己的观点。

　　我们认为,PCP 将有关生命周期和环境的更多维度引入了创新(见图11.2)。参与复杂采购(如 PPP 与 PFI)的企业一般采用租赁—雇用协议(lease-hire agreement),通过这类协议,在项目开发早期一般需签署5~10年的支持性合同,然而合同的影响会一直延续,并超越设计与建造阶段。因此,供应合作伙伴与客户之间的长期合作焦点已从初始的制造转至下游,跨越了更长的时间框架,并涵盖了更多企业生命周期中从一个阶段到另一个阶段的转变。相应地,这需要从相对固定的供应链行为转向对客户需求变化的更灵活反应,这依赖于整个生命周期中支持此类转变的复杂系统及知识网络的建立。图 11.2 中大立方体后方的阴影小立方

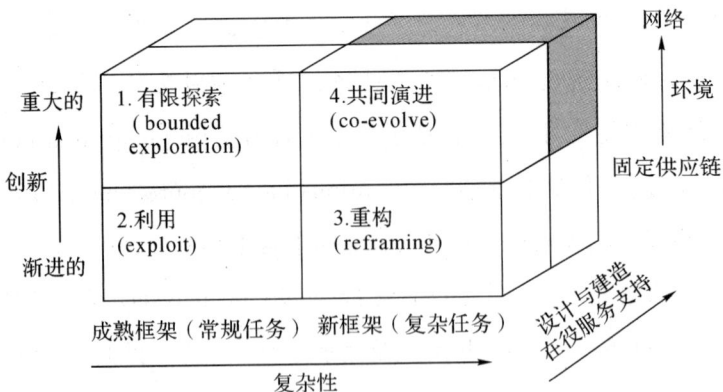

图 11.2　创新与复杂采购维度

体代表了一个富有争议的新"机会地带"，人们可以利用这些机会来研究如何在复杂采购过程中通过创新来实现高绩效；而在复杂采购过程中，设计和建造(design & build)与在役服务支持(in-service support)密不可分地交织在一起，以提供高水平的客户价值。在以下部分，我们将通过 3 个案例来探索复杂采购创新的新方式。

11.2　案例 1：皇家海军的舰船保障项目

除了国防领域，医疗、教育与运输领域的成本激增，加上经济衰退带来的影响，给政府开支施加了日益沉重的压力，人们急需在不影响服务水平的前提下，寻求更有效率的交付复杂绩效的途径。在本书第 8 章之外，这里再给出一个海军国防领域的 PCP 案例。案例 1 分析了用于前线巡逻任务的皇家海军军舰的在役服务支持，并探讨了英国国防部在政策与实践方面取得的变化。案例的中心主题为面向结果驱动型(outcome-driven)工作实践模式的转变，与供应商建立超越设计与制造阶段的合作关系以及在动荡环境下与承包企业签订 365 天全天候舰船维护服务，这里所说的动荡环境指需要承包商在短时间内即刻由和平时期运作状态转入作战运作状态，其中涉及的关键挑战在于从采购方—供应商的对立关系转变为更为合作的、风险共担、利益共享的供应管理模式。为了实现与海洋产业供应商的成功合作，英国国防部必须理解与基于可用小时数(availability hours)的新型保障合同相关的局限、行为与绩效指标。

为任何如舰船之类的复杂平台提供保障服务都需要与平台的设计与建造紧密结合。20 世纪 70 年代的英国舰船建造标准，在今天看来仍属于"过度设计"(over-engineered)。作为主要采购方的海军部(admiralty)对于舰船上几乎所有的元件都有着自己独特的标准规格。包括 22 型护卫舰(type 22 frigate)与 42 型驱逐舰(type 42 destroyer)在内的舰船都是通过英国国防部实现内部设计与采购，并在德文波特(Devonport)的皇家海军造船厂(Royal Dockyard)建造完成的。然而，自 20 世纪 90 年代以来，英国国防部的高级采购主管逐渐认识到，在设计、建造与支持成本方面"必须采取重大举措来制造价格更为低廉的舰船"。

在这一转型时期的重大探路者项目中，最初的两个建造项目，第一项名为"海洋号两栖攻击舰"（HMS Ocean）的直升机级航母，该航母是按照劳埃德舰船标准（Lloyd shipping standards）而非海军标准来建造的；第二项名为23型护卫舰项目，该项目被描述为介于海军与商用舰船标准之间的舰船建造项目。虽然低成本建造舰船的效益很快得到了实现，但代价是，来自轻微结构缺陷与辅助设备的故障逐渐对可靠性带来了影响。维护、维修与大修仍然构成了英国国防部的重大责任，这在管理与承包商的服务合同方面产生了重大影响，这些承包商必须为那些找不到原始制造商的陈旧装备提供维护服务。本案例的余下部分将探讨为一艘40余年服役期的巡逻舰所签订的可用性保障（CFA）承包合同（contracting for availability support contract），这艘巡逻舰的主体推进系统正面临瓦解。

11.2.1　创新与变革

英国国防装备与保障局（Defence Equipment & Support）的国防部柴油机集团（MoD Diesel Group）为皇家海军舰船与辅助舰艇的引擎提供技术指导。供应商拥有24个引擎以支持12艘海军巡逻舰的运作。柴油机集团负责包括从海上柴油机到舷外发动机在内的3500台引擎。一位英国国防部高级采购主管将巡逻舰引擎称作"一台有趣的引擎，它耗费了我大量的时间"。该引擎最初是作为火车头引擎设计的，在40多年前被改造成了舰船引擎。引擎中包括了许多特有的消除磁场特征的零件，该引擎早在人们考虑到可用性合同的很久之前就已制成了，"这种引擎无须使用多久就会崩溃"。

可用性保障合同针对每年特定单位的装备运转小时数收取固定的费率，通过此类合同，"我们想看到的是更高水平的装备可获得性"。一旦巡逻舰出现引擎故障，往往就非常严重，因此，供应商拥有的备用引擎数量是一个关键绩效指标。问题的复杂之处在于，舰船装有两个引擎，一个引擎主要用于产生推力,另一个附属引擎用于产生液压。这就需要供应商维持一定的库存量,而其中的部分费用需要(供应商)企业承担;如果库存量降至约定水平以下,企业将失去其关键绩效项目。这样一来,试图提高生产能力的企业因此获益,而企业修理引擎需要花费成本,因此企业有动机来使引擎尽可能快地运转,甚至在最初就尽量防止引擎故障的发生。舰船工作人员一般依据合同条款直接与(供应商)企业交涉,"舰船与供应商之间的关系建立非常之快"。虽然并未被完全证实,英国国防部员工将CFA合同视为削减成本的创新途径。尽管绩效得到了提高,但由于引擎老化问题,巡逻舰仍然仅实现了88%的可用率,而合同中规定的目标为95%。

从供应商的视角来看,正如一位高管所言,从可用性保障合同学习到的主要经验教训在于"再怎么努力计划都不为过"。由于其所在企业并没有数以百计的员工,这位高管认为,以小团队的形式工作,并关注对主要风险的理解,将决定承包过程的成败。尽管这位高管对英国国防部提倡的观点持有一定质疑,但他仍然赞赏可用性保障的理念,因为其使交易更公开,使规划更长远。"我是可用性保障的头号粉丝……总体来说它是一种风险共担的方式。我们所有人都坐在一起做决策,以一种非正式的方式,与英国国防部平起平坐!"在之前的舰船保障项目中,这位高管曾遇到过激励供应商"将引擎从舰船拆下"的合同,而非通过预测性维护实现引擎运转小时数最大化的合同。他觉得这种新型合同非常成功:"对于我们来说,这是一桩很好的买卖……我们可以预先采取计划。"

11.2.2 结果

虽然巡逻舰并未完全实现其可用性目标,但总体而言,人们仍然觉得这一项目是成功的。因为它将承包商、舰船官兵与英国国防部更为紧密地联合在一起,以解决已知的可靠性问题。基于可获得性的合同所实现的主要好处是:它改变了之前基于成本加成方式导致的收入不可预测性,实现了基于特定的装备运转小时数收取固定费率。虽然可用性保障需要人们对总成本的定义进行严格界定与理解,但它促进了缓和长期风险的供应行为。此类英国国防部与产业观点的一致性是非常重要的,比起合同本身的长度与对每一子条款的描述,政府与外部企业交涉时所规定的信任(stated policy of trust)与无意外(no surprises)政策更能说明这一点。对于风险共担与利益共享的强调也是至关重要的,基于此,供应商承担了一定程度的责任,例如,维持与其参与程度相适应的库存水平。可用性保障可能已成为多数小型战舰的标准,但对于那些包括 45 型驱逐舰与伊丽莎白女王级航母在内的大型舰船,其复杂性则意味着更高的管理难度。高水平的电子控制(约 90% 的大型战舰应用了电子控制),加速了舰船的老化,也提高了 IT 系统的升级成本,这就需要私营承包商关注舰船出航之前、之中与之后的状态。然而,可用性保障已经开始影响海军装备保障领域的理念,它代表了人们开始抛弃古板的、纵向整合的设计与建造,而转向一种新模式——由私营企业为英国部队交付复杂服务,这是一项非常核心的任务。

11.3 案例 2: 乐高

1999 年,财富杂志将乐高(Lego)誉为"世纪玩具",并估计每年有 4 亿儿童在乐高积木上花费约 50 亿"玩耍小时"(play hours)。然而,自 20 世纪 90 年代以来,实现了巨大商业成功的乐高也开始陷入困境。低成本竞争正在侵入其主打产品市场:这是一种典型的颠覆式创新 (Christensen, 1997)。与此同时,搭建式模型(building models)作为传统玩具市场的一大部分,正逐渐让位于电脑游戏。并且,其总部位于高成本的丹麦,为了保持竞争力,公司面临着运营方面的压力。乐高的供应链很长,成本很高:某一时期,公司拥有 11000 余家承包商,比波音公司飞机制造所涉及的供应商数量还多! 乐高产品开发过程也变得越来越复杂,许多产品系列涵盖了门类广阔的选项(例如:海盗人物玩具的腿部设计有不下 10 种,每一种还对应不同的着装),因此,要实现经济型制造非常困难。

在以上种种因素的共同作用下,乐高经历着收入的下降和市场份额的丢失,公司面临的危机在 2003 年左右达到了顶峰。据报道,公司亏损2.4 亿美元,并面临被玩具公司巨头马泰尔公司(Mattel Company)收购的威胁。新任 CEO 的加盟与来自家族的 1.78 亿美元注资,给了乐高喘息空间,以期东山再起。公司转型经历了很大的痛苦,但看似颇有成效。自2006 年以来,公司扭亏为盈,并一直呈现上升的成长态势,这一过程也包括了公司内部创新方式的转变。就图 11.1 来看,乐高的创新搜寻空间已经延伸到新的方向,尤其在这一过程的前端,公司面向了群体更为广阔而多样化的玩家。

11.3.1 创新与变革

要想实现创新与变革,可以重新审视用户扮演的角色,以此来获得灵感。通过建立所有元件的电子模型,乐高得以通过电脑辅助设计以及将设计与电脑辅助制造相结合的方式,来探索新的产品选项,这有助于降低总体制造时间与成本,且这一做法也打开了定制化玩具的机会空间。乐高曾在 2000 年发布了一款名为"乐高马赛克"的早期产品,用户可以将照片上传到公司网站。乐高公司会将照片电子化,并计算出使用多种颜色来定制一副马赛克壁画所需的积木数量。

马赛克给予乐高早期的学习体验,并成为联结更为多样的用户定制产品的桥梁,用户可以修改甚至重新设计自己的玩具。乐高工厂的在线定制服务给予用户提交自己设计的机会,随后乐高会计算所需积木与其他元件的数量,并为用户提供其所需的搭建指南。此外,用户还可以利用网站上的设计工具来实现自己的想法,而乐高仅扮演服务提供者的角色,将相关材料打包寄给用户/设计者。

由此,乐高对外界开放了其设计过程,而一款名为 Mindstorms 的乐高机器人的诞生,成为这一领域又一次关键的经验。这款产品旨在与日渐壮大的电脑游戏产业竞争,它给玩家提供了一整套高端工具箱,其中包含了可编程的积木、各种传感器与促动器(actuators)以及用户编程语言。

1998 年，首款 Mindstorms 机器人发明系统（robotic invention system, RIS)问世，共售出 100 多万套，成为乐高公司最畅销的产品线之一。

值得注意的是，乐高在 Mindstorms 问世早期发现，越来越多的用户正在用"黑客"手段入侵其产品软件，并基于乐高团队在比伦德(一个丹麦村庄)开发的原始代码开发了一系列应用程序及延伸程序。然而，乐高并没有试图控制或限制这些活动，相反，公司意识到"并非所有聪明人都在我们手下工作"，于是采取了一种"开放式创新"的做法。乐高团队也认识到，限制创造力与企业"鼓励探索与独创"的使命是背道而驰的。正如公司副总裁马斯·尼佩尔所言："我们认识到这是一种使我们的产品更具吸引力的绝妙做法……这是一种完全不同的商业范式：虽然他们不会因此获得收入，但却可以加强他们使用基本 Mindstroms 套装的用户体验。"通过走访这些主要的（"黑客"）软件开发者并激发他们的兴趣，例如通过为他们提供源代码、举办比赛，甚至在 Mindstorms 的软件许可中加入"允许黑客"的条款，乐高成功地在其原始设计的基础上收获了巨大的杠杆效应。一个日益壮大的用户社区开始建立各类网站，发表了 40 余册游戏"攻略"，并开发了各种各样的附属软硬件。

2004 年，在着手开发新一代 Mindstorms NXT 产品线时，乐高成立了一个 Mindstorms 用户工作小组（Mindstorms user panel，MUP），并在初始阶段就秘密招募了一批重要的游戏开发者。这一做法是典型的"领先用户"行为，其重要之处在于，人们并不是受奖金的驱动而来，大家愿意为乐高效力，完全是出于纯粹的兴趣爱好。作为参与产品开发的回报，MUP 成员得到了一些乐高游戏套装及 Mindstroms NXT 的产品原型；人们甚至愿意自掏腰包购买机票飞往丹麦！正如一位小组成员所言："他们将与我们探讨乐高，不仅如此，他们还将赠送我们乐高作为回报！……他们真的是想要听听我们的想法吗？还有比这更棒的事儿吗？"

11.3.2　结果

乐高公司的其他团队也效仿了以上经验。例如，自 20 世纪 60 年代以来,乐高一直在生产火车玩具套装,2004 年,公司决定将上述模式写入其合理化计划中(rationalization plans)。火车玩具团队响应激烈,他们对公司强调指出,有一个重要的用户社区(发烧友)不仅购买了原始的火车玩具,还自己进行产品设计与改装。乐高应用了与 Mindstorms 时期相似的流程,找到了主要用户/设计者并鼓励他们出谋划策。由 20 位"领先用户"组成的核心小组实现了 76 项成功的新产品设计。

识别出越来越大范围的用户与社区并与其进行合作的过程,转变了乐高的部分业务模式。公司依然以"传统"方式设计、制造和销售积木与玩具;但与此同时,一项新业务也在不断发展壮大,这项业务使用户参与到创新的最前线,设计和共同创造属于自己的产品。值得一提的是,一个用户的设计还可能吸引其他用户,因此,这并不仅仅是简单的"虚荣发布",而是将设计与营销趣味性地延伸到了开放源码世界。通过开放式的途径,日趋增多的用户群体并没有在公司外部进行设计和交流,相反,乐高成功地将用户带入了公司自己的世界。例如,人们成立了一个非常活跃的名为"乐高用户网络"(Lego User Network, LUGNET)的独立组织。

乐高公司最近的发展融合了以上各方面的创新。乐高宇宙(Lego Universe)是一款如《魔兽世界》和其他在线游戏一样的大型多玩家在线游戏(massive multiplayer online game, MMOG)。但其与《魔兽世界》等游戏的区别在于,乐高宇宙中的人物与生物都是由参与游戏的孩子创造的电子模型。因为,通过如乐高工厂(lego factory)之类的项目,乐高明白了如何基于用户的设计来创造定制化玩具。现在,乐高不仅能让孩子与自己设计的电子人物在虚拟世界玩耍,还能让他们在现实世界中与这些虚拟人物的实物模型玩耍。这样,乐高将"讲故事"(storytelling)的传统与其在积木制造和平台方面的优势结合起来,同时,利用用户的创造力与想象力,塑造了游戏世界中的各种现实与虚拟元素。

11.4 案例3：英国国民医疗保障制度

在医疗领域,仅凭推断一些趋势就可以很快看出该领域中潜伏的危机,这些趋势包括了人口老龄化的加速及与此相关的疾病的增加,人们对医疗保健服务质量日渐增长的预期以及融资模式的种种限制等。目前医疗行业的发展模式仍不具备足够的可持续性,因此,当务之急是寻求根本性转变的新模式。现有途径尚不可预测或确定这些潜在的新模式;事实上,这些新模式的共同演进可能通过关键利益相关者之间的交互来实现。正如以下案例所示,这一过程将涉及围绕新模式各种可能原型的广泛"探索性学习"试验。具体而言,这些案例强调了将患者体验和患者观点引入创新方案设计的过程中所面临的各种挑战,这些挑战主要表现在如上述乐高案例中的方式一般,通过融入不同视角来扩展创新搜寻空间(Bessant & Maher, 2009)。

11.4.1 创新与变革:通过基于体验的设计实现重构

为了迎接挑战,以便给头颈肿瘤患者提供更好的医疗服务,卢顿与邓斯特布尔医院(Luton and Dunstable hospital, L&D)使用不同的设计方法,创造了一种用户主导型的解决方案(user-led solution)。值得注意的是,合作进行解决方案设计的所有人员都扮演了"设计者"的角色:患者、员工、研究人员及设计专家。"基于体验的设计"(experience-based design)需要人们识别出各关键领域,或人们与服务产生的各"接触点"(touch points),同时,为了给患者创造更好的医疗服务体验,人们还需找到有待重新设计的系统和流程。随后,在患者、医护人员与团队前线员工的共同努力之下,人们可以开始设计更好的体验方案。

在L&D医院,通过上述共同设计方式,患者与医护人员共同实现了项目存档过程的改变,以更好地反映双方的需求,诊室员工与病人通过合作,对诊查室门诊患者的流动方式进行了重新设计。为了鼓励患者在设计过程中的参与，医院应用了多种不同的方法，包括对患者进行访谈、日志记录以及拍摄短片等。通过这些途径，病人得以通过自己的视角向别人讲述自己的故事，以展示其对于医院医疗服务的体验。

最初的共同设计团队基于用户体验，识别出了 38 项有待执行的行动。从本质上看，这一方式可表现为图 11.2 所示的"重构"区域——在不同框架下发生的渐进式创新。值得注意的是，与传统的国家医疗服务模式不同，这一模式有助于实现一种定制化和以用户为中心的体验，且不会产生重大的成本代价。这一点支持了 2002 年 NHS 在《万丽斯评论》(*The Wanless Review*)中的观点："给予患者控制权，并帮助他们完全参与到自己的医疗过程中，比起仅仅将患者视为服务的被动接受者来说，也许能够实现更大程度的成本效率，并为患者提供具有更高性价比的服务。"

11.4.2　重构——引入新元素：开门式社区医院(The Open Door Community Hospital)

位于英国东北部的格林姆斯比地区(the Grimsby region)，经历了产业内与就业方面的结构性衰退。虽然这一地区的某些部分与国家医疗服务体系形成了良好的融合，但是，区域中有一个突出群体却面临着被社会排斥的问题，因此，为了应对这一群体的需求，有必要寻求一种创新的解决方案。具体来说，需要寻求一种基于这一群体特定背景的"定制化"方案，并避免个性化医疗服务通常会产生的成本代价。

"开门"(open door)项目代表了朝着以上目标努力的一次尝试，这一项目对问题进行了重构，并通过在设计过程中引入高度的用户参与来探索潜在解决方案。项目聚焦于那些通常无从获得主流或传统医疗服务的弱势群体，并基于这样的理念：如果这一群体的需求得到了满足，那么，对这一群体所应用的方案模式也能被应用到满足"主流"需求的过程中去。项目所面向的群体包括以下人群：吸毒者、流浪者、性工作者、监狱或少管所(youth offender institutions)释放人员、寻求庇护者和难民以及经济移民。

项目实施的过程还凸显了这一用户群体中存在的强烈的权力剥夺感与对 NHS 的信任缺失感。为了处理这些问题,项目面临着重大挑战——对正统医疗系统的信任缺失在群体中形成了一种能拖则拖的态度,直到病情演化到紧急状态,这一群体才会想到寻求医疗系统的帮助,而此时,却需要启动危机模式才能解决相关问题。正如一位受访者所言:"人们普遍觉得'只有病情发展到了很糟糕的地步才会去医院'。因此,许多人并不会选择主流的医疗服务,而是在危难发生时逼不得已地出现在急诊室。他们或者什么都不需要,或者突然就什么都需要。"

相关创新方法的提出涉及对原型法的广泛使用,以使用户参与到假设方案的共同设计中来。尤其重要的是对情景技术的应用以及对一些关键人物现有和潜在经历的挖掘,即对参与到服务提供与服务消费过程中的人群角色的理解。这一设计主导的探索过程最终产生了一份标书,旨在通过全国性竞标来建成一家与众不同的社区医院。虽然标书中的多数条款包括了大楼的建造及固定地点的选择等"正统"条款,但这一"开放式"方法的应用将医院带入了社区——尤其是带入了上述被社会排挤的弱势群体社区。通过将医院建在城市衰退区域中心主路边的一家废旧店面,项目计划创造出一扇"常开的大门",使用户可以随时拜访并享用多种多样的服务。医院员工都有一颗服务社区的热忱之心,医院基于每个员工的空余时段安排班次,实现了特殊时间段的服务提供,同时,医院所使用的都是小型便携式设备。换言之,医院设计与建造遵照的是其目标用户群体的需求与想法。

11.4.3 糖尿病医护的新方法——RED 项目

2002 年英国《万丽斯评论》指出一个重要问题:慢性疾病带来了日益严峻的挑战。例如,短短 8 年内,英国糖尿病人口已增至 180 万人,NHS每天与此相关的花费为 1000 万英镑。这代表了一个复杂的问题,通过应用用户主导方式,可能会带来新的重大机遇。例如,普通糖尿病患者每年约花费 3 小时的时间与医生见面,却花费几千小时自行管理病情。人们清楚地看到,聚焦糖尿病患者的自我管理过程可以带来巨大的商机,这可以通过开展病友互助服务、更好的培训项目以及提供对抗糖尿病的治疗工具等途径来实现。同时,可以通过强化糖尿病预防而非治疗,以及更多的教育及相关方向的活动来取得进一步的行业牵动力。

虽然医院扮演着重要角色,但《万丽斯评论》指出,在慢性病时代,医疗领域的未来可能转向人们对自我保健的"完全投入"。然而,一个更为整合性系统的诞生将会带来更大范围的不同利益相关者,以及在"争夺性"(contested)创新空间内的相关工作,这样的创新空间可能孕育根本性的创新方案。

位于英格兰西北部的博尔顿地区进行了一次面向上述方向的试验,试图以合作方式来创造新型的糖尿病医疗服务。目前,这一地区预计有1万名患有糖尿病的居民,他们耗费了当地5%的NHS资源与10%的医院医疗资源。这一地区因其就糖尿病问题所采取的"传统"创新方案而久负盛名,但其中所取得的成绩多数却是通过专业管理者和临床医生取得的,而非通过糖尿病人自身取得。这一"医疗"模式有一定的缺陷,同时,事实证明,糖尿病康复中心的病人、专家与工作人员的交流界面是一个极其棘手的问题。按一位临床医生的话来讲,对这一界面的改进"可以将原本就很好的服务变得更加美好",但参与到这一系统中的来自各个机构的专家却意识到,这将需要人们围绕病人的需求而对服务采取根本性的重组。

RED项目分析了如何改进糖尿病患者之间的交流界面,如何完善所需的相关服务以及糖尿病患者如何为彼此提供支持。这涉及糖尿病患者自身的参与和改变,以及目前正致力于提供相关服务的专家的参与和改变。这一项目的另一个焦点在于糖尿病的预防,因为避免次级并发症的发生主要依赖于糖尿病患者自身的生活方式、自我监控与自我治疗。例如,在博尔顿,等候矫形鞋(花费约100英镑)的名单已经排到了2年以后,使用矫形鞋可以避免患者进行截肢手术(花费在3万~4万英镑)。项目小组在该地区的全科诊室对这一项目进行推广之后,找到了20名愿意分享患病经历的糖尿病患者。项目涉及对该组患者个人生活的关注,这并不仅局限于对其病情的关注,这样一来,人们可以更为深入地了解影响患者有效管理病情能力的真实因素。

11.5　讨论与结论

本章所选案例虽然代表了迥然不同的领域,但海军装备、儿童玩具与医疗服务产业仍有许多共同之处。首先,它们代表相同的环境变迁,这些产业的环境都曾是波澜不惊、容易预测的,但现在却都具有很大程度的不确定性和复杂性。其次,3 个案例都体现了采购方与供应商之间所需的更为紧密的合作行为,此外,更高水平的客户参与度显得尤为关键。在这一情况下,基于现有商业模式的渐进式创新可能还不够。事实上,身处此类环境的组织正被迫寻求实现高绩效及管理创新过程的新方式,而对于具体如何实现目标,却没有清晰的蓝图。上述案例描述了各类相关尝试、通往学习之路所经历的各个步骤以及在采购中嵌入新规则的途径:与客户接近、考虑产品—服务挑战中的方方面面并将它们视为创新管理新途径的组成部分。图 11.1 和图 11.2 的右边区域恰当地展示了上述途径。

以上尝试的中心问题在于,人们需要意识到,应该将更多利益相关者引入"创新方程式"。任何企业或机构都不是孤立的岛屿,同时,创新一直以来都是多个参与者的游戏,但是,传统上,这一游戏却按照一套所谓的"轨道式"规则而进行。焦点企业构造起以自身为中心的、由关键参与者组成的网络,并管理与它们之间的关系:接近关键客户、与合作供应商一起工作,并与所选互补型机构建立"强连接"。在转向创新搜寻空间右侧的过程中,这一轨道式模式正让位于一种更为"网络式"的方式,在这一方式下,存在各个方向的互动,权力关系更为松散,这一点可以体现在企业从固定供应链转向知识网络的过程中。最为重要的是,参与到这一模式的利益相关者,在数量和范围上都比以往要多很多。

这些案例体现了创新格局剧烈转变的特征,这一转变受到如"开放式创新"之类思想的驱动。在这一过程中,人们的焦点从内部研发转向一种全新的意识，即：在知识丰富的环境中，"并非所有聪明人都在我们手下工作"。在此类情况下，企业需要以更为互动的方式，学习管理知识流，并学会交换，而非仅仅学会生产与开发(Chesborough et al.,2006)。因此，"用户导向型"创新成了另一个重要议题，来自用户的想法可以为创新前沿提供丰富多样的信息输入，并且，随着此类创新发展的深入，用户所提供的信息也将变得更多种多样，von Hippel 在其对"创新民主化"(democratization of innovation)概念的论述中很好地探讨了这一议题(von Hippel, 2005)。实践领域之间的联通(Wenger, 1999)是非常有趣的现象，互联网强大的延伸力进一步促成了现实社团之间的联系，这使"共同创造"(co-creation)与快速传播方面的大规模全球性合作成为可能，因此，以 Linux 操作系统与 Mozilla 浏览器为代表的软件社区应运而生，并对创新产生了巨大影响。此类基于网络的新背景要求组织从以往强连接、较少合作伙伴的模式向新模式转型，在新型互补模式下，高层次多领域的参与者组成集群(clusters)，管理好与它们的强连接与弱连接都是十分重要的。这又提出了有关"如何建立此类网络"的挑战——"在搜寻、发展成型与执行方面的挑战"(Birkinshaw et al.,2007)。

　　正如本章及前面章节所述，交付复杂绩效所面临的挑战涉及漫长的周期及采购方与供应商之间的价值共创，这种价值共创是通过一种对契约管理与关系管理的无缝式整合而实现的。有关所需进行的创新类型，虽然一些绩效改进可能会通过"更好地完成任务"的渐进式创新来实现，但人们显然也需要创造和嵌入更为新颖的方法。下游产业与服务提供阶段将尤其需要此类战略型创新，但人们仍须在项目的设计阶段就尽早考虑有关采购的决策，以便解决有关客户支持、保养与服务交付质量等相关绩效问题。现在的问题在于，应该如何对这类创新进行管理？

　　正如我们以上提到的，图 11.1 与图 11.2 的右侧部分展示了我们所探讨的领域，这一领域中，并没有现成的解决问题"处方"。事实上，组织正在尝试使用不同的工具、技术与结构来支持这一领域的创新活动。虽然这些都仅是探索性的模型与原型，但为在 PCP 情境下获得管理产品—

服务创新的想法,可以使用一种"新型"创新管理模型的涌现模式
(emergent pattern)。在实现向稳定的创新解决方案共同演进之前,寻求
通过产品—服务创新而获益的企业,必须首先学会延伸自身的搜寻空间、
与不同的利益相关者互动、鼓励新型供应行为并形成企业家式的快速学
习。表 11.1 列出了这些日渐显现的原则,对这些原则的遵守是采购决策
初期的关键步骤,通过遵守这些原则,可以产生新的供应链思想,以指导
人们利用创新来提高复杂绩效。

表 11.1　复杂绩效创新的设计原则

设计原则	关键主题
延伸搜寻空间	在创新过程中提高各方参与性,尤其在"模糊前端"(fuzzy front end); 与用户一起创新,而非为用户创新; 开放式创新——跨越企业边界寻找创新专家——"并非所有聪明人都在我们手下工作"。
多种利益相关者	基于不同"游戏规则",通过建立网络、社区与临时媒介,促成合作型项目中各方的积极参与。
鼓励新的供应行为	为采购方与供应商等定义所需鼓励的合作行为类型,例如:基于信任的合作行为、"无意外"(no surprises)行为,尤其当这些行为代表着重大转型时。
企业家式的快速学习	通过负责创新管理的自治灵活单元,实现不断演进的各模式的紧急情况处理、反馈与扩大(amplification)过程。
面向稳定创新方案的共同演进	应用替代性甄选规则,进行探索式学习,保留各可选方案,并处理紧急事件。

本章参考文献

Abernathy, W. and Utterback, J. (1975). A dynamic model of product and process innovation. Omega, 3(6): 639-656.

Adams, R., Bessant, J. and Phelps, R. (2006). Innovation management measurement: a review. International Journal of

Management Reviews, 8(1): 21-47.

Araujo, L. and Spring, M. (2006). Services, products, and the institutional structure of production. Industrial Marketing Management, 35(7): 797-805.

Armistead, C., and Clark, G. (1992). Customer service and support: implementing effective strategies. Financial Times Pitman Publishing, London.

Bessant, J. and Maher, L. (2009). Developing radical service innovations in healthcare—the role of design methods. International Journal of Innovation Management, 13(4): 1-14.

Birkinshaw, J., Bessant, J. and Delbridge, R. (2007). Finding, forming, and performing: creating networks for discontinuous innovation. California Management Review, 49(3): 67-83.

Brady, T., Davies, A. and Gann, D. (2005). Creating value by delivering integrated services. International Journal of Project Management, 23: 360-365.

Chesborough, H., Vanhaverbeke, W. and West, J. (2006). Open innovation: researching a new paradigm. Oxford University Press, Oxford, UK.

Christensen, C. (1997). The innovator's dilemma. Harvard Business School Press, Boston, MA.

Christensen, C., Anthony, S. and Roth, E. (2007). Seeing what's next. Harvard Business School Press, Boston, MA.

Correa, H., Ellram, L., Scavarda, A. and Cooper, M. (2007). An operations management view of the services and goods offering mix. International Journal of Operations & Production Management, 27(5): 444-463. Special issue: Recent developments in operations & supply chain management in Latin America.

Gann, D. M. and Salter A. J. (2000). Innovation in project-based, service enhanced firms: the construction of complex products and systems. Research Policy, 29(7/8): 955-972.

Hobday, M. (1998). Product complexity, innovation and industrial Organization. Research Policy, 26(6): 689-710.

Hobday, M., Davies, A. and Prencipe, A. (2005). Systems integration: A core capability of the modern corporation. Industrial & Corporate Change, 14(6): 1109-1143.

IJIM. (2008). Special issue on user-led innovation. International Journal of Innovation Management, 12(3).

Kotler, P. (2003). Marketing management, analysis, planning and control. Prentice Hall, Englewood Cliffs, NJ.

Marhe, H. and Shapiro, R. (1993). integrating service strategy in the manufacturing company. Chapman and Hall, London.

Mathieu, V. (2001a). Service strategies within the manufacturing sector: benefits, costs and partnership. International Journal of Service Industry Management, 12(5): 451-475.

Mathieu, V. (2001b). Product services: from a service supporting the product to a service supporting the client. The Journal of Business and Industrial Marketing, 16(1): 39-61.

Nelson, R. and Winter, S. (1982). An evolutionary theory of economic change. Harvard University Press, Cambridge, MA.

Oliva, R. and Kallenberg, R. (2003). Managing the transition from products to services. International Journal of Service Industry Management, 14(2): 160-172.

Potts, G. (1988). Exploit your product's service life cycle. Harvard Business Review, (September-October): 32-36.

Prahalad, C. K. (2006). The fortune at the bottom of the

pyramid. Wharton School Publishing, Englewood Cliffs, NJ.

Quinn, J., Doorley, T. and Paquette, P. (1990), Beyond products: service-based strategy. Harvard Business Review, (March/April): 58-67.

Roussel, P., Saad, K. and Erickson, T. (1991). Third generation R&D: matching R&D projects with corporate strategy. Harvard Business School Press, Cambridge, MA.

Vandermerwe, S. and Rada, J. (1988). Servitization of business: adding value by adding services. European Management Journal, 6(4): 314-324.

von Hippel, E. (2005). The democratization of innovation. MIT Press, Cambridge, MA.

Wenger, E. (1999). Communities of practice: learning, meaning, and identity. Cambridge University Press, Cambridge, UK.

12 复杂服务采购领域的经验教训

温蒂·范德瓦尔·瓦尔克(Wendy van der Valk),

费恩·温特斯拉(Finn Wynstra)

本章将分享有关复杂服务采购的实践经验,这些经验来自对多种商业服务中买卖双方持续交互的研究。具体来说,这一研究涵盖了 40 项服务采购项目中所涉及的买卖双方持续交互形态,这些服务采购项目来自从清洁到石油钻井等不同行业以及从项目管理到营销服务等不同服务领域。所涉及案例的多样性为我们带来很大的启发,有助于理解应如何开展不同类型的服务采购业务。具体而言,本研究聚焦于合同签署之后所发生的事情:正是在这一时间节点上,买卖双方开始为了成功而共同努力。这一聚焦点也与本书中有关复杂绩效采购(PCP)的其他观察分析产生呼应——PCP 更加关注关系机制及与传统契约机制共同发生作用的持续交互机制。这些机制旨在将买卖双方联合起来,以便提高绩效、降低复杂性并开启创新。

我们首先探讨"持续交互"的概念及其重要性。讨论结果表明,不同的商业服务种类有着不同的"持续交互"模式,由此产生了基于用途的商业服务分类法。随后,我们将通过展现一些案例研究结论,来阐述有效的持续交互所呈现的形态。除了有关有效交互的经验教训之外,本研究也从总体意义上提出了有关复杂服务采购的一般性见解。

12.1 持续交互在企业间服务中的重要性

在采购与供应管理领域(purchasing and supply management,

PSM),多数有关企业间服务(B2B service)的研究都聚焦于采购过程最初的几个阶段(Day & Barksdale, 2003; Ellram et al., 2007)。然而,商业服务的一个关键特征在于:这些服务的形成、生产与消费都是通过买卖双方之间持续性的交互过程来实现的。这使得人们将注意力从单纯的服务采购(交易)转向持续的企业间关系。这些关系中的互动对于成功的持续服务交易是极其重要的(Grönroos, 2004)。因此,对于每一项服务交易(即在关系持续期间产生的单项服务)的设计与控制以及服务提供者与客户之间交互的性质都变得非常重要(Grönroos, 2004; Roth & Menor, 2003)。产业营销与采购(industrial marketing and purchasing, IMP)领域的研究者们长期以来一直强调企业间服务中服务提供商与客户之间持续交互的重要性(Araujo & Spring, 2006; Håkansson, 1982; Selviaridis & Spring, 2007),然而,这一现象并未引起传统学术界的关注。

事实上,不同的服务种类有着不同的采购方—供应方交互性质与模式。买方公司在其自身商业过程中如何使用所购买的服务,可能是影响买卖双方之间互动的主要因素。因此,基于以往的工业营销与采购研究,我们引入了一种基于用途的商业服务分类法,将服务分为四个种类(Mynstra et al., 2006),其中有两类服务最终将被提供给下游客户:

• 组件服务(component services):直接在终端客户面前进行的,或直接提供给终端客户的服务(如:铁路公司在列车车厢内提供的咖啡服务);

• 半成品服务(semi-manufactured services):被企业采购使用、作为其向终端客户提供服务的组成部分的服务(如:为铁路公司提供的车厢清洁服务)。

另外两类服务被采购企业直接消费:

• 工具性服务(instrumental services):对采购企业主要流程开展方式产生影响的服务(如:为提高铁路公司的线路承载能力利用率而提供的管理咨询服务);

• 消耗性服务(consumption services):成为采购企业日常支持过程组成部分的服务(如:为铁路公司提供的办公楼清洁服务)。

每一类服务都有其对应的最为有效的持续交互模式,这些交互模式由几个维度组成。首先,一项服务的使用方式决定了交互过程中哪些功能变得更为重要,即服务使用方式影响了交互目标。随后,关键目标决定对于买方和卖方来说哪些能力属于关键能力,这是因为服务过程的成功与否取决于买方和服务提供者双方的专业性和经验。关键目标同时也隐含了客户的代表性需求,或已经包含在那些服务的具体规格,以及交付过程和消费过程中的功能性维度。商业服务的质量与效率高度依赖于提供服务的人力资源。交易服务的种类也对服务采购过程中人际的沟通过程产生影响,并且,服务种类对那些在沟通过程中起到重要作用的因素来说,影响尤为显著。此外,双方公司代表还通过面对面沟通,讨论诸如对服务本身或服务实现过程的适应问题,并达成相关协议。四种不同的服务种类有着其对应的不同适应过程:

(1)对于组件服务来说,发生交互的首要目标是确保采购服务与采购公司现有产品或服务之间匹配。以机场的登机过程及行李认领过程为例,航空公司往往会通过外包来实现这些过程(Sampson,2000)。对于外包的行李处理过程来说,其从头到尾的设计需要确保高质量的信息输入,由此产生成功的行李领取结果。这包括在登机过程中对易碎行李包装质量的核查等过程。

(2)半成品服务的首要目标与组件服务极为相似。除了与组件服务的相似点之外,半成品服务的另一个关键目标在于优化买方对其所采购服务的应用形式,以及优化买方对所采购服务的处理程度(Fitzsimmons et al.,1998;Håkansson,1982)。

(3)工具性服务的关键目标在于达成采购企业所希望实现的主要流程改变。

(4)对于消耗性服务来说,其关键目标在于确保服务成为企业日常支持过程的组成部分。

不同服务类型的关键目标对交易涉及的买卖双方代表提出了不同的要求,也对关系各方的关键能力提出了不同的需要。就交互过程而言,与组件服务和半成品服务相关的沟通过程包括了就能力与需求的协调过程。而工具性服务的重心则在于实现双方组织的长期目标以及服务的实施进度。我们可以通过分析一个涉及大型信息技术变迁的项目来理解这一点。对于消耗性服务而言,其重心往往在于寻求提高服务效率的方法。

这种服务分类法及与此对应的交互类型为我们提供了起点,来开展有关买卖双方持续互动有效模式的实证研究。通过一项大型的基于案例的研究,我们得以识别和验证四种服务类型中买卖双方持续互动的理想模式,即:一种有助于实现成功的持续性服务交易的模式。

12.2　研究概况

本研究涵盖了来自不同类型组织所提供的各种类型的服务。在组织层面,我们的研究对象为那些使用不同生产过程(常规服务、专业服务、单元化制造、串行制造与流程工业)并为不同客户市场(B2B、B2C)提供服务的组织。最终,有 9 个组织愿意参与我们的研究。每家公司都从四类服务中各选取了一项服务(不考虑成功程度)并确定了相关受访者(采购人员与合同所有者/内部客户)。为了研究每项服务的细节,我们开展了半结构式访谈,并向采购人员(掌握采购过程信息的人员)、合同所有者/内部用户(掌握采购后续事项信息的人员)发放了自填问卷。

本章的研究在每一服务类型中分别选取了最成功与最不成功的案例,并分析这些案例中是否存在持续交互方面的区别,以及这些区别之间的差异大小。我们通过采购企业对服务过程与服务结果的认知成功(满意度)程度来衡量服务的成功程度。采购人员、合同所有者与内部用户需要就每一服务关系进行评价,如有效冲突解决过程与有效沟通过程(过程成功)及质量、成本效益与对创新的贡献(结果成功)(van der Valk et al.,2009)。由于我们可能从那些高风险程度(通过"重要性"与"复杂性/新颖性"的乘积来衡量)的服务中看到更为清晰的交互模式,因此,本研究仅就那些高风险程度的服务展开分析(Wynstra,2006)。研究所选案例来自 5

家不同的采购企业(见表 12.1)。随后,我们将就其中两类服务展开分析(组件服务与工具性服务),并简单讨论基于另两类服务的研究结果。

表 12.1　本章案例研究所选服务

服务类型	服务名称	采购组织	成功程度
组件	养老金管理	员工保险代理公司(EIA)	高
	玻璃清洁分包服务	设施服务提供公司(FSP)	低
半成品	款项支付服务	员工保险代理公司(EIA)	高
	工业清洗服务	油料及化学品仓储公司(OCS)	低
工具性	冷凝物提取与仓储服务	天然气运输公司(NGT)	高
	项目管理	石油公司零售部(RDO)	低
消耗性	办公室清洁服务	石油公司零售部(RDO)	高
	煤气与电力服务	油及化学品仓储公司(OCS)	低

12.3　组件服务的成功与失败案例

我们以一家员工保险代理公司(Employee Insurance Agency, EIA)采购的养老金管理服务为例,展示成功的组件服务采购,并以一家设施服务提供公司(Facility Services Provider, FSP)所采购的玻璃清洁分包服务为例,展示失败的组件服务采购。

12.3.1　EIA 的养老金管理服务采购

EIA 负责管理和落实大约 100 万名荷兰员工的保险福利。养老金是保险福利的一种,并由单一的一家 EIA 指定的服务提供商来进行管理,所提供的服务包括员工与雇主的交费服务以及养老金服务的管理与支付服务。此类服务是一种组件服务:服务提供者直接向 EIA 的客户提供服务。这一服务采购经历被认为是成功的,因为服务提供商达到了 EIA 对服务本身与服务过程的预期。这项服务的关键目标是:通过服务的提供来实现 EIA 所期望能带给其客户的服务质量。此外,这项服务的提供还与 EIA 提供的其他服务相关联,例如,某位员工的养老金还取决于该员工是否曾经失业。因此,EIA 需要清晰表达其客户期望与客户信息,以及有关如何满足其客户期望的预期。因此,需要特别留意使用具有明确测度的时点及关键绩效指标的过程路线图,以对所提供的服务进行描述。同时,EIA 还详细说明了各类特殊情况、所期望的回应以及定价体系。

正如项目领导者所强调的,这项服务需要"董事会(包括雇主与员工代表)等以及(并尤其是)通晓养老金及其管理事宜的人员"的共同参与。前者可以被理解为外部客户的代表,而后者则掌握了所提供服务的相关知识。最后,EIA 制定了一个有关将养老基金移交给服务提供者的计划。该计划旨在解决有关统一各支付过程与程序的问题,其中包括了一个事先制定的沟通架构与各类事先指派的角色与相关职责。

12.3.2　FSP 雇用分包商进行的窗户清洁服务

FSP 是一家大型设施服务提供商,通过分包商为客户提供办公室窗户清洁服务。这是一种组件服务,因为分包商在 FSP 向其购买服务后直接对 FSP 的客户提供服务(服务提供商在终端客户所在地点进行服务活动)。这一服务被认为是失败的,原因在于它并没有实现 FSP 事先预期的效益。虽然就短期来看并没有出现真正的运营问题,但是由于服务提供商所提供的服务质量欠佳,问题很有可能在未来产生。FSP 的关键目标在于减少自己的供应基地,提高服务质量。内部客户、管理部门与高级产品经理通过填写评估表来为各服务提供商打分,FSP 将基于这 3 份评估表来选择得分较高的服务提供商,由此,服务的技术质量得到了保证。然而,内部客户有着其自己对服务质量水平的定义,他们并不会询问外部客户,以了解外部客户对服务质量的要求。一些问题,比如来自服务提供商的服务提供人员的行为规范与着装规范等,并未被明确对待。服务过程中也未涉及任何类似市场营销的职能,这一事实也说明了以上问题。此外,由于没有指派运营合同经理,因此并没有合同执行过程的人为监控。

正如 FSP 的采购经理所言："合同的有效性往往需要通过积极的运营监控来实现,需要达成各个过程之间的匹配,还需对协议的跟进和发票出具过程进行监控。"基于以上原因,最终并未实现旨在寻求改进前端过程而事先预期的买卖双方紧密合作。相反,分包商们仅仅接受任务,并通过完成任务而获得报酬。

12.3.3 分析

通过比较上述两项组件服务采购业务,我们可以识别出多种导致交互有效性(或有效性欠缺)的因素。首先,EIA 在将服务业务外包出去的过程中,对其外部客户的利益了然于心。被外包的服务必须与 EIA 的其他服务业务相匹配,这就向服务提供商提出了有关对待客户的特定要求,如行为规范及工作流程等(这表现在外包服务流程中对付款过程的适应性改变)。通过使服务提供商获知服务客户所需活动的具体内容,EIA 得出了明确的服务规范标准。来自养老金委员会的代表是该服务业务的内部客户,通过他们,可以确保外部客户的利益得到满足。因为服务提供商直接为终端客户提供服务,相比之下,EIA 投入了很大的精力,以确保按特定要求提供相关服务(例如正确的管理方式和准确的时间把握)。深入沟通使许多问题在出现的早期就得以解决。此外,为了及时解决各类商业问题、与产品(或内容)有关的问题、供应市场发展问题及有关双方共同改进的问题,定期的交流沟通一直持续进行。

与 EIA 相反,FSP 并没有重视将所采购的服务与其自身的产品或服务相匹配,而是将目标瞄准在降低成本与合理化供应基地的方向上。虽然"质量"在此具有一定的影响,但是,FSP 着眼的是技术质量,而非终端客户视角下的"质量"。因此,FSP 所选择的服务提供商可能在清洁窗户方面表现卓越,但是却不能在客户交互过程中表现得同样优异。此外,整个服务采购过程并未指派任何合同所有者(或管理者),这一事实说明了,在服务交易持续过程中的合同管理与买卖双方的合作并未得到充分重视。结果,买卖双方的沟通多数仅限于运营型活动的协调方面。对于工作的适应性改善也仅聚焦于对行政工作量的削减,而非组件服务所应强调的提供服务的过程。

12.4 工具性服务的成功与失败案例

我们以一家天然气运输公司 Natural Gas Transportation(NGT)所采购的冷凝物提取服务为例,展示成功的工具性服务采购,并以一家石油公司零售部(Retail Division of an Oil company, RDO)所采购的项目管理服务为例,展示失败的工具性服务采购。

12.4.1 NGT 采购的冷凝物去除服务

NGT 是一家买卖天然气的公司。对天然气的处理过程(混合各种不同气流的过程)会导致冷凝物(形如汽油的物质)的产生,这些冷凝物可能会对客户的系统(如工厂的汽轮系统)造成危害。因此,NGT 通过一家专业服务提供商,来提取荷兰各地客户管道系统中的冷凝物。这项服务属于工具性服务,因为它直接影响了 NGT 的主要业务流程(将天然气送达客户)。这项服务采购的案例被认为是成功的,因为服务提供商在确保效率提高的同时,平稳地从 NGT 接管了冷凝物提取业务。

这项服务交互过程的关键目标是,通过去除天然气生产过程中的副产品,来保证天然气的质量。服务提供商需要具备一些重要能力,比如在遵守安全要求的同时,能够收集在传输中可能产生危险的物质。同时,服务提供商需要明白,若提供的服务绩效不佳,可能需要对由此造成的终端客户财产损失进行赔偿。在规范制定过程中,NGT 让人们深入参与到有关过程知识的学习中。此外,在合同履行初期,NGT 员工与服务提供商的员工一起开展冷凝物提取工作,以便使服务提供商直观地看到服务活动的各组成部分,并从 NGT 员工那里习得具体的知识和经验。反过来,服务提供商也可以在服务提供的过程中发挥其专业特长,并最终实现服务过程的最优化。现在,服务提供商已经可以独立地指挥和执行整个冷凝物提取过程,同时,合同的运营阶段也具备了清晰定义的沟通结构。

12.4.2　RDO 采购的项目管理服务

RDO 为一家大型石油公司开展所有与零售相关的活动,其中一类活动是在全球范围内规划和建造加油站。为了实现这些建造活动,RDO 与各项目管理公司(Project Management Companies, PMCs)进行业务往来,委托其对项目的基本建设费用进行管理,这包括了对各地区雇用的承包商进行监控,确保其落实各类建造或翻修活动。这项活动属于工具性活动,因为它旨在维持和扩展 RDO 的主要运营过程。这项服务采购并不算成功,因为加油站的建造项目经常遭遇延期,并由此带来了收入损失。

这项服务需要 RDO 工程师与业务发展代表开展紧密合作,也需要 RDO 工程师与项目管理服务提供商建立紧密合作。鉴于这项服务还涉及大规模投资,因此,财务人员也参与到了服务过程中。项目管理公司需要具备足够的管理能力,实现最快速度的工程建造,以便使加油站早日投产以创造收入。这一服务采购过程需要就 RDO 的工作方式和沟通结构进行适应性修改。正如建造项目的项目经理所言:"当地的工程师不再自己包办所有事项,并与当地顾问和承包商组织各类活动,现在,他们必须成为更为远距离的合同管理者,对项目管理公司的活动进行监控与管理。"对于有些人来说(比起其他人),采用这一新的工作方式相对更为容易。为了对项目管理公司进行监控,公司成立了一个合同与绩效评审小组。然而,RDO 公司的总体取向是速度胜于一切:"只要建造活动能够在预算范围内快速完工,事实上,合作及角色与责任的分工显得并没有那么重要。"而事实是,加油站的建造经常会延期,并且,很难断定来自项目管理公司的哪些原因导致了这一低绩效。

12.4.3　分析

通过比较上述两项服务采购业务,我们可以识别出多种导致交互有效性(或有效性欠缺)的因素。NGT 十分强调根据特定的质量与安全标准来提供服务,这一意识对 NGT 的主要流程起到了良好的影响。除了具备在高安全标准的环境中运营的能力外,服务提供商还具备了足以自行进行冷凝物提取活动的管理能力。由于 NGT 具备在冷凝物提取领域的丰富经验,并且曾在一段时间内与服务提供商共同开展了各项活动,因此,NGT 与服务提供商之间就各项活动实现了平稳而快速的移交过渡。这一过程还导致了服务设计(如:冷凝物提取媒介定制化)和交付方面的适应性变化。

相比之下,RDO 的关键目标是资本投资的快速实现。工作方式的改变要求参与到项目中的工程师们摒弃旧的工作方式,采用新的实践。RDO 试图通过培训的方式促进这一工作方式的转变,但事实上,这一过程却十分漫长,这无益于资本投资的快速实现。此外,集权式的工作方式,似乎与各地区对该工作方式的执行之间存在鸿沟。虽然工程方代表们也参与到了采购过程中,但他们多为工程方的高管,而非那些将要真正采用这些新的工作方式的工程师。

12.5 管理启示:买卖双方有效交互的差异化模式

以上对于组件服务与工具性服务的分析表明,对于每一类服务来说,成功的持续服务交易交互模式与失败的持续服务交易交互模式之间存在着显著差异。对于半成品服务与消耗性服务来说,我们也得出了相似的研究发现(见表 12.2)。

表 12.2 不同服务种类的有效交互模式

服务种类	目标	服务提供商关键能力	关键客户能力	客户代表	沟通中的重要问题	与关系建立有关的适应性改变
组件服务	服务必须与采购公司为终端顾客提供的产品—服务形成无缝匹配。	理解终端客户需求；在服务设计与实施过程中保证服务质量与可靠性。	清晰表述客户需求的能力；传达公司文化与行为准则的能力；事先制定沟通计划。	通晓采购企业最终产品—服务及终端顾客需求的人员；产品专家。	总体绩效；合同初始阶段。	制定规范；行政管理与财务程序。
半成品服务	服务需与采购企业面向终端顾客的产品—服务及主要流程形成匹配。	理解采购企业面向顾客的各项流程，以及如何将服务整合进这些流程中；建立适应这些不同需求变化的灵活性，可靠性。	清晰表述各流程的特征以及将服务进行整合的能力；(服务)产品过程的可靠性；事先制定沟通计划。	联合生产者—服务"产品"规划者；了解采购企业产品—服务的人员。	面向客户流程的特征，及如何实施整合服务；服务实施过程的协调；内外部流程的趋势与发展。	采购公司与服务商的过程优化(过程特征，能力管理与需求管理)；改变组织结构。
工具性服务	服务应很好地改进与维持采购公司的主要流程。	理解采购公司的内部流程；理解采购服务将如何影响采购公司的主要流程；执行工作的技能。	解释服务针对的主要流程的能力，指出并传达所需实现效果的能力；合同初始阶段能力与合同执行的整个过程都需监控；建立有效沟通结构的能力。	服务所针对的主要流程中涉及的人员。	合同的启动(开始执行)，意见偏差与改进建议；买卖双方关系的长期性导向。	服务设计；服务提供；使用专业技能来优化服务来提供过程。
消耗性服务	服务需成为采购公司日常支持性流程的组成部分。	建立有效率的服务提供惯例的能力；使服务与客户特有情况相适应的能力。	识别与传达多种内部客户需求的能力；对合同的密切监控能力；制定沟通计划的能力。	内部客户。	内部客户需求；改善绩效的机会；总体绩效。	沟通结构；管理流程。

例如,对于半成品服务的有效交互模式来说,关键目标在于使所采购服务成为采购公司向终端客户提供的产品—服务的组成部分。服务提供商应该了解其提供的服务是如何被"打包"进采购公司的产品—服务的,并且需要具备一定的能力来满足采购公司的客户需求。半成品服务与组件服务在这一方面非常相似,因此,也需要外部(终端)客户代表的参与。然而,对于半成品服务来说,这一过程同样需要生产部门代表的参与,因为生产部门代表不仅要为采购公司实现服务的转型,还要将转型后的服务整合到采购公司的各流程中,而非仅仅整合进采购公司的产品—服务中。为了实现这一过程,采购公司需要具备向服务提供商清晰解释其流程和要求的能力,并需要理解服务供应商所提供的服务是如何成为其公司各流程的组成部分的。在此,信用(可靠性)是十分重要的(例如准时付款是至关重要的)。沟通方面的主要问题一方面来自客户的需求,另一方面来自买卖双方(服务)生产过程的匹配。

对于消耗性服务的有效交互模式来说,关键目标在于,使服务成为总体日常支持过程的组成部分。服务提供商所需具备的重要能力包括开发高效日常程序的能力以及依据采购公司的特有情况——甚至外部客户的个性化情况——将服务予以定制化的能力。因此,对于服务的内部客户的需求陈述是极其重要的。采购公司需要具备一定的能力,以识别自己的需求,并将需求传达给服务提供商。买卖双方之间对话的主要议题为日常运营及改进空间等。

除了确定四种不同的服务种类所对应的有效持续交互模式之外,我们还发现了四种服务模式的总体相似性,这种相似性表现在对成功的服务交换的激发(levers)作用。首先,成功的服务采购都涉及采购公司代表的积极参与。相比之下,对于失败的服务采购来说,"参与"看似等同于"被告知"。相关代表的积极参与可以正面影响规范制定过程,这一过程需要采购公司考量各运营阶段事宜,包括当地(运营)员工之间的交互维度;同时,采购公司还需思考,如何将服务提供者与采购公司自己的绩效联系起来。对于失败的服务采购案例来说,其规范制定过程详细程度并不高。

此外,成功的案例还体现了积极的合同管理方式,成功的服务外包需要企业从对员工及工作过程的管理转为对合同的管理(Allen & Chandrashekar,2000)。这意味着,在转型之前,采购公司需要改进其自身所掌握的、开展特定活动的相关知识;而转型后,则需要管理供应商对特定活动的执行过程。在本研究所展示的成功案例中,公司事先任命了一位合同经理:该合同经理负责合同的执行过程,并充当服务提供商与采购企业之间的主要接触点。同时,合同经理在采购过程的早期也扮演着重要角色:对职能型合同管理过程的定义和设计,需要来自用户、联合生产者与未来合同经理在运营方面的信息输入。而且,积极的合同管理还在于对合同履行状况未雨绸缪的关注。

在成功的案例中,采购公司从合同初始阶段就体现出积极的参与性。合同经理在提供服务之初,就开始积极寻求辅助服务提供商的各种途径,在这一时期,合同相关各方都积极参与,以便在需要做出改变的时间和地点实现相应的改变。在失败的案例中,服务提供商往往孤立无援,这一状况阻碍了有关合作和改进服务的建设性对话。最后,在成功的服务采购案例中,在选定服务提供商之后、签署合同之前,公司与服务提供商确定了正式的绩效衡量标准与评估节点。双方共同衡量事先确定的关键业绩指标,并在正式会议中就这些指标展开讨论。此外,采购过程还建立了沟通机制,双方共同决定了各自的角色和职责。

12.6 本章小结

本章探讨了成功的持续服务交易与失败的持续服务交易所应用的不同的持续互动模式。研究结果表明,四种服务类型对应着特色鲜明的有效互动模式,而失败案例就不具备这些特征。

首先,通过发现四类服务各自针对的有效交互模式,我们在采购商业服务时,管理者应该采取一种权变的方式,而非最佳实践方式(Storey et al.,2006)。办公楼清洁服务(消耗性服务)的"最佳实践"也许完全不适用于飞机上的清洁服务(组件服务)。每一类服务都有其独特的关键目标,这些目标表明了应该由谁来参与服务采购过程以及买卖双方需要分别具备哪些关键能力。因此,采购组织应该首先思考他们将要采购什么样的服务,然后以服务分类法和相关有效交互模式的发现为指南,通过设计买卖双方的交互界面与交互过程,来实现成功的服务交易。与此相似,商业服务的卖方需要思考它们的服务将会如何被采购方所使用,这样,他们就能更好地解决针对采购方的销售、营销和服务交付问题。

其次,本研究确定了一些旨在实现有效交互的总体性机制。它们包括:

- 起草足够详细的规范(specification);
- 积极参与采购初始/过渡阶段;
- 积极的合同管理;
- 事先制定关键业绩指标;
- 事先决定评估节点。

这些因素多与采购过程的初始阶段相关,是实现成功的重要"杠杆"。然而,这些因素究竟能在多大程度上发挥其杠杆作用却高度依赖于服务特定的维度,例如,持续交互过程中的参与主体。比如,对利益相关者的识别将有助于建立更为完整的规范,这包括了将采购决策人员与接受服务的人员或与服务提供者共同工作的人员联系在一起等。最终形成的规范强调了买方与卖方所应具备的关键能力。更为深入的规范还将涉及买卖双方在合同期间有关服务交付与过程管理两方面的具体交互形式(即沟通过程与适应过程)。

通过对我们的数据进行批判性分析可以看出,其中一家公司(OCS)为我们提供了两个较为失败的案例,这就提出了一个问题:这种失败是否是因为有效交互方式的缺失? 也许,这两个失败的案例可以通过该公司独有的特性来解释。相比之下,EIA 为我们提供了两个成功的案例。在一次研究项目的圆桌会议中,来自采购公司的联系人员提出了采购成熟度形成的潜在影响。采购成熟度反映了业务部门水平所体现出的采购专业程度(Rozemeijer et al.，2003)。

然而,基于我们的研究发现,OCS 的采购部门尚未成熟,其主要重心在于成本的降低。与 OCS 相比,FSP 的采购成熟度相对较高,其重心在于采购协同的实现。两家公司都为我们展现了失败的持续服务交易。其中,成功案例的公司比失败案例的公司具有更高的采购成熟度。也许,我们可以将采购成熟度视为一种组织需求,它使组织具备了区别不同交互模式的能力。

另一个相关因素是合同中所涉及的改变程度(稳定状态或重大的重新设计)。我们认为,RDO 的采购成熟度相对较高;但研究结果表明,其工具性服务采购的成功率极低,且不能通过较低的采购成熟度来解释。然而,这一工具性服务涉及一项重大的重新设计,RDO 试图转向数量有限的大型国际合同。这可能说明,当采购涉及一种"新任务"时,人们更难区别不同类型的交互模式。在本研究中,我们通过将"感知到的风险"视为一个控制变量,来考量采购的"新旧程度";然而,我们目前的研究可能并没有将"合同状态"(the state of the contract)充分考虑为一种反映"新旧程度"的因素,未来的研究应该考虑这一点。

本章提出了四种不同商业服务类型所对应的有效交互模式。同时,识别了利用这些模式的不同机制,这些机制是总体性的,适用于所有服务类型。还需更进一步的研究,来证实本章提出的各有效交互模式。然而,本研究的发现仍然为采购企业与采购经理们提供了有用的信息,来帮助他们区别不同的买方—卖方界面与不同的交互过程,以进行成功的持续服务交易。

本章参考文献

Allen, S. and Chandrashekar, A. (2000). Outsourcing services: the contract is just the beginning. Business Horizons, 43 (2): 25-34.

Araujo, L. and Spring, M. (2006). Services, products, and the institutional structure of production. Industrial Marketing Management, 35(7): 797-805.

Day, E. and Barksdale, H. C. (2003). Selecting a professional service provider from the short list. The Journal of Business & Industrial Marketing, 18(6/7): 564-579.

Ellram, L., Tate, W. L. and Billington, C. (2007). Services supply management: the next frontier for improved organizational performance. California Management Review, 4(4): 55-66.

Fitzsimmons, J. A., Noh, J. and Thies, E. (1998). Purchasing business services. The Journal of Business & Industrial Marketing, 13(4/5): 370-380.

Grönroos, C. (2004). Service management: understanding productivity and profitability applying a service business logic. Presentation held at the Doctoral Seminar in Service Management and Marketing, Helsinki, Finland.

Håkansson, H. (1982). International marketing and purchasing of industrial goods: an interaction approach. Wiley, London.

Roth, A. V. and Menor, L. J. (2003). Insights into service operations management: a research agenda. Production & Operations Management, 12(2): 145-164.

Rozemeijer, F. A., van Weele, A. J. and Weggeman, M. (2003). Creating corporate advantage through purchasing: toward a contingency model. Journal of Supply Chain Management, 39(1): 4-13.

Sampson, S. E. (2000). Customer-supplier duality and bidirectional supply chains in service organisations. International Journal of Service Industry Management, 11: 348-364.

Selviaridis, K. and Spring, M. (2007). Third party logistics: a literature review and research agenda. International Journal of Logistics

Management, 18(1): 125-150.

Storey, J. , Emberson, C. , Godsell, J. and Harrison, A. (2006). Supply chain management: theory, practice and future challenges. International Journal of Operations & Production Management, 26(7): 754-774.

van der Valk, W. , Wynstra, F. and Axelsson, B. (2009). Effective buyer-supplier interaction patterns in ongoing service exchange, International Journal of Operations & Production Management, 29(8): 807-833.

Wynstra, F. , Axelsson, B. and van der Valk, W. (2006). An application-based classification to understand buyer-supplier interaction in business services. International Journal of Service Industry Management, 17(5): 474-496.

13 结　　论

奈杰尔·考德威尔(Nigel Caldwell)，米基·霍华德(Mickey Howard)

在本书的绪论章中,我们介绍了构成复杂绩效采购(PCP)问题的 4 个元素:复杂性、创新管理、市场管理与采购。本章作为最后一章,将总结本书各位作者是如何陈述自己有关 PCP 的观点的(见表 13.1)。本章旨在通过识别两位主编正确预期与忽略(甚至完全错误)的方方面面,来展示我们最初的想法是如何与各位作者的观点产生交互的,并在评论部分提出进一步的见解与细节,然而,这些见解与细节的真相只能通过丰富的实证工作才能揭示出来。

表 13.1　本书各章导向与特点

章	重点	PCP 导向	PCP 特征描述	作者
2	概念与定义	—	基础设施复杂性与交易复杂性的比较	Lewis, Roehrich
3	承包的历史背景	—	通过建筑业已有的基于结果的合同而实现的复杂外包	Sturgess
4	合同与激励	绩效	风险分摊失误、"管理主义"与网络复杂性的产生	Hughes 等
5	组织间模块化	绩效	买方与卖方对能力分解、分配的响应	Araujo, Spring
6	商业模式	绩效	基于制度理论与普通交易成本方式的服务采购	Spring, Mason
7	公共机构的学习	绩效	政治因素带来公共机构创新及公共机构内失业	Hartmann 等

续表

章	重点	PCP 导向	PCP 特征描述	作者
8	供应管理	基础设施	在各阶段规避风险并保持高绩效	Howard, Miemczyk
9	设计与 PFI 创新	基础设施	通过财务与合同实现项目设计创新	Barlow 等
10	巨型项目的交付	基础设施	大型资本项目中战略能力的建立与学习	Brady, Davies
11	产品—服务创新	绩效	复杂绩效采购中采取创新的设计原则	Bessant 等
12	采购服务	绩效	权变的合同执行(post-contract)管理	van de Valk, Wynstra

13.1　采购：为何传统方式不再适合采购复杂绩效

批评者可能认为,PCP 不过是另一种类或形式的外包,因此,现有的供应领域文献也能很好地为 PCP 研究提供支持:从采购固定资产向"采购"绩效的转型过程中所隐含的服务化逻辑是否真的具有新的含义呢? Hartmann 等在第 7 章中暗示,在 PCP 领域的研究中,应该更少地关注供应商,而将更多重心放在供应链上,并将采购结果的详细规范及供应链视为 PCP 的组成要素,这也体现了自 20 世纪 90 年代以来采购实践的部分标准(Lamming, 1993)。van de Valk 和 Wynstra(第 12 章)、Hughes 等(第 4 章)强调,复杂绩效管理的"真正"工作重心在于合同签署后(post-contract)的管理阶段,有关国防、高速公路、T5 航站楼及 PFI 的章节(第 7~10 章)也表达了同样的观点。Bessant 等学者(第 11 章)认为,与 PCP 相关的产品—服务争论才刚刚开始,在供应链实践向着更为全面的客户参与及知识网络延伸的过程中,还需要相当大的重构转型。然而,PCP 并不是一种采购战略,它与管理合同有关,结合了合同签署后应用的关系和契约方法。通过提出"在合同关系中可以实现些什么",PCP 对合同的概念提出了挑战,同时,PCP 使合同本身成为一种与商业模式密切匹配的战略工具。

在本书的绪论章中,我们提出,传统的采购模式(即我们所指的"外包")对于供应方面来说,采取的是一种还原主义的简化方法(reductionist approach)。正如 Arajuo 与 Spring,Spring 与 Mason(第 5、6 章)提醒我们的,在看待供应商时,人们关注的是他们今天生产的产品,而非他们将来可能或可以生产的产品。Lewis 与 Roehrich(第 2 章)提出了一个重要观点,即:交易成本视角并不适用于分析复杂绩效的外包。基于以上各家观点,我们认为,复杂采购所需的能力是动态的,需要人们理解供应的结构,以及如何对供应结构进行解构与再整合。那些具有丰富经验和出众能力的专业采购人员、熟知自己领域前三位的最优秀供应商,对市场价格动态了如指掌,并有着一套千锤百炼的稳健招标过程(例如,具有提供高度准确的产品详细规范的能力),但对于他们来说,复杂绩效采购仍然需要一套与传统模式截然不同的技能组合。在此,我们再次引用 Brady 与 Davies 所写的章节(第 10 章),这并不是出于他们所提出的复杂绩效交付机制(这里没有看轻这些交付机制价值的看法),而是由于英国机场管理公司并不满足于现有的而且可能更让人感觉熟悉而舒适的方法,而愿意在 T5 航站楼项目中冲击所有的组织与制度边界,并基于项目需求对这些边界进行重构。

本书引言章中有关"采购"的部分简要探讨了广义的供应链,并认为,风险和收益将在整个网络范围内被分摊。然而,Lewis 与 Roehrich(第 2 章)指出,PCP 模式的应用不会被一级供应商复制并在其与二级供应商(尤其是较小企业)组成的次级网络中被应用。Hughes 等(第 4 章)也提出了相似的顾虑,他们认为,当供应链不具备承担风险的能力时,即使人们愿意接受风险,在复杂采购中对风险进行再次分摊也是不现实的。本书从 Sturgess 基于历史的研究(第 3 章)开始,所涉及的各案例和章节基本都是对此类一一对应关系的探讨(第 7、12 章),抑或对少数主要供应链成员与关键供应商的讨论(第 8、10 章)。

　　事实上，很少有证据能证实，在供应网络范围内，存在着大量的PCP活动，我们的案例并不是为了解决供应链内的协调问题。其中的一个例外，是由Bessant等写的第11章中所提到一些有关PCP中采购商—客户格局重构的内容，采购商与供应商需要"与客户更为靠近"，以此来看清产品—服务挑战中的方方面面。在这一章节中，作者们指出，未来的采购行为必须从一种有界限的、开发性的模式转变为创新的重构与共同演进，这就需要考虑更多利益相关者的参与及知识网络的扩展。Arajuo与Spring（第5章）也就PCP中供应链的构建进行了研究，他们将模块化作为理论框架，分析了生产的制度结构，并指出：在大型的、纵向一体化企业即将消亡的时代背景下，一级供应商已转变为专业能力集合的整合者与协调者。许多采购商正越来越多地寻求与这类一级供应商的合作，以实现复杂绩效的采购。此外，这些专业能力的分配、整合与再整合方式也变得越来越复杂，仅用"境内"或"离岸"等二元性措辞已很难将其描述清楚。

　　本书的绪论章中还提到，传统的组件导向的采购模式并不能应对复杂产品和服务的政治维度及与其相关的强大利益集团。绪论章中有关复杂性与时间动态（temporal dynamic）的描述引用了Clegg等（2002）有关巨型项目的研究，其研究指出：巨型项目具有不确定、复杂、政治敏感且合作伙伴众多等特征。Sturgess在第3章中将政治干预视为内部采购或由国家提供复杂绩效的动机之一，这也是19世纪与20世纪人们的普遍做法。他指出，在公共服务领域，与客户核心职能的临近程度产生了组织界面上的复杂性，换言之，政治家们想要具备干预这些服务实施的能力。

　　Hartmann等进行的研究（第7章）表明，在私营领域中，竞争是创新的主要驱动力之一，而与之相比，公共领域中产生的变化往往是由政治因素驱动的（另见第8章有关政府对企业盈亏干预的例子）。在此，我们认为，Kraljic（1983）所提出的通过2×2矩阵体现的"静态的世界"并不适用于此类动态的政治环境；我们在其原始模型基础上，添加了"扩展的生命周期"与"价值共创"等构成元素来支持PCP的基本概念，从而改进了他的模型。

13.2 创新管理

在我们提出的四个构想中(采购及与其相关的传统约束、创新管理、管理市场与复杂性),创新管理一直以来都是最难定义的,同时,也最难将它提炼为有关复杂绩效交付的"创新性"政策和实践机制的特殊案例。这些困难也许是由一些项目的研制周期较长所导致的,例如,伊丽莎白女王级航母龙骨安装的初期规划就耗费了 27 年时间(第 8 章),在一个项目的实施过程中,可能会经历项目重心在承包合同与供应关系之间的不断转移(第 2 章),或许,项目正在经历有关"如何将供应链服务化"这类新思想的冲击(第 11 章)。尽管如此,我们认为,本书还是能够向人们展现复杂产品和服务交付的采购过程中所出现的原创性实质性的方法进步。例如,在 T5 航站楼项目中,英国国防部可获得性的承包项目中,飞机引擎服务和新型医疗保健项目中,我们都看到一种涉及多利益相关者较长时期内为复杂协议共同努力的环境,在此类环境中对高绩效的追求尤为艰难。在此,交易方式与对企业边界的重新定义都是十分重要的,借此,人们可以通过共同演进及在采购商、供应商和客户之间适应性地应用相关工作实践,来实现成功的绩效结果。

Barlow 等在第 9 章告诉我们,PFI 医院建设项目的动因之一在于对创新及创新性实践的期望(另一个动因在于对环境的适应)。如果我们认为这一章节的观点是:PCP 是各交易元素的重新组合(基于制度理论的部分),并且价值链边界与创新有关。那么具体来说,阐释了 PCP 方面 3 个潜在的创新可能性:第一,交易过程可以被根本改变,Spring 与 Mason(第 6 章)就这一方面进行了探讨;第二,价值链边界可以被改变:这一改变被定义为客户或采购者组织间边界的改变,即外包(如第 6、7 章);第三,交易过程与价值链边界可以同时一次性发生改变,这也许是 Brady 与 Davies 描述的希斯罗机场 T5 航站楼案例(第 10 章)背后的关键成功因素,Sturgess(第 3 章)就此提供了进一步的历史证据(见表 13.2)。

表 13.2　交易与边界:PCP 创新机制

创新机制	交易/制度创新	企业边界创新	交易创新与边界创新同时发生
本书案例	B2B 服务:第 11 章 医院设计:第 8 章 NHS:第 10 章	高速公路:第 6 章 航空工程设计:第 5 章 建筑:第 3 章 伊丽莎白女王级航母:第 7 章 舰船支持服务:第 10 章	T5 航站楼:第 9 章 基于结果的承包项目的历史回顾:第 2 章

　　van der Valk 与 Wynstra 在其讨论 PCP 经验教训的第 12 章分析了采购商—供应商交互的成功与失败模式。他们研究了 40 项基于服务的采购在合同签署后所产生的交互方式,这 40 项采购项目来自从窗户玻璃清洁到石油钻井等不同行业,它们都反映了与 PCP 基本原则的呼应以及在尊重更为传统的契约机制的同时,对关系机制的强调。这些机制旨在将买卖双方联合在一起以取得更好的绩效,降低项目复杂程度及释放创新潜能。van der Valk 与 Wynstra 关注企业之间持续性服务交易及随后产生不同成功程度的项目结果,并指出:四大类型的服务分别有其对应的不同的有效交互模式。这些模式表明,管理者应该采取一种权变的方式(而非最佳实践),这样,每一类服务都具有其独特的目的和目标,从而就交易双方的关键能力提出了不同要求。按照 van der Valk 与 Wynstra 的话说,这一背景下的创新是一种灌输更高程度采购成熟度的过程,比起达成短期成本削减来说,这更关乎企业之间协同的实现。因此,本书形成了这样的研究发现:为了发展此类成熟度,在(稳定状态或激进状态)变化过程中作为应对机制的创新,至少涉及"交易与制度创新"及"企业间边界活动创新"中的一项,或者两项都有涉及(见表 13.2)。

13.3　对市场的管理

　　本书绪论章最初提到了对市场的管理,并指出它是涵盖了供应管理、公共—私营机构治理、绩效衡量与风险管理的关键领域。我们的关注点在于,PCP往往涉及寡头市场,同时,因为其所涉及的交易最初都是在公共领域内部或持股公司内部进行的,所以,要在这些领域开创市场显得尤为困难。机会主义的危险时常发生,我们还需面对人们对这一领域的无知;传统上来说,对新市场的预测会显得更为困难,期间会遭遇许多可预测与不可预测的结果。最后,从层级控制到基于市场的解决方案的转变,涉及关系的转变与对外部关系的更多管理,尤其涉及风险的转移。

Sturgess通过一些历史上发生的案例(第3章)探索了公共—私营合伙模式的改变,并发现,直至19世纪,政府对于如监狱承包中涉及水、能源与交通等基础设施特许等复杂的公共服务仍然使用基于关系的承包方式。Sturgess在他所写的章节中指出,仅在18世纪晚期与19世纪早期,由于公共服务规模的增长与覆盖范围的扩大,政府才开始转向更为交易性的模式,而这些模式看似并不太适用于复杂绩效的采购。换言之,直到这一时期为止,政府都十分满意通过私营机构产业来为新的复杂需求创造市场,政府甚至通过我们今天所谓的"第三产业"来创造新市场,这些部门即那些非营利、非政府组织。这一领域的核心主题是"市场创造",例如,第2章、第9章、第7章(明确的讨论)及第6章(含蓄的讨论)对于交易地点以及普通交易成本改变带来的机遇方面的讨论,都体现了这一主题。

与上述相关的,还有"锁定"(lock-in)的问题,即采购者在长期中面临只能向唯一一家供应商采购的局面,这一问题除了出现在建筑行业(第4、9章)外,并没有直接出现在其他行业,在"锁定"的情况下,一直以来都存在来自机会主义的威胁。Howard与Miemczyk在第8章介绍了"锁定"的另一全新维度,一群供应商面临着这样一个局面:除了航母项目之外,这些供应商几乎没有其他可参与的大型国防平台工作,这样,他们就把自己"锁定"在人们看来可能是"城里最后一项游戏"(last game in town)的局面里。作为采购商的英国国防部当时是否能够选择另外一批新的供应商,即使这些供应商缺乏相关的国防项目经验,但至少也具备较高的资质呢?正如Barlow等以及Hughes等在第4、9章所提到的,这并不是对有关锁定/机会主义问题的有意忽视,他们所写的章节向我们展示了一个更为微妙的问题,即有关长期内技能和专业的退化问题,而非最直接的商业后果。

Lewis 与 Roehrich 在第 2 章提出这样的概念,即:PCP 的采购商可能会随着时间的推移而丧失其采购复杂绩效的能力(见该章命题 12),Araujo 与 Spring(第 5 章)在概念上支持了这一观点。Hartmann 所提供的案例(第 7 章)也发现了此类能力侵蚀,并且,这被视为公私伙伴关系所表现的问题之一(第 4、9 章)。在此,时间的动态性使学者很难进行确凿的分析:锁定问题并没有得到重视,这是否是由案例所经历生命周期中的特殊阶段所导致的呢?但是,随后在 Hartmann 的第 7 章,可以看到采购方技能的流逝是相当快速的。也许,这一问题太过政治性,也许,PCP 的特殊性质在此也再次起到了影响作用。相比高速公路建设能力退化的相对可视性,为建立一套未来 10 年所需的新信息系统所需的规范建立能力及合同能力的退化,也许并不是那么明显。

管理学的文献常常被人诟病,其原因可能是其对潮流和趋势的追逐,以及更具体来说,其对简单活动冠以的浮夸措辞和释义。在承认了这一点之后,我们也不能忽视,许多时候,PCP 确实受到简单的削减成本因素的驱动,我们没有必要认为这种驱动因素缺乏创意和创新点(第 8 章),许多公私伙伴关系的案例(第 4、9 章)中也体现了这一驱动因素。对此,我们的观点是,我们不能被自己对 PCP 的热情所蒙蔽,而忽略了市场管理的原则,而简单的成本削减作为每一组织通往采购成熟和供应链革新的必经之路,也被包括在这些市场管理原则中。

尽管本书各章中已经探讨了有关风险转移和锁定的许多内容,并发现有关这些领域的重心与我们在绪论章中所预期的有所不同,但是,有关服务化的文献与关于价值共创的假设却与我们的预期基本一致。我们可以在那些成功的案例中看到服务化与价值共创的作用,比如 T5 航站楼的建造项目(第 10 章),在这一项目中,英国机场管理公司通过结盟和协调的方式与其核心供应商达成了彼此之间的价值共创。很大程度上的价值共创来自英国机场管理公司所扮演的激进的组织角色,即同时扮演项目赞助商、客户、整体项目团队成员及系统集成商等多个角色。通过该案例我们可以看出,这些大型资本项目中所体现的强大领导能力在取得预期项目结果方面的作用是永远不能被低估的。

从本书各章节中我们可以得出的一个重要经验是,成功的 PCP 确实涉及价值共创,但价值共创本身却不是由技术与工具所驱使的,相反,它需要通过采购商或采购组织对组织间界面转型的适应能力(见第 12 章所述的"适应性")来实现,用 Araujo 与 Spring(第 5 章)的术语来说,这种类型的适应能力即界面制度的建立。因此,从我们的案例中,可以将建筑行业 PCP 的失败(第 4、9 章)至少部分归因于至少一方或多方在适应新的采购关系环境方面的失败。这一结论与 Hughes 等的观点不谋而合,他们认为建筑产业具有保守和看似难以管理的本质。Hartmann 等和 Sturgess(第 3、7 章)也赞成这一观点,他们描述了在早期公共领域,采购商采取高度权变的采购方式的意愿。van de Valk 与 Wynstra(第 12 章)通过在商业服务采购领域建议使用权变的而非最佳实践的方式,阐释了服务领域中与上述相同的观点。接着,Howard 与 Miemczyk(第 8 章)也探讨了有关组织间界面与制度界面的转型意愿,他们认为,这种转型意愿可能是导致航母采购项目成功与否的决定因素,即,各方愿意采取适应性行动的程度;以及对于项目的任何一方来说,不采取适应性行动在项目中意味着怎么样的弱势地位。这又将我们带回到了第 5、6 章有关在哪里设定边界的讨论。我们将在接下来的最后一节继续这一讨论。

13.4　复杂性

本书起初做出了这样一个假设,即仅仅是项目的时间周期就已构成了 PCP 的部分复杂性,当然,本书一些章节也给出了相应的例子,如第 7 章。然而,第 2 章采取了另一个视角,他们认为,基础设施与交易因素构成了复杂性,其他的例子还包括 van der Valk 与 Wynstra(第 12 章)提出的观点,他们认为,在某些情况下,复杂性是由较短(更紧迫的)的服务交付周期而非较长的时间周期所导致的,以上观点都表明,在 PCP 复杂性与采购的时间周期之间并没有直接的关系(Hartmann 等在第 7 章有关来自直接的/短期项目结果的压力也说明了这一点)。然而,有关时间和时间动态的主题确实如我们预料一般普遍存在。

我们在绪论章中大胆声称,对 PCP 起决定作用的相关特征及 PCP 的分析单元——复杂产与服务(complex products and services, CPS),"将其与更为传统的采购形式区分开来,PCP 更强调采购时对'预先时间'(time upfront)的考虑"。我们认为,对于任务导向型的组织来说,要对这类预先的工作引起重视是十分困难的。在本书中,有关合同的章节(第 2、3、4 章)部分反映了这一观点,更为重要的是,有关"在哪里设立边界"这类与复杂性相关的基本问题,也体现了这一立场。在这一方面,第 5、6 章建议的方式是具有指导意义的①,即通过对企业边界的根本性重新评估,从侧面提出了通过复杂采购响应实现复杂采购活动的方法,这与 Lamming(1993)提出的采购的"外部资源管理"角色相呼应。Howard 与 Miemczyk(第 8 章)有关 PCP 与海军国防案例的研究也可以用这一制度性的方式来诠释。英国国防部历经千辛万苦,通过在采购中实施事先甄选与删减供应商名单、创建整体项目团队、制定各项规章措施及激励机制等方式,将来自各个领域的精挑细选的合作伙伴整合到其战略团队中。然而,即使在本书的编写过程中,各种内生与外生的事件仍然在对伊丽莎白女王级航母项目的建设施加着影响,这就使我们面临着这样一个问题,人们所建议的这些在客户、承包商与内部承包商之间采取的新型工作方式,究竟在项目中具有多大程度的深入性与根本性? 即,这些新型工作方式在项目中究竟具有怎样的嵌入程度?

与绪论章有关事前投资(upfront investment)相呼应的另一个观点指出,组织在事先已经在其能力与资历方面进行了投资。现有的组织并非一张白纸,他们已对现有员工的相关能力、方法、流程、工具与关系投入了

---

① Araujo,Dubois 和 Gadde(2003)给出了更为全面的解释。

沉没成本。然而,本书的章节中体现了一个共同的主题,即组织中现有的能力基础并没有在"新型的"PCP中得到利用,或如 Barlow 等(第9章)在描述 PFI 项目的显著失败时所说的那样,这些能力基础并没有得到最充分的利用,自20世纪60年代以来,在对医院的设计过程中,并没有利用更为强大的专业知识,同时,项目也缺乏临床专家的参与,(他们认为)PFI在医院建设与项目运营的衔接过程中遭遇了失败,此外,项目并没有成功地获得临床医生的参与。Hughes 等(第4章)继续探讨了 PCP 项目,尤其是 PPP 项目对专业人员所完成工作的作用和本质的忽视,他们认为,专业人员受到了 PPP 项目层级制度的影响,他们的技能遭遇了退化,专业人员的角色被过于严格地规定,事实上,他们所能贡献的比起项目分配给他们做的事情要多得多。在 Hartmann 所写的第7章中,我们也明显看到了这种对现有能力的"忽略",(其实"忽略"是对这一现象最为礼貌的措辞)。Hartmann 指出,在由基于投入的承包方式向基于结果的承包方式的转型过程中,组织中现有员工需要转变其能力组合,尤其重要的是观念的转变,但这一点却令公共机构的雇主措手不及,因为他们在帮助员工适应新型工作方式的过程中所提供的培训与支持都显得过于迟缓。

事实上,在对事前构思与新工作方式开发方面的投资,Brady 与 Davies 所写的有关 T5 航站楼的案例(第10章)向我们展示了复杂绩效交付的具体方法。这一章节所介绍的方法呼应了我们作为本书编辑者的观点,即,最关键的要素是事前的构思,而非某一特定方法的提出,而这一章节还给了我们具体的且经过验证的方法:暴露(而非隐藏)风险、奖励好的绩效、投身于真正的团队合作。T5 航站楼的建设在项目截止日期前以低于预算的花费完工,英国机场管理公司找到了正确的方式,以满足外部利益相关者对于采购的事前投资及其他管理活动成本的需求。然而,即使 T5 项目获得了成功,但它的成功显然是不能被复制的,这仍然是一个问题。

在我们的绪论章中,为了探讨 PCP 领域中有价值的相关新事物,我们绘制了一张表格,来描绘 PCP 对扩展的生命周期的贡献(见表1.1)。现在,我们仍然认为这一表格具有其贡献意义,但是对于复杂绩效采购的理解来说,这一表格却有其不足之处,这一瑕疵来自我们所借鉴的服务化文献中的一个假设。本书几乎没有涉及有关项目报废清算和生命周期终止的内容,也许,这也反映了在这些大型绩效或基础设施采购过程中我们尚需努力的方向。在探索 PCP 的过程中,我们越来越清晰地看到,一项复杂采购的生命周期,并不能简单地通过以报废清算为最终阶段的线性过程来展示(见第 8 章有关国防平台生命周期的案例)。全生命周期管理的作用应该在事前就有所体现。而在确定将 PCP 作为优先使用的方式后,有关报废清算与支持的考量也应成为初期采购活动的组成部分。

13.5　本章小结

本书分析了 PCP 的管理过程,在此过程中所体现的复杂性是由交易复杂性或基础设施复杂性所带来的。书中的多数案例来自建筑、医疗、航空、海事及国防等资本密集型产业的大型工程或项目。然而,正如本章开头的表 13.1 所示,无论复杂性是来自基础设施,还是将服务"捆绑"入基础设施合同的过程,或是那些难以详细说明和评估的服务承包过程,绩效一直都是 PCP 的一个驱动力。以上这些因素共同作用,造就了除了采购核心之外,PCP 与 CoPS 之间的另一个主要区别(CoPS 并未广泛关注采购核心)。为了应对此类有关复杂性的问题,基于结果的或基于绩效的合同成了一个日渐受到青睐的解决方案。这种解决方案乍一看非常简单诱人,但是,正如本书作者们所认为的,对这类合同的管理仍不成熟。例如,我们并不能就此下结论,认为基于绩效的承包方式就是 PCP 的"最佳实践"。本书通过展示长期的、签约后管理案例,来加强我们对这一观点的理解,同时,这些案例开始向我们展现,合同履行过程本身可能是一个关键要素。以 T5 航站楼项目为例,我们可以看出,在一个长期 PCP 项目中(或者在如下所述的较为短期的紧急疫苗采购项目中),合同或更为确切地说,删减后更易理解的合同主要条款,必须成为一种协调项目关键关系的工具。

通过各章节的分析,本书向传统提出了挑战,认为层级制管理模式、线性项目管理模式与高度细节化的 PCP 项目合同,已经不再适用于当今日益涌现的基于绩效和结果的客户需求变化。我们认为,世界级组织开展的大型项目往往代表了一种转型的前沿,这种转型在公共—私营产品边界及各类运营专业能力储备(silos)之间发生。在复杂绩效方面,这不仅意味着对采购商—供应商关系的动态管理,也包含了从产品或制造向捆绑服务的转型,并且,这些捆绑服务涉及更长的、往往为期数十年的时间框架。PCP 挑战了基于层级的关系和"向供应基地转嫁风险"等简单的概念,并展示了基于全生命周期管理的新商业模式案例,这些案例强调了事前生命周期评估、可获得性承包(availability contracting)、关系管理与服务支持、维护及升级的重要性(见图 13.1)。

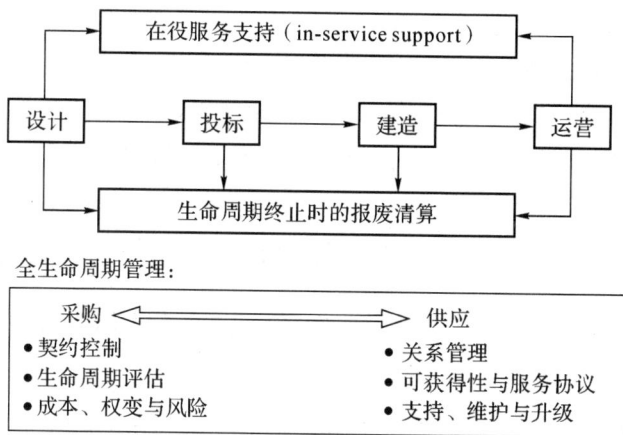

图 13.1　在扩展的生命周期中定位复杂绩效采购

然而,我们并未宣称自己发现了一种全新的范式,我们通过研究以 PCP 为代表的各类机制,更好地理解了复杂绩效的管理和采购,以实现创新的协调性及整合性。接下来,通过加入我们所认为的重要 PCP 原则,我们将对 PCP 进行重新定义,同时还将指出本书的局限性,并在文末提出对未来研究的展望。

第一,供应链整合与供应链的局限性。当前供应研究所采用的方法与本书作者们所采用的方法有着一个关键的区别,即:当前研究很少将供应链作为分析单元来研究。从本书中我们可以看出,对供应链的管理可能发生在整个 PCP 过程的后期,并且具有高度权变的特征。这与学术界的观点形成了鲜明对比,因为,学术界就这一领域的研究普遍由供应链视角着手,并将供应链管理视为采购活动的前期准备。

第二,从 Lewis 与 Roehrich(第 2 章)对交易与基础设施的强调开始,本书已不再聚焦于将 PCP 视为"将供应链各零碎部分规整到位的过程"。以 Arajuo 与 Spring 以及 Spring 与 Mason(第 5、6 章)的深度探讨为代表,他们将 PCP 更多地视为对制度、交易、边界、交互及相互关系的整合与分解(aggregating and disaggregating)过程。为了更准确地界定 PCP,应将 PCP 与不同的界面相联系,将其视为对各界面的管理过程,其中还包含了适当时机的整合与分解过程。PCP 过程不是线性的,不是强调流动(flow)的,其重心也不在于沿着价值链的增值过程。

第三,以上这一大胆的假设并非没有受到质疑,尤其是在具备价值链特征的建筑行业案例中,以及 Bessant 等(第 11 章)有关价值链创新的讨论中。PPP 项目的合同签署、设计、建造与运营等各阶段,涉及长期内多种价值链的形成与瓦解,然而,在应对 PPP 项目的基础设施复杂性方面,人们并没有将价值链原型作为解决方案。在此,关键 PCP 能力似乎在于整合与分解能力(以及它们直接的过渡能力),而与价值链本身无关,PCP 过程中存在着另一个整合者,他可能是整个价值链的主要配置者。根据我们的观察分析,可以得出一个简单的结论,即:基于结果或绩效的承包模式的增加,将自然而然地把对供应链的协调事宜向下推至(在此使用了貌似贬义的非专业措辞,但这一措辞却很适用)供应商资源的更低层面。

第四,合同与承包。复杂产品和服务的采购,可以通过纵向的或压缩的(compressed)、暂时的(temporal)视角来进行分析,同时,PCP 过程被契约式控制与关系式控制的不断起伏交替所打断。然而,我们还不能完全理解契约式与关系式这两种控制形式具体是如何在长期内相互结合与交互的(即他们之间的关系究竟是统一的还是相对立的)。但是,基于本书的案例,我们可以预期,新形式的 PCP 合同编制与履行过程正在涌现。缩减版的、更具操作性的(working)、可在不同层次员工间广泛扩散与理解的合同版本正在出现。我们预期,将会出现一种新型的合同可以被合同双方所用,而不仅是为了维护其中一方的权利;此类合同结合了合同相关各方的潜在商业论证(business case),并将其体现在合同详情中,以实现与总体目标更为紧密与广泛的一致性;T5 航站楼项目就此设立了一套标准。

第五,创新与共同演进。我们在前文中曾建议,采购活动的事前投资是 PCP 的关键要素之一。在使用完全不同的设备之前,或者在建立虚拟模型之前,对创新性资源采购的预期与规划,是全生命周期管理过程中驱动创新的基本方式。英国 PFI 模式的缺陷之一在于,当项目最终进行到"运营"阶段时(这时项目已历时 5~10 年之久,而运营阶段作为周期最长的阶段,还需 20~50 年的时间),一支新成立的采购团队必须根据上一阶段的合同来实现新一阶段的创新与绩效。我们提议建立一种新型的战略合同文件,将其作为"舵柄"(tiller)来指引整个项目的发展,同时,这一"舵柄"还具有推动创新的功能;这样,创新不再只是合同一方的要求与预期及另一方的职责与任务。

第六,为了与日新月异的采购商—客户关系格局相匹配,必须对创新进行重构。为此,Bessant 等(第 11 章)引入了共同演进的观点,他们将共同演进作为旨在管理多个利益相关者组成的团队而采取的协调与整合方式。在共同演进的过程中,人们更依赖于灵活转变交易方法的能力及对企业边界的重新定位,并依赖于对超越传统范围的知识网络的延伸,以及双向的供应层级制度。这一方式也呼应了我们之前有关整合与供应链局限性的讨论。

谈到本书的局限性,我们认识到书中缺少了有关 IT 的章节,主要原因是版面的限制。近来,信息系统在采购、供应与项目管理领域已为我们提供了一些平实的经验教训,毫无疑问,这一趋势还将继续。未来研究可以将 PCP 中的一些概念应用到信息系统领域来取得一定的收获。类似地，如果本书可以包含一个章节，来介绍医疗行业的委托承包（commissioning），也将非常有趣，我们可以将此作为主要案例，来展示复杂绩效的采购者是如何从先前的服务提供者角色转变为采购者与促成者的。同样地，有关紧急事件带来的采购复杂性也值得我们审视，比如灾难或突发情况下所进行的采购。例如，以猪流感为例的世界范围病毒传染的发生，可能需要复杂绩效的采购来加以应对，而这类采购复杂性并不来自时间框架的延长。事实上，情况正好相反：需要在最短时间内制造和分配药物所带来的紧迫性，导致了此类采购项目的复杂性。

其他可以作为本书补充的方向还包括了辅助 PCP 的建模与仿真技术，如新形式的数字与三维可视化技术。PCP 项目的本质特征之一是其涉及的多数为国家级项目，简单的例子如道路或机场的建设。迄今为止，构思（与采购）非国家级的交易复杂性还是相对容易的，毕竟，对于此类项目来说，其面向的是一个全球性的、与复杂服务相关的资源市场。随着可视化（与模块化）领域新技术的出现与进步（在读了 Arajuo 与 Spring 所写的章节后，我们应该知道，随着产品设计和生产过程设计变得越来越容易匹配，可视化已成为一种相对老式的模块化应用方式），我们甚至可以展望许多 PCP 项目会由国家级项目逐渐成长为全球性项目。航空母舰项目可以作为一个很好的例子：它是国家荣耀与军事实力的实物象征，在未来也可能代表着双边的国际性 PCP 合作。

本章参考文献

Araujo, L., Dubois, A., Gadde, L.-E. (2003). The multiple boundaries of the firm. Journal of Management Studies, 40 (5): 1255-1277.

Clegg, S., Pitsis, T., Rura-Polley, T. and Maroosszeky, M. (2002). Governmentality matters: designing an alliance culture of interorganisational collaboration for managing projects. Organization Studies, 23(3): 317-338.

Kraljic, P. (1983). Purchasing must become Supply Management. Harvard Business Review, 61(5): 107-117.

Lamming, R. (1993). Beyond partnership: strategies for innovation and lean supply. Prentice Hall, Basingstoke.

致 谢

在此,我们希望感谢由采购与供应特许学院(Chartered Institute of Purchasing & Supply,CIPS)及 EPSRC 资助的知识与信息管理(knowledge and information management,KIM)项目为本书提供的资助。特别要感谢来自 CIPS 的杰雷德·奇克先生与来自巴斯大学的克里斯·马克马洪先生的大力支持。同时,我们还要感谢来自巴斯大学管理学院"信息、决策与运营"小组的同事们,感谢他们对我们项目一如既往的支持,这些同事包括了迈克尔·刘易斯教授、奥里斯代尔·布兰登-琼斯、西尼德·凯里、巴里斯·雅拉比克与尼尔·皮尔西等学者。

对于一本书来说,出版商的作用是至关重要的,我们有幸得到了来自纽约泰勒与弗朗西斯出版集团的劳拉·斯特恩斯女士的宝贵支持与帮助。此外,在 2007 年 12 月与 2009 年 10 月,我们分别举办了两场阶段性研讨会,在此,我们对出席研讨会的所有产业界与学术界同仁致以诚挚的感谢,感谢你们一路走来的陪伴。最后,感谢家人无私的付出,没有你们的坚定支持,这本书就不可能结出累累硕果。

作者简介

主编:

奈杰尔·考德威尔(Nigel Caldwell)是英国 Heriot-Watt 大学管理和语言学院企业管理系的副教授。其学术生涯开始于布拉德福大学的研究员职位,随后,他又先后在普利茅斯大学和巴斯大学讲授运营管理。在其学术生涯开始之前,他曾就职于一家领先的英国汽车制造公司,在物流管理领域工作了 8 年。他熟悉如准时制生产、看板系统及丰田质量管理等日系供应技术。近期,他的研究领域是供应管理,其中包括了对复杂产品—服务组合承包途径的研究、复杂绩效的内在风险以及与此类承包形式有关的最佳激励机制的研究等。奈杰尔是《采购与供应链管理学报》(*Journal of Purchasing & Supply Chain Management*)的副主编,他还定期在其他期刊如《国际运营与生产管理学报》(*International Journal of Operations & Production Management*)完成发表与审稿工作。

他已从英国工程与物理研究委员会(UK Engineering and Physical Research Council)获得近 25 万英镑的研究资助。他曾主持的项目包括一个旨在重新设计急救车服务、由多所高校参与的合作项目,以及在国防产业开展基于可获得性承包方式的合作学术研究。他具有荣誉学士学位、布拉德福大学的 MBA 学位以及巴斯大学的博士学位。

米基·霍华德(Mickey Howard)是英国艾克赛特大学商学院供应链管理教授。他在 1999 年于巴斯大学开始学术生涯之前,曾在英国制造企业任职 10 年,主要负责零售产品设计与汽车设计。他的研究涵盖了汽车、航空、海运与 IT/通信等行业的创新与供应管理领域,也在研究产品—服务创新及"服务化"战略对国防采购政策与实践的影响。与其学术研究互为补充的是,霍华德教授对一些组织提供顾问服务,这些组织包括英国开放大学、BAE 系统、英国国防部、沃尔沃汽车公司及威尔士工商发展局

(Welsh Development Agency)。他经常在《国际运营与生产管理学报》（*International Journal of Operations & Production Management*）、《采购与供应链管理学报》（*Journal of Purchasing & Supply Chain Management*）及《国际供应链管理学报》（*Supply Chain Management：An International Journal*）等刊物发表文章。同时，他曾在南特高等商学院（Audencia Nantes）、哥本哈根大学及哈佛大学担任客座教授。

他曾获得 2008 年巴斯大学的优秀研究院长奖（Dean's Prize for Research Excellence），并获得采购与供应特许学院（CIPS：Chartered Institute of Purchasing & Supply）颁发的研究奖学金。他具有荣誉学士学位、杜伦大学的 MBA 学位，以及巴斯大学的博士学位。

各章作者：

路易斯·阿罗约（Luis Araujo）是英国兰卡斯特大学管理学院的产业营销学教授。他的研究领域是工业营销市场结构与组织间关系。他近期的学术工作与工业营销市场实践和产品—服务系统相关。

詹姆斯·巴罗（James Barlow）是英国帝国理工大学商学院技术与创新管理学会会长，他同时还担任该校医疗与保健基础设施研究与创新中心（HaCIRIC-Health and Care Infrastructure Research and Innovation Centre）主任一职。他的研究领域为复杂产品系统创新，尤其关注医疗与建筑行业。

约翰·贝赞特（John Bessant）是英国艾克赛特大学商学院的创业与创新教授，他同时还担任该学院的研究室主任。他在技术与创新管理的研究与咨询领域已经活跃了 25 年有余。他最新出版的著作包括《管理创新》（*Managing Innovation*）与《高介入创新》（*High Involvement Innovation*）。

蒂姆·布雷迪（Tim Brady）是英国布莱顿大学创新管理研究中心（CENTRIM：Centre for Research on Innovation Management）的首席研究员，同时，他还担任该校 ESRC 复杂产品系统（CoPS）创新中心的副主任。他的最新研究领域为基于项目的企业与组织中的学习与能力建设。

安德鲁·戴维斯（Andrew Davies）是英国帝国理工大学商学院创新与创业团队的高级讲师,同时,他也是学院 EPSRC 创新研究中心的联合主任。他的研究领域是项目中的创新与项目型企业、系统集成,以及集成的产品—服务解决方案。

拉尔斯·弗雷德里克森（Lars Frederiksen）是英国帝国理工学院商学院的创新管理副教授。他的研究主要探索创新项目中个体的角色。他的研究方向还包括社会网络的知识整合,以及组织能力建设与设计等战略管理问题。拉尔斯的研究主要围绕两大实证领域:一是道路、水利及能源等方面的基础设施产业,二是有关软件的工程咨询与在线社区服务。

安德里亚斯·哈特曼（Andreas Hartmann）是荷兰特文特大学基础设施资产管理领域的助理教授。他的研究主要探讨基础设施绩效的管理、基础设施在资产生命周期中的优化以及服务提供。近期研究主要关注与引入新型的基于绩效的合同相关的公共组织内部基础设施维护的有效性。

贾恩-博特伦·伊利格（Jan-Bertram Hillig）是英国雷丁大学建筑管理与工程学院的博士后研究员。他的研究旨在形成对建筑行业契约实践的更深入理解。他尤其关注标准形式建筑合同、PPP/PFI 模式、欧洲采购法及其他争端解决机制。

威尔·休斯（Will Hughes）是英国雷丁大学建筑管理与工程学院的建筑管理与经济学教授。他的研究着眼建筑行业,涵盖了合同、设计、组织与采购等研究领域。他近期的研究领域为建筑行业中构建、协商、记录与执行交易时所涉及的商业过程。

玛蒂娜·科波拉-盖斯亚（Martina Köberle-Gaiser）是医疗设计领域的专业建筑师。她在英国帝国理工大学取得 MBA 学位,其业务范围涉及国际上许多国家,其中以德国、美国及英国为主。她的研究方向为医疗设施领域内采购情境与创新方案之间的关系。目前她在德国从事建筑设计工作。

威兹德姆·可瓦乌（Wisdom Kwawu）是英国伦敦大学学院巴特利特

建筑与项目管理学院的博士后助理研究员。他的研究方向为采购成本、建筑采购中的契约激励、关系契约及知识管理。近期,他研究的是创新采购系统中的知识转移。

迈克尔·刘易斯(Micheal Lewis)是英国巴斯大学管理学院的运营与供应管理教授。他在私营及公共领域的研究兴趣包括专业服务生产力研究、运营与供应领导及复杂绩效采购。

凯蒂·梅森(Katy Mason)是英国兰卡斯特大学管理学院的市场营销与战略管理讲师。她的研究旨在通过探究企业间学习和实践来分析网络结构与市场导向之间的关系。近期,她的研究旨在理解管理者如何通过商业模式创新来创造市场(market-making)。

乔·明斯克(Joe Miemczyk)是法国南特高等商学院的运营与供应链管理副教授。他的研究关注供应链的组织及其对绩效的影响。他近期的研究工作主要探讨汽车制造、国防、轮船制造及 IT 供应链中产品及相关服务的生命周期。

雷·莫斯(Ray Moss)的专业生涯围绕着医疗领域的规划。他在英国卫生部的医院设计部门工作,是医疗建筑研究中心及医疗建筑师协会的创始人。他凭借对医院研究的服务贡献,获得了英帝国勋章(Member of the British Empire),并取得了第一个打造更好医疗服务的终生贡献奖(Building Better Healthcare Lifetime Achievement Award)。

安·诺布尔(Ann Noble)在医疗设备规划与设计领域具有 30 余年的工作经验。她曾参与英国卫生部的医院研究与开发项目,并在医疗建筑研究中心从事研究员工作。她不仅承担英国国内的工作,也承担海外工作。

延斯·洛尔利奇(Jens Roehrich)是英国帝国理工大学商学院创新与创业研究小组的助理研究员。他在攻读博士学位期间的研究主要是探讨长期产品—服务供应模式中固有的组织间治理动态。近期,他的研究旨在探索城市基础设施再建项目中的创新性多功效服务提供。他分析了欧洲公共采购政策是如何促进医疗基础设施领域的创新的。

彼得·谢尔(Peter Scher)是一名独立建筑师、顾问及研究者,他在医疗设施的设计与建造领域有着丰富的经验。他是英国卫生部设计评审专家小组的成员,也是国际建筑师联盟公共卫生小组的成员。

马丁·施普林(Martin Spring)是英国兰卡斯特大学管理学院管理科学学部的运营管理高级讲师。他是英国经济与社会研究委员会(ESRC)AIM 服务项目的研究员。近期,他在 AIM 项目中所承担的工作主要关注企业间(B2B)服务的商业模式。

德雷克·斯托(Derek Stow)是一位医疗行业的专业建筑师。他的工作涉及研发、战略规划及部件与模块化系统设计,他所发表的研究被关注与认可,并以此获得了 8 个重大奖项。此外,德里克·斯托在建筑教育领域也享有盛誉。

加里·L. 斯特奇斯(Gary L. Sturgess)是信佳学院的常务董事;信佳学院是由国际公共服务承包商信佳集团(Serco Group plc.)所成立的一个智囊团。同时,他也是英国工业联合会公共服务战略董事会(the Pubic Services Strategy Board based at the Confederation of British Industry)顾问,这一董事会是一个由英国领先公共服务公司各董事长组成的论坛。他曾担任澳大利亚新南威尔士州的内阁秘书。

温蒂·范德瓦尔·瓦尔克(Wendy van der Valk)是荷兰埃因霍温科技大学采购与供应管理专业的助理教授。近期,她的研究方向为采购商与"代理"(surrogate)商业服务供应商之间依存关系的管理,这里所指的"代理"商业服务供应商是为采购企业客户提供服务的服务供应商。

费恩·温斯特拉(Finn Wynstra)是荷兰伊拉斯姆斯大学鹿特丹管理学院的采购与供应管理 NEVI 教授。他的研究方向为供应与创新过程整合及商业服务中的采购商—供应商关系。他的两本合著著作为:《商业服务采购》(*Buying Business Services*)与《采购能力开发》(*Developing Sourcing Capabilities*)。

索 引

译后记

　　从立夏至霜降，译完了《复杂绩效采购》一书，也可以说，是这本书陪我从初夏走到了深秋。5个月来，每一天的译读时光已成为我生活的一部分，一字一句、反复斟酌，翻译的过程时而痛快淋漓，时而彷徨顿足；细读每篇文章，更是满怀着对作者们的崇敬，肩头也感受到将作者的精神要义尽可能准确地传达给中国读者的责任。150个日夜，与PCP形影不离，在提笔写此后记时，竟感到有些不舍。

　　本书篇兼具专业性、指导性与可读性，融汇了各位学者专家在复杂绩效采购领域的思想结晶，其中有理论，有案例，有历史典故，有管理启示，使读者由初步的概念、框架、理论、历史背景，读到复杂绩效采购在各大领域的现实应用和最终的经验教训。阅读本书，通过与作者和历史对话，可以了解到如英国希斯罗机场等世界级大型工程背后的复杂绩效采购细节，使我们对复杂绩效采购形成更为深刻、生动和系统性的认识。复杂绩效的采购，不同于传统硬件基础设施的采购，其复杂性在于服务、创新、整合、模块化、学习、顾客导向、与政府合作等新元素的介入。其间的奥秘不仅表现在理论的演进上，更体现在现实的操作中。希望读者能从阅读本书的过程中获得共鸣和启迪。

　　翻译是一件永无止境的工作，要达到完美几乎是件"不可能完成的任务"——所需的不仅是对原文的尊重、理解，翻译过程中的耐心、坚持、反复推敲与考证，还需要较强的语言和专业功底。在翻译本书的过程中，为了保持原作的客观性，译者采用的是直译的方法，需要查阅采购、商业模式、项目管理、契约等领域的文献和词典，有时需要选读作者附在文后的参考文献，加之英式英语独特的表达方式，有些词句在翻译成中文的过程中，在选词、词序、语序、断句、句型转换及专业词汇用法等方面仍会遇到晦涩难懂的情形。由衷感谢我的导师李靖华教授，他根据我的博士论文选题和相关科研项目主题,建议我勇敢承担这项翻译任务,使我受益匪浅。他还为本书做了认真细心的审阅与修改,为译文增色添彩甚多。然而,虽然经过李教授与本人的审阅修改,译文中难免仍存在一些疏漏和偏差,一些语句经过翻译可能会失去原本字里行间的精妙。有失妥当之处,敬请读者不吝指正!

感谢浙江工商大学工商管理学院盛亚教授及其领导下我们的研究团队。盛老师学识渊博、虚怀若谷,给予我们极大的支持和帮助。他对科学研究的执着深深感染着团队的每一位成员,每个学期风雨无阻的每周例会,督促我在创新研究的道路上不断前行。

感谢浙江省一流学科 A 类——浙江工商大学工商管理学、浙江工商大学校级重点学科和校级重点研究基地——技术经济及管理、国家哲学社会科学规划重点项目"国家复杂产品生产能力比较研究"(15AZD057)对本书翻译出版的资助,感谢浙江大学出版社朱玲编辑和杨茜编辑的辛勤工作,感谢师弟瞿庆云硕士生帮助录入了各章的参考文献清单,感谢重庆工商大学副教授王琳博士向我们推荐了本书!

也要感谢家人,尤其是母亲、先生在翻译学习期间对我的支持和理解;感谢女儿,带给我欢乐,5 个月的时间,你已变成一个能跑能跳、会说整句短语的俏皮姑娘,愿你茁壮成长,长成后也能将学习视为伴随一生的无尽乐趣。

林　莉

2016 年霜降于杭州

图书在版编目(CIP)数据

服务供应与采购:复杂产品和大型建造项目管理新
趋势 /(英)奈杰尔·考德威尔,(英)米基·霍华德主编.
林莉译.—杭州:浙江大学出版社,2017.12
书名原文:Procuring Complex Performance:Studies of
Innovation in Product-Service Management
ISBN 978-7-308-17603-3

Ⅰ.①服… Ⅱ.①奈… ②米… ③林… Ⅲ.①制造工业—
服务经济—研究 Ⅳ.①F407.4

中国版本图书馆 CIP 数据核字 (2017) 第 271107 号

浙江省版权局著作权合同登记图字:11-2017-363 号

服务供应与采购:复杂产品和大型建造项目管理新趋势

[英]奈杰尔·考德威尔(Nigel Caldwell) 米基·霍华德(Mickey Howard) 主编

林 莉 译 李靖华 审

责任编辑	杨 茜	
责任校对	杨利军	张培洁
封面设计	周 灵	
出版发行	浙江大学出版社	
	(杭州市天目山路 148 号 邮政编码 310007)	
	(网址:http://www.zjupress.com)	
排 版	杭州中大图文设计有限公司	
印 刷	杭州钱江彩色印务有限公司	
开 本	710mm×1000mm 1/16	
印 张	21.25	
字 数	295 千	
版 印 次	2017 年 12 月第 1 版 2017 年 12 月第 1 次印刷	
书 号	ISBN 978-7-308-17603-3	
定 价	58.00 元	

版权所有 翻印必究 印装差错 负责调换
浙江大学出版社发行中心联系方式:0571—88925591;http://zjdxcbs.tmall.com